「猪木」

原悦生
写真・著

辰巳出版

はじめに――夢の中の猪木

「お金ですか?」

カウンターの右隣に座っている猪木には目を向けず、私はつぶやいた。

ざるそばをすすっていた猪木は、私の言葉には反応しなかった。猪木が心臓を含めたすべての臓器を襲う「全身性アミロイドーシス」という難病の治療のために高額の薬を使用している話を聞いたのは、このそば屋だっただろうか。

記者会見は唐突にフランスのパリで行われた。試合の日時は2021年4月4日。プロボクシング世界王者の黒人ポーリーと猪木が『モハメド・アリ・トロフィー』を懸けて戦う。

会見の場所は、セーヌ川を見下ろす高級ホテルの最上階だった。会見場に現れた猪木は白に黒い格子の入ったジャケット姿で、実際の年齢より30歳以上も若く見えた。

会見を終えると、お洒落な白い帽子をかぶった猪木はセーヌ川の岸からボートに乗った。私はドローンを飛ばして、その光景をカメラで追った。

これまで私はプロレスラーの猪木、政治家の猪木と何度も海外を旅した。ソ連遠征、キューバのフィデル・カストロ議長との会談、イラクの邦人人質解放、北朝鮮で開催された平和の祭典――。いずれも私は現地に同行し、カメラを構えて猪木の姿を写真に収めてきた。

その猪木が復帰し、プロボクシングの現役世界チャンピオンと戦う。何があっても、私は現地へ飛ぶと決めていた。

猪木vsポーリーの決戦の場所に選ばれたのは、アフリカのナミビア共和国だった。ナミビアはアフリカ大陸の南西部に位置し、英連邦を構成している国家の一つで「勇者の地」と呼ばれる。私の頭の中には、すでにナミビアの野外スタジアムに10万人の大観衆が集っている光景が広がっていた。

だが、その時点で78歳であり、普段は杖を突いているはずの猪木がリングに上がることは現実的ではなく、あり得ない話だ。

「俺は、やり残したことなんかねえよ。みんな、引退したのに戻って来るだろ。はっきり金が欲しいって言えばいいんだよ」

猪木は日頃から引退したにもかかわらず、リングにカムバックしてくるレスラーたちをそう表現してきた。だが、カムバック自体を否定するわけではなかった。

あの東京ドームでの引退試合から、もう23年も経っている。それなのに猪木はリングに上がるというのか。どれだけの金額が猪木のために用意されたのかは知らない。しかし、私の知る限り戦えないのにリングに上がる猪木ではない。

前記の話は、すべて私の朦朧とした意識の中で繰り広げられた「夢」であって、架空の出来事である。

私は2020年11月下旬、新型コロナウィルスに感染し、救急車で都内の大学病院に搬送された。重症だった。

どこで感染したかは、わからない。その日もたいして熱があるわけでもなかったし、味覚にも異常はなかった。ただ、食欲がなかったので、念のため自宅近くの病院に出向いた。

「PCR検査の結果は陽性です。重症の肺炎ですが、ウチでは中等症の患者さんまでしか見られません」

そう言われて、病院側はすぐに入院できるところを探してくれた。入院先は30分もかからずに見つかり、私は呑気に「ああ、今日から2週間の隔離か…」と思いながら、大学病院に着くまで普段からポケットに入れている小型カメラで初めて乗ることになった救急車の内部を撮影していた。

だが、よく言われるようにコロナ感染症は急激に重症化するケースが少なくない。私の場合も例に漏れず、病院の入口で意識を失って、そこから先はまったく記憶がない。

その後、ずいぶん長い間、眠っていたようだ。最初は口と鼻に酸素マスクを装着する形での人工呼吸だったそうだが、知らない間に喉元の気管が切開されて、重症者用の人工呼吸器のお世話になっていた。

自分の中では、缶詰の空缶のようなものが喉に付いているように感じていた。意識が朦朧とした状態は1ヵ月近く続き、私は命が危険な状態だったという。

この間、私は夢の中をさまよっていた。実際は死線をさまよっていたわけだが、先ほど書いたようにナミビア共和国での復帰戦に向かう猪木の姿を連続ドラマのように眺めながら、私はカメラを担いで取材を続けていた。

記者会見が終わった翌日の早朝、パリでスパーリングをしている猪木をアーチェリーの弓のような最新型カメラで撮った。こんなカメラは実在しないのに、なぜそんなものを思い浮かべたのか。しかも、それはいわゆるデジタルカメラではなく、フィルムは弾丸のような黒い粒だった。

夜明けの海岸の砂浜をランニングしているポーリーの練習風景も撮った。場所はニースあたりだろうか。ポーリーはカメラを向けると、私の頭上を高々とジャンプして越えていった。

ナミビアには〝世界最古の砂漠〟とも言われるナミブ砂漠があり、西側は大西洋に面している。その青い海をイメージしたような試合のポスターも出来上がっていて、パリの街中のバスの停留所に張られていた。

実際には私のことを知っていた担当の看護士さんが私の撮影したプロレスやサッカーの写真をインターネットからダウンロードしてプリントし、病室の壁に何枚も張ってくれていた。「目を覚ました時に、これらを見て元気が出てくれれば…」という優しい心遣いだった。

都内にある大学病院のICUコロナ用病棟にいたにもかかわらず、いつしか私はサンドニのフランス競技場の近くの病院に入院していると思い込んでいた。しかし、なぜかフランスにいるはずなのに、周りから聞こえてくる会話はすべて日本語だった。病床で寝込んでいる私は点滴の針や酸素の管がつながっていて、ベッドから起き上がることもできない。寝たきりで筋肉が落ちているから両足に重い足かせの砂袋が付いているように感じ、まったく動けなかった。

だが、夢の中での私はその砂袋を破り、中の砂を捨てて、カメラを持って病院を抜け出し、猪木に会いに行った。

猪木は笑いながら、何か言っている。しかし、ずっとガラス越しの状態で、その声は聞こえない。

パリは、もうクリスマスだった。凱旋門の下のシャンゼリゼ通りのイルミネーションは、今年も光っているだろうか。

「クリスマスをパリで過ごすのは、2回目だな」

私は、そんなことを思いながら、猪木の取材を続けた。だが、猪木の撮影を終えると、私は力尽きてバッタリと倒れた。その後、誰かが病院に運んでくれて、気付くと再びベッドの上に横たわっている。

しかし、なんとか病院を抜け出し、猪木に会いに行く。毎日、その繰り返しだった。

点滴だけで水も飲んでいなかったから、体が水分を欲していたのだろう。街中で、フランス人の子どもたちが自動販売機から水やリンゴのスライスを買っている（これも存在しないのだが）。

「あの水を飲みたい」

「あのリンゴが食べたい」

そう思ったが、私はそれらを買うことができなかった。列に並んでも、なぜかいつまで経っても買う順番が回ってこない。

病院にいる時も同じだった。朝食の時間が来て、美味そうなパンの焼ける匂いがしている。自分の分を取りに行ったが、カウンターに辿り着く前にタイムオーバーで破棄されてしまった。

ある日の朝、猪木が1面に載っているはずのスポーツ紙『レキップ』（この新聞は実際に存在する）を買いに行こうと思っても、新聞スタンドまで辿り着けない。どんなに歩いても病院内の待合室までが限界だった。

夢の中で私が住んでいたのはパリのアパートだったはずなのに、病院からタクシーの運転手に告げた地名と番地は「ロッポンギXXX」だった。到着すると、私はシャッターを押し上げて中に入った。目の前の階段を上がる。そこにカメラの機材が置いてあった。

「ナミビアまで飛行機に乗って行くことはできますか？」

病院に戻って、医師に尋ねた。私の肺はかなりやられていて、酸素が必要なことはわかっていた。だから、そんな質問をしたのだろう。現実も加味されているが、もちろんこれも夢の中のストーリーである。

次のシーンで、私はもうナミビア共和国にいた。

なぜ試合の場所がナミビアに設定されたのかもわからない。私が今までに行ったアフリカ大陸の国はエジプト、南アフリカ共和国、チュニジア、ブルキナファソだけだ。ナミビアの国境は南アフリカ共和国に隣接しているが、なぜあの国だったのか。

いつものようにリングサイドに陣取った私は、酸素ボンベを抱えていなかった。そして、思いのほか元気だった。この時の私も30歳くらい若かった。普通のカメラを手に、猪木がリングに入って来るのを待っていた。

次のシーンは、もう試合後だった。太陽が照りつけるリングでポーリーと戦った猪木は、試合に勝利していた。

総天然色の世界には、高々と『モハメド・アリ・トロフィー』を掲げる猪木がいた。その猪木の体は、日本武道館でアリと戦った時と同じくらい張りがあった。

私は凱旋する猪木と同じ飛行機で一緒に日本へ帰るはずだったが、別便になった。これも理由を思い出せない。


私は年が明けて意識がそれなりに戻ってから、病室でノートパソコンを開き、ナミビアでの試合について書かれた猪木の記事をインターネットで検索した。しかし、いくら探しても、そんなものはどこにも載っていなかった。

世界王者ポーリーも、この世には存在していなかった。あまりにも長く眠っていたので、現実と夢の境目がなくなってしまったようだ。

夢の中まで私は猪木に支配されていたということか。

猪木、恐るべし。

「猪木」目次

第1章

初めて猪木を写真に収めた日

魂
ヤマ

私が猪木を最初に撮ったのは16歳、茨城県立土浦第一高等学校1年生の時の春休みのことだ。

日本プロレスから除名処分を受け、新日本プロレスを旗揚げした猪木が水戸市に来たのは1972年3月23日、『旗上げオープニング・シリーズ』の8戦目。会場は茨城県立スポーツセンターだった。

現在のつくば市内に住んでいた私は自宅近くから通学でも使っていた関東鉄道筑波線のディーゼルカーで土浦駅まで向かい、常磐線に乗って水戸の一つ手前、赤塚という駅で降りた。普通列車で1時間くらいかかったが、赤塚駅からだと体育館には歩いて行ける。

体育館に着くと、まずは一緒に行った友達と窓口で切符を購入した。大会当日だったが、係の人に「前売りの値段でいいよ」と言われ、1500円くらい払った記憶がある。

この日、私はリングサイドから試合を撮影するつもりで、カメラを持参し会場へ向かった。2階席だとリングサイドに行けないので、1階席の後ろの方の席を買ったのだ。

プロレスの試合を撮るのは、初めての経験だった。会場の照明がどうなっているかわからなかったが、屋内なのでそれほど明るいわけではないだろう。そう考えて、少し暗いところでも撮影ができる36枚撮りの高感度フィルムを2本用意していた。

素人が勝手にリングサイドに入って、試合を撮影する。しかも、私はまだ高校1年生だ。あまりにも大胆な行為に映るかもしれないが、後の猪木のフレーズを借りれば、私自身は「行けば、わかるさ」という感じで深く考えてはいなかった。

もしリングサイドに入れなくても、状況によっては花道に出て写真を撮れるだろう。花道には障害物がないので、客席から撮るよりは断然いい。誰かに注意されたら、カメラを仕舞えばいいだけだ。

体育館に到着した時、まだ午後6時半の試合開始まで3時間くらいあったので、一緒に行った友達が「偕楽園に行こうよ」と言ってきた。茨城出身ではない彼は、前から水戸の名所として有名な偕楽園に行ってみたかったようだ。私自身は小学校の遠足以来だった。

時間潰しも兼ねて、2人で観光がてら偕楽園まで歩いて行った。ここは金沢の兼六園、岡山の後楽園と並ぶ日本三名園の一つで、水戸藩第九代藩主の徳川斉昭が造り、あの水戸黄門こと徳川光圀が隠居後に住んでいた建物も残されている。

偕楽園は「梅の公園」としても知られているが、3月でちょうど梅の季節にもかかわらず、あまり咲いてなかった。この日の天気は曇り。私と友達は何をするでもなく、偕楽園の中をブラブラして、ひとときの観光気分を味わった。

その後、再び歩いて体育館に戻ると、友達が柴田勝久の姿を見つけて「記念に写真を撮らせてください」と話しかけた。なぜ一緒に写真を撮りたかったのかというと、その友達は三重県の出身で柴田と同郷なのだ。

柴田はニコニコしながら応じてくれ、友達は当日のパンフレットを手に持って、私がカメラのシャッターを押した。だから、私が生まれて初めて撮ったプロレスラーは柴田ということになる。

300円で買った白地にライオンマークが描かれている表紙のパンフレットには、青インクで当日のカードが載っていた。押されたスタンプでは第1試合が藤波辰巳vs関川哲夫になっていたが、実際に行われたのは藤波と浜田広秋のシングルマッチだった。

ご存じの方も多いだろうが、関川は後のミスター・ポーゴ、浜田はグラン浜田である。この日は、山本小鉄や関川らが出場したバトルロイヤルも行われた。今になって思えば、デビュー直後の浜田やポーゴの試合を生で見られたのはラッキーだったかもしれない。

私自身は1試合目からニュートラルコーナーの脇でヒザをついて、勝手に写真を撮っていた。初めて至近距離で見たリングのキャンバスは、少し黒みがかったカーキ色だった。

撮影だけでなく、会場でのプロレス観戦自体、これが初体験である。生のプロレスで最も印象的だったのは、レスラーたちが受け身を取った時のリングの音の大きさだった。しかも客席ではなくエプロンサイドで聞いているから、その音に圧倒された。

試合の方はというと、こちらも目の前で展開されているわけだから迫力満点。レスラーたちの独特な息遣いもテレビで見るよりリアルに伝わってくる。

当日、1階席はそこそこ埋まっていたように思う。ただし、2階席は観客がまばらだった。試合が始まっても、客席は比較的静かだったと記憶している。

それも仕方ないだろう。私はプロレスファンだったので、新日本プロレスを旗揚げするにあたり、猪木が前述の柴田をメキシコから呼び寄せたことも知っていたが、日本側では魁勝司（北沢幹之）、木戸修、外国人側ではジョン・ドランゴ、イワン・カマロフ、エル・フリオッソ、インカ・ペルアーノなど普通の人にとっては顔も名前も知らないであろうレスラーばかり出てくる。

リングサイドには、私以外に東京スポーツのカメラマンが一人いるだけだった。当然、こちらの存在には気付いているはずだ。しかし、何も言ってこない。私は趣味で写真を撮っているだけだが、そのカメラマンは仕事で東京から取材に来ている。その邪魔をしてはいけないと思い、私の方からも話しかけなかった。

後年にわかったことだが、この日の東京スポーツのカメラマンは田中章さんという方だったはずだ。

私はプロのフォトグラファーになってから、玄光社が出版していた『ビデオサロン』という雑誌に頼まれて原稿を書いたことがある。その中には、この初めてリングサイドでプロレスの写真を撮った時に関する記述もあった。

ある日、試合会場で田中さんから「原くん」と声をかけられた。

「ビデオサロンにプロレスの原稿を書いていたよね。あの雑誌、いつも読んでるんだよ」

「そうだったんですか！　あの原稿に書いてある地元で初めてプロレスを撮った日なんですが、おそらくリングサイドにいたのは田中さんだったと思うんですよ」

「どうかなあ…そうかもしれないね。あの体育館には行ったことがあるから」

田中さんにとっては単なる地方興行の取材だったから記憶に残っていなくて当然だが、私から見ると、あの日のカメラマンの体形や面影が田中さんにそっくりなのだ。

振り返ると、おおらかな時代だった。この日、私はレスラーにも、レフェリーにも、リングアナウンサーにも、団体の関係者にも注意されることなく、カメラのレンズをリングの中に向け、フィルムがなくならないように気を付けながらシャッターを押し続けた。

今なら、即刻つまみ出されていたはずである。現在は少し事情が異なるが、昭和末期から平成にかけて東京スポーツの鈴木皓三カメラマンが設立に貢献した『プロレス写真記者クラブ』の腕章がないと、メジャー団体のリングサイドには入れない時期が長かった。ちなみに、私もプロレス写真記者クラブの会員である。

その頃、リングサイドで写真を撮っていたのは基本的にスポーツ新聞や専門誌のカメラマン、あるいは団体側が撮影を依頼したオフィシャルカメラマンなどで、素人がカメラを片手に勝手に入ってくるなんてことは許されなかった。

また、リングサイドで撮影するにあたり暗黙のルールや所作のようなものもあり、カメラマンたちは試合の邪魔にならないように動くことを心掛けている。もし素人カメラマンがレスラーの場外乱闘に巻き込まれて怪我でもしたら、それはそれで問題だ。

話を1972年3月23日に戻そう。当日、メインイベントでは豊登とタッグを組んだ猪木がジム・ドランゴ&ザ・ブルックリン・キッドという名もない外国人チームと戦った。

ドランゴは本来、ボブ・アームストロングというレスラーで、これ以前には日本プロレスに来日したことがあり、若いファンにはブラッド、スコット、スティーブ、ブライアンのアームストロング4兄弟の父親と言った方が通りがいいだろう。

ブルックリン・キッドも本来はマイク・コンラッドとい

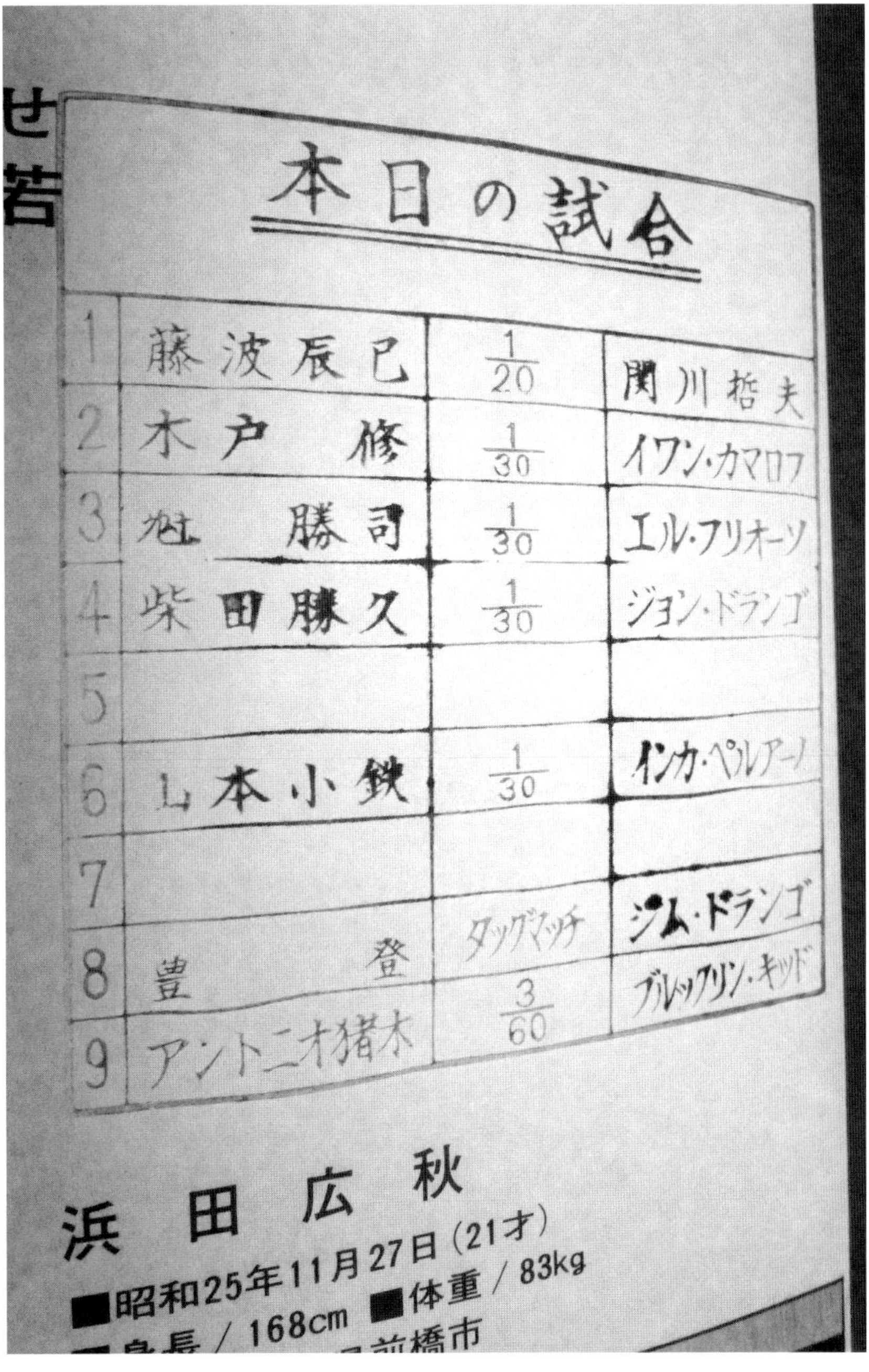
本日の試合
1 藤波辰巳 1/20 関川哲夫
2 木戸修 1/30 イワン・カマロフ
3 桜田勝司 1/30 エル・フリオーソ
4 柴田勝久 1/30 ジョン・ドラン゙ゴ
5
6 山本小鉄 1/30 インカ・ペルアーノ
7
8 豊登 タッグマッチ ジム・ドランゴ
9 アントニオ猪木 3/60 ブルックリン・キッド
浜田広秋
■昭和25年11月27日(21才)
■体重/83kg
■身長/168cm
前橋市

うレスラーで、いずれも外国人招聘ルートに乏しかった新日本プロレスのためにカール・ゴッチがブッキングした選手だった。

私はリングサイドで写真を撮りながら、持参した2本のフィルムのうち第1試合からセミファイナルまでを1本に収まるようにして、もう1本はメインイベント用に取っておいた。

この頃は、まだ入場の時にテーマ曲が流されるという慣習はなく、無音の中、猪木と豊登が花道を通ってリングに近づいてくる。さすがに有名なレスラーが登場したことで、客席の温度が少し上がったような気がした。

メインの試合が始まると、薄暗い体育館の照明しかないリングサイドにひっついて、猪木にカメラを向けた。

当たり前だが、あのテレビで見ていた〝若獅子〟アントニオ猪木が眼前にいる。この時期、私が最も好きなレスラーが猪木だった。

ガウン姿の猪木、リング上でファイトする猪木、コーナーに控えている猪木、インターバル中の猪木——。それらを追うことに集中していたため試合内容はそれほど詳しく憶えていないが、私の目の前で猪木が飛行機投げを見せたシーンは鮮明に記憶している。最後は猪木がドランゴから卍固めでギブアップを奪ったものの、残念ながら私の場所からは裏（背中側）だった。

試合は60分3本勝負で、結果は日本側が2－1で勝利。改めて記録を見直すと、試合時間はトータルで30分弱もあり当時の地方興行としては意外と長かったが、私の中ではもっと短いタイムで試合終了のゴングが鳴ったような感触がある。

第1試合から、ずっとリングサイドにいた私はそれほど興奮することもなく、割と冷静に写真を撮り続けていたように思う。この日はニュートラルコーナーの脇から、まったく動かなかった。東京スポーツのカメラマンの邪魔にならないように、ここにいた方がいいと判断したからだ。

カメラは父親が好きで、小さい頃から身近にあった。それまでは実家が筑波山の麓にあったので、カメラで花や虫を撮っていた。スポーツは草野球の試合、それと中学生の時に後楽園球場の客席から巨人軍の長嶋茂雄の背中（3の背番号）を撮ったくらいだろうか。

初めてプロレスの試合を撮影して面白いとは思ったが、特に血が騒いだというわけでもない。そもそも将来はカメラマンになろうと思っていたわけではなく、この時点では写真に関する知識もそれほどなかった。

当時、まだ私はフィルムを自分で現像したことがなかったので、撮影した2本のモノクロのフィルムは写真に詳しかった友人の小田透くんに増感現像してもらった。

カメラ好きの小田くんの家には夜になると暗室代わりに

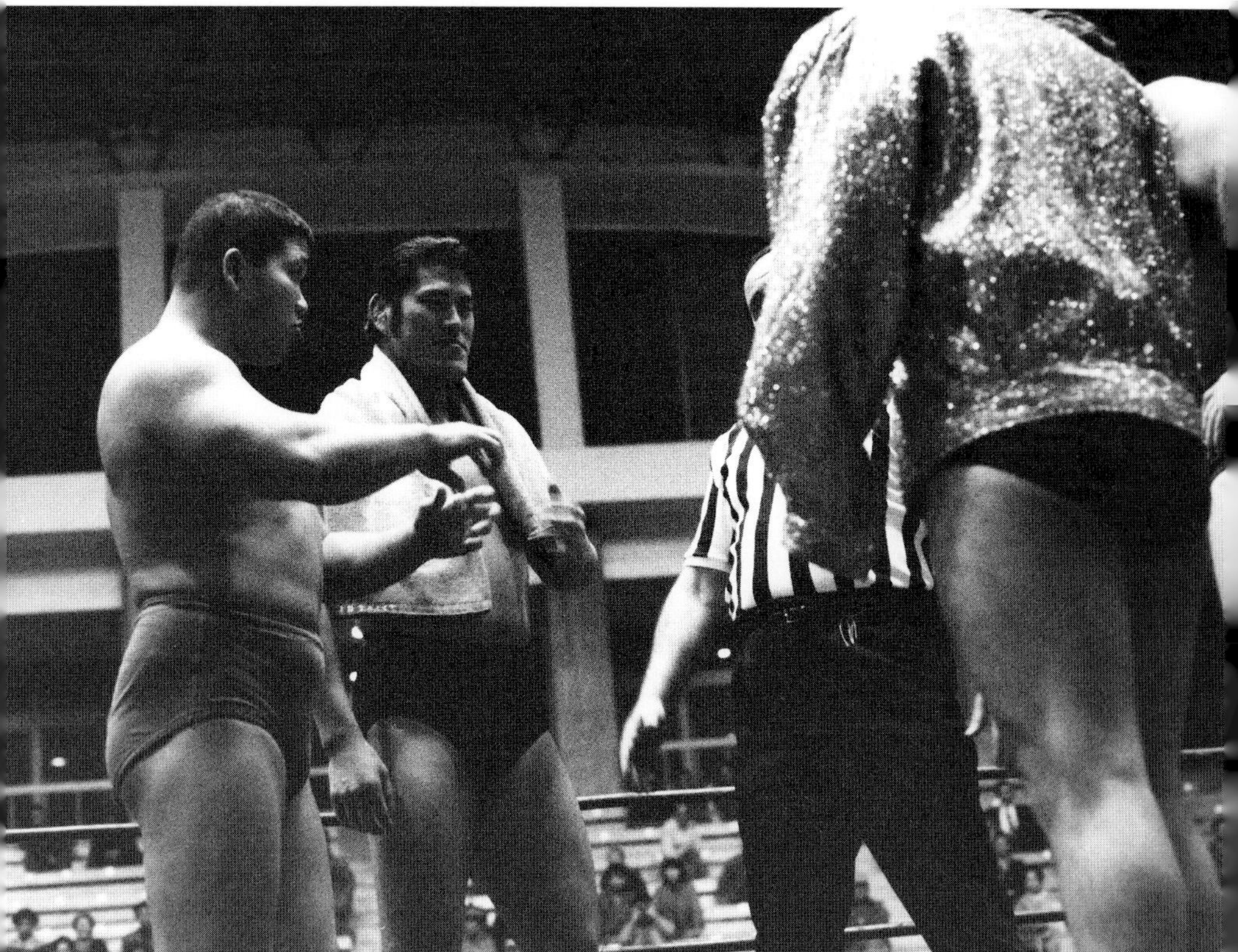

なる部屋があり、彼はそこで写真を現像していた。これまで私は特別に誰かから写真を学んだことはないが、一人選べば小田くんが私の写真の先生ということになるのだろう。

試合の撮影に使ったのは、キャノンFTという機種に50ミリのレンズが付いたものだった。当時はカメラを買うと50ミリのレンズが付いてくるのが一般的で、これがちょうどプロレスの試合を撮るのに適していた。

プロになってからもプロレスを撮る際は、メインは50ミリ。もう1台持つ時は28ミリか35ミリで、たまに3台を持つ場合はアップ用に105ミリも使うようになった。

数日後、授業が終わると小田くんの家に寄って、乾かしてあった自分のフィルムを見た。どうにか画像はネガに残っていた。

引き伸ばし機は家にあったので、そのフィルムを自宅に持ち帰り、自分で印画紙に焼き付けた。

「ああ、こういう風に写るんだ…」

最初にしては、ちゃんと写っていただけでも上出来だろう。

小学生の頃に見た海を泳いでいる猪木

私は力道山時代からのプロレスファンだ。幼い頃、金曜日の夜8時になると、近所の人たちがプロレスを見るために我が家にやって来て、行儀良く白黒のブラウン管の前に座っていた。

私の実家はテレビが入るのが早かった。ウチから50メールくらい離れた家はもっと早く、その時は私もテレビを見に行った。番組を見たいというよりも、テレビという最新の電化製品を見てみたいという感覚の方が強かった記憶がある。

なぜか近所の人たちが我が家にテレビを見に来るのは、プロレス中継の時だけだった。昼間は別として、夜の時間に他の番組を見に来た人は記憶がない。

日本テレビが放映していた金曜夜8時のプロレス中継は『三菱ダイヤモンドアワー』という番組名で、ウォルト・ディズニー本人が出てきて解説する「ディズニーランド」と交互に隔週で放送されていた。

ディズニーの番組がある時、プロレス中継は子どもには遅い夜10時半から始まることもあった。そういう日は「時間になったら起こしてほしい」と両親に頼んだが、「よく寝ていたから」と起こしてもらえなくて、翌朝に悔しい思いをしたこともある。

赤覆面のミスター・アトミック、噛みつきのフレッド・ブラッシー、巨象ジェス・オルテガ、魔術師パット・オコーナー、耳そぎのキラー・コワルスキーらと戦う力道山の姿をブラウン管越しに私は食い入るように見つめていた。

後年、父親から「力道山に関して、お前はキ○ガイだった」と言われたことがある。それくらい夢中で追いかけていたのだろう。

旅行先でもプロレス中継は欠かさず見た。家族で地方の旅館に泊まっていた際、ハードボイルド・ハガティがバットを振り回す姿がブラウン管に映し出された時は戦慄が走ったのを憶えている。

現在はレスラーが有刺鉄線バットを持ち出しても誰も驚かないが、「プロレス」と「野球のバット」という当時としては有り得ない組み合わせを目にして、犯罪の瞬間でも見ているような感覚を抱いたのだろう。

東京オリンピックの1年前、力道山がザ・デストロイヤーに挑戦した1963年5月24日のWWA世界ヘビー級戦、あの〝4の字地獄〟の死闘は鮮烈な記憶として残っている。この日は「スポンサーの御厚意」で放送時間が延長された。釘付けになって試合を見ていると、デストロイヤーが流血し、白覆面がブラウン管の中で黒く染まっていった。

その頃、魔王デストロイヤーの足4の字固めは子どもの間でブームだった。私も写真を見ながら、かけ方を覚えたものだ。

学校が終わると、家の近くの畑に縄のロープを張りめぐらして、プロレスごっこをよくやっていた。ジュースの空き瓶や一升瓶がトロフィーの代わりだった。足4の字固めはかけられると痛かったが、夢中になってプロレスごっこをやり過ぎると、先生や親からお目玉を頂戴することになる。

プロレスはテレビで見るだけでなく、紙媒体もちゃんとチェックしていた。隣の家が毎日新聞の販売所をしていたので、そこでスポーツニッポンや日刊スポーツ、デイリースポーツといったスポーツ新聞をもらい、力道山の写真を眺めるのが日課だった。当時の新聞はスクラップしてあり、今も実家に残っている。

両親がどこかに出かける時は、プロレスの写真がたくさん載っている4~5円の夕刊のスポーツ新聞（スポーツ毎夕やスポーツタイムズ）かベースボール・マガジン社の『プロレス&ボクシング』誌をお土産に頼んだ。子どもの平均的な小遣いが1日＝10~20円で、これで飴玉くらいは買える時代の話である。

猪木という存在を意識するようになったのは、『プロレス&ボクシング』のモノクログラビアで泳ぐ姿を見た時だった。おそらくリングネームが「猪木寛至」から「アントニオ猪木」になった頃だと思う。

ただ海で泳いでいるだけなのに、猪木が凄く逞しく、また頼もしく思えた。その泳いでいる写真の顔にも惹かれた。決して顔が大きく写っているカットではなかったが、子どもながらにその写真から何か感じるものがあったのだろう。

後年になって一緒に世界中を旅する中、猪木はオフの時

SCRAP BOOK
1963
プロレス
スポーツ毎夕
高橋の四国情報
力道死の防衛
インターナショナル選手権試合
4の字ケンカ両成敗
死闘 リングアウトの引分け
魔王狂乱の急所ゲリ
力道苦悶の表情一瞬の油断
12月公演 年忘れ青春爆笑公演
コマ・ヒットパレード

間によくプールで泳いでいた。うまく表現できないが、歳を取ってからも猪木の泳ぎ方からは〝力強さ〟を感じた。

当時、猪木はまだ若手レスラーだったとはいえ、スポーツ新聞や専門誌もチェックするようなプロレスファンの間ではそれなりに名前も顔も知られていたはずだ。しかし、それ以上に同じ若手の中ではマンモス鈴木の方が有名だった。今でも猪木はプライベートでこの時代のプロレスの話になると、よく鈴木の名前を口にする。

そのうち、ジャイアント馬場がアメリカ武者修行から凱旋してきた。私はファイトそのものよりも、かなり日焼けしていた姿の方が印象に残っている。

1963年12月8日、力道山が東京のナイトクラブ『ニューラテンクォーター』で暴漢に刺されたことは隣の販売所からもらったスポーツ新聞で知った。亡くなったのも同じくスポーツ新聞で知ったはずである。

自分にとって一番のヒーローが突然、この世からいなくなった。この時は大きなショックを受けたというよりも、「人って、こうやって簡単に死んじゃうんだ…」と思いながら、淡々と現実を受け入れたような気がする。当然、力道山の死は学校でも大きな話題になった。私が小学校3年生の時である。

力道山が亡くなり、豊登やジャイアント馬場がエースの時代になると、日本プロレスの中継を見る回数は少し減った。私自身、プロレスの試合自体も好きだったが、やはり力道山の姿を見たかったのだろう。以前に比べると、どこかプロレスがつまらなく感じた。

しかし、相変わらずスポーツ新聞はもらっていた。当時はプロレスが1面になることも多く、年齢的に記事もちゃんと読めるようになっていた。

だから、豊登が日本プロレスを追放されたこと、その豊登が新団体旗揚げを計画していること、そしてアメリカ武者修行を終えて『第8回ワールドリーグ戦』に帰国する猪木を豊登がハワイで〝略奪〟したことも情報としては知っていた。ただし、私はまだ小学生である。当然ながら、その裏側にあった〝大人の事情〟までは読み取れなかった。

こうして東京プロレスは、猪木がエース兼社長という形で動き出す。今振り返ると、「猪木史」において重要な1ページではあるが、当時は他のプロレスファンと同様に私の関心は日本プロレスの方に向いていた。そもそも私が隣の販売所からもらっていたスポーツ新聞では、東京プロレスはそれほど大きく扱われていなかった。

1966年10月12日、東京プロレス旗揚げ戦が蔵前国技館で行われた。テレビ中継がなかったので、私は見ていない。

この日の猪木とジョニー・バレンタインの試合は、スポーツ新聞やプロボクでチェックした。試合内容は想像するしかなかったが、記事の中の「毒針」という言葉がなぜか私の琴線に触れた。

その後も猪木の動向は、スポーツ新聞で追いかけていた。ヒロ・マツダが国際プロレスを立ち上げること、そのマツダが猪木に協力を求めたこと、国際プロレスと東京プロレスが合同のシリーズを開催したこと。だが、いつまで経っても猪木の試合はテレビで見られない。そうこうしているうちに1967年の春、東京プロレスはあっけなく空中分解してしまった。

結局、三菱電機社長の大久保謙氏やスポーツニッポンの社長だった宮本義男氏らの計らいで（これは後になって知ったことだが）、猪木は同年4月に日本プロレスに戻って来る。これで気になっていた猪木の試合がテレビで見られるようになったわけだから、私としては嬉しくなった。

茨城弁を話す宮本社長の水海道市の家には、馬場や猪木がよく来ていたという話を叔母から聞いたことがある。いつだったか、宮本社長の話題になった時、猪木は懐かしそうに笑顔を見せた。

猪木が日本プロレスに復帰した頃は、ジャイアント馬場の全盛期だった。インターナショナル・ヘビー級王者にして絶対エース。当時は馬場がインター王座のタイトルマッチをやると、翌日に日本テレビの朝のニュースで試合映像が流れることもあった。

猪木は馬場とBI砲を結成したが、客観的に見て人気の面ではまだまだ馬場の方が上だった。この時期、私はどちらも好きだったが、やはり興味はまだ馬場の方に向いていた。

その後、猪木は急速にのし上がってくる。1969年春の『第11回ワールドリーグ戦』では、クリス・マルコフを卍固めに捕らえて初優勝した。この頃になると、一時期はプロレスを離れていた人たちも戻って来た印象がある。私の周りでも星取表を作ってワールドリーグ戦の優勝を予想したり、プロレスに興味を持っている同級生が増えた。

同時期、NETテレビ（現・テレビ朝日）のプロレス中継『ワールドプロレスリング』も始まった。番組の構成は猪木が中心だったが、スポーツ新聞をチェックしている私から見ると、本当のメインイベント（馬場の試合）があるのに、猪木の試合をメインのように放送していることに違和感を覚えた。

猪木が2度にわたってNWA世界ヘビー級王者ドリー・ファンク・ジュニアに挑戦した時は、テレビの前でワクワクして見ていた。

1957年のルー・テーズvs力道山以来となる日本でのNWA世界戦は1969年12月2日、大阪府立体育会館で行われた。

オレンジのタイツの猪木とドリーの攻防は、スピーディーで小気味良かった。ドリーのカニ挟みは確かなテクニックを感じさせ、猪木のカンガルーキックや突き上げるようなドロップキックも印象的だった。結果は60分フルタイム、ノーフォールでの引き分け。この一戦における両者の正統派テクニックの応酬は、中学生の私にも「新しいプロレス」を感じさせた。

2回目は1970年8月2日、福岡スポーツセンター。試合が始まって間もないのに、猪木の背中から汗が流れていた。

ダブルアーム・スープレックスで1本目を取られた猪木は、2本目をジャーマン・スープレックスで返した。綺麗なバランスの良いジャーマンだった。

リング上の照明も加えて40度超えの暑さだったせいか、グラウンドの攻防が続いた。キャンバスも熱かっただろう。この試合では猪木のフライング・ヘッドシザーズも印象に残っている。また、試合終了後に「暑いのが堪えた」と猪木がリング上のインタビューで答えた一言も耳に残った。

個人的には、この頃のドリーは好きになれなかった。その前のNWA世界王者ジン・キニスキーも好きなタイプではなかったが、ルー・テーズはベルトを巻いていない時期でも常に「世界王者」としての威厳を保っていたように思う。後述するが、テーズとは晩年になってから会話を交わしたことがある。私の中で、テーズは力道山時代から一貫して「紳士」という印象が強い。

ドリーも〝実力〟はあったとは思うが、NWA世界王者はどうしても「負けなければいい」という試合スタイルになる。今ではその〝意味〟も理解できるが、あの時代は私も含めてプロレスファンの多くがそれを読み取ることはできなかった。

1971年の『第13回ワールドリーグ戦』の最終日、UNヘビー級王者の猪木はインター王者の馬場に対して挑戦を表明した。この頃、ファンの間で馬場と猪木の人気は五分五分になっていたように思う。

ご存じのように、日本人トップレスラーによる同門対決がタブーだった時代である。そんな中で、猪木が口にした「挑戦表明」という言葉のワクワク感。しかし、それとは対称的なコミッショナーの「時期尚早」という大人の世界を感じさせる言葉が中学生の私には面白くなかった。

このあたりから、私は馬場より猪木の方が好きになってくる。上にのし上がろうとする姿勢。守りよりも攻め。猪木のその部分に惹かれたのだ。

猪木は、がむしゃらに馬場を追いかけていた。この年の11月に行われた女優・倍賞美津子さんとの1億円結婚式も話題になった。

だが、その直後に猪木は「造反」の汚名を着せられて、「除名」という形で日本プロレスを追われる。

この情報も確か隣の販売所でもらった東京スポーツかデイリースポーツで知ったはずだ。今となっては恥ずかしい話だが、その記事を読んだ後、重大ニュースとして教室の黒板に「猪木除名」とチョークで書いた。

「猪木はどうなるんだろ？　もったいないなあ…」

それが私の率直な感想だった。「猪木が会社乗っ取りを企てた」というのが日本プロレス側の主張だったが、そんな記事を読んでも高校1年生の私にはピンと来なかった。

後年、猪木はこの件に関して「そういう話じゃなかったんだよ」とは言ったが、多くを語ることはなかった。

最近、グレート小鹿がこんなことを言っていた。

「そういう話（会社改革）は、その1年半くらい前からあったんだ。猪木さんとは馬が合ってね。夕方から朝まで、ロスのリトルトーキョーで飲み明かしたことがあるんだよ。その時、〝日本プロレスを変えなくちゃいけない〟となって盛り上がった。あんなにお客さんが入って儲かっているはずなのに、ビルの一つも持っていない。〝誰かが懐に入れているんじゃないの？〟って。青山通りにあった西野バレエ団では、女の子たちだけでビルが2つも建った。真っ当な話だったよ。俺もその改革に共鳴した。それがちょっと違う方に行ってしまった。猪木さんは悪くはないとは言わないが、猪木さんに付いていた周りが悪かったんだろうな」

今と違って、当時は新団体を立ち上げるというのは現実味のない話だった。過去には旗揚げして1年も経たずに崩壊した東京プロレスの例もある。その後に旗揚げした国際プロレスも決して順風満帆とは言えず、当時はそれだけ日本プロレスの牙城が強固だったのだ。

他のレスラーなら、おそらく海外マットに活路を求めていただろう。私の頭の中にも、「猪木はアメリカにでも行って、ほとぼりが冷めるまで向こうで試合をするのかな」という思いがあった。

しかし、猪木はすぐに新日本プロレスの旗揚げを発表する。予想外の展開だったが、私はここで決定的に猪木というレスラーに惹かれた。これ以上ない逆境を〝攻めの姿勢〟で打破しようとする猪木の行動に共感したのだ。

新日本プロレスの設立会見は1972年1月に行われた。後年、猪木に尋ねたことがある。

「猪木さん、あの時に新団体の名称をどうして新日本プロレスにしたんですか？」

「昔、全日本プロレス協会（山口利夫主宰）というのがあったし、新日本しか残っていなかったから」

だが、日本人レスラーも外国人レスラーも名のある選手はいなかった。山本小鉄、木戸修、藤波辰巳、浜田広秋、関川哲夫。猪木は中米のメキシコやグアテマラで武者修行中だった北沢幹之や柴田勝久にも声をかけた。

ずっと後になって猪木と旅行中、グアテマラの空港に給油で立ち寄ったことがある。その時、猪木が独り言のように呟いた。

「ここに柴田を迎えに来たなあ」

１９７２年3月6日、大田区体育館での旗揚げ戦で猪木はカール・ゴッチとシングルマッチを戦って敗れた。さらに当日、喧嘩別れしていた豊登が来場し、助っ人として新日本に参戦することになった。もちろん、これもスポーツ新聞で得た情報である。

「あっ、豊登も来たんだ！」

子どもの頃、豊登のマネはよくした。風呂上がりに、「パコーン！　パコーン！」と外国人レスラーを威嚇するように腕を交差させて音を立てる。うまく音が出ると嬉しかった。失敗した時は、音が出るまでやった。

この時期、馬場が静かな大人のプロレスをしていたのに対し、猪木はエネルギッシュに、ラジカルに戦っていた。それが当時の自分の気持ちと重なって、一種の「共鳴」のような感覚に陥っていた。

しかし、旗揚げ当初の新日本プロレスはテレビ中継がなかった。猪木の試合を見るなら、会場での生観戦しか手段がない。

そこで友達と一緒に向かったのが冒頭で記した１９７２年3月23日、茨城県立スポーツセンターでの『旗上げオープニング・シリーズ』第８戦だった。

猪木vs小林戦の立て看板とポスター

翌１９７２年の夏、高校2年生の私は東京・御茶ノ水にあった予備校の夏期講習に地元のつくば市から通っていた。

その間、上野の親戚の家に泊まった時に、ちょうど日本プロレスにミル・マスカラスが来日していて、後楽園ホールで試合があったので、これ幸いと見に行った。

マスカラスは、これが4度目の来日。この時期は『ゴング』誌も読んでいたから、初来日前からロサンゼルスで活躍しているマスカラスの存在は気になっていた。

１９７１年2月、遂に初来日したマスカラスは第１戦で星野勘太郎と対戦したが、この試合中にマスカラスのドロップキックで星野の歯が吹っ飛んだことは学校の友達の間でも話題になった。

「メキシコからエル・ソリタリオも来ているし、一度はマスカラスを生で見ておこう」

さらに馬場がこのシリーズを最後に、日本プロレスを退団することも発表されていた。

当日、私はカメラを持って後楽園ホールへと向かった。会場に着くと、窓口でリングサイド席の数列目の切符を購入。しかし、席に座ってみると、そこからではうまく写真が撮れないポジションだった。

そのため第1試合から、また勝手にリングサイドに入った。この日は新日本の時とは違って数社のカメラマンがいたが、やはり誰も注意してこない。私は2度目ということもあって、それほど気兼ねすることなく、リングサイドで撮影を続けた。

いよいよ、お目当てだったセミファイナルの時間が迫ってきた。カードは坂口征二&吉村道明vsミル・マスカラス&エル・ソリタリオ。その後のメインは、馬場とキラー・ジョー・ノボのシングルマッチである。

しかし、セミファイナルが始まる直前に突然、篠原長昭リングアナが近寄ってきて声をかけられた。

「自分の席に戻ってください」

マスカラスのファイトを撮る気満々だった私にとっては冷酷な一言だったが、そう言われたら仕方がない。私はリングサイド席に戻り、最前列のイスとイスの隙間から写真を撮り続けた。

その後、ゴング誌が『ミル・マスカラス その華麗なる世界』というタイトルの増刊号を出した。この中に技の連写企画があり、素材はこの後楽園ホール大会の試合だった。そこにはリングサイド席でカメラを構えている私が写り込んでいる。

この年の9月16日、新日本プロレスが茨城県の土浦スポーツセンターに来た時も見に行った。

土浦スポーツセンターは小さな会場で、冬場はスケート場になる。どんなに観客を詰め込んでも700人がいいところだろう。切符がなくなっては困るからと、今回は前売り券を買った。

前売り券は、市内のスポーツ用品店に置いてあった。土浦には『円城寺』と『安藤』の2軒の店舗があったが、後者は土浦一高で甲子園に出た後、慶応大学に行き、プロ入り後は阪神タイガースで活躍した安藤統男さんの家族がやっていた店だった。

どちらの店で切符を買ったか記憶にないが、リングサイド席を1枚買った。値段は3000円くらいだったと思う。

この日は、『ニュー・ゴールデン・シリーズ』の開幕戦。外国人側のトップは、レッド・ピンパネールだった。赤覆面の正体はアベ・ヤコブだから普通のレスラーにしか感じなかったが、新日本としては大物扱いをしていた。しかし、本当の大物なら覆面をかぶる必要はない。

この日も勝手にリングサイドに入って写真を撮っていると、まだ新人だった栗栖正伸が「気を付けて撮ってよ」と声をかけてくれた。

メインでは猪木が柴田勝久と組んで、レッド・ピンパネール&プリンス・クマリと対戦した。新日本の外国人レスラー招聘ルートはまだ閉ざされていて、この日は他にシン・リーガン、ウェイン・ブリッジ、パット・ローチなども出ていたが、贔屓目に見ても地味なメンバーだったと言うしかない。

この翌月、馬場が全日本プロレスを旗揚げする。新日本とは対照的にWWWF世界王者ブルーノ・サンマルチノ、フレッド・ブラッシー、テリー・ファンクら豪華なメンバーをアメリカから招聘し、最初からテレビ中継もされるという華々しい船出だった。

この時期、NETの日本プロレス中継と日本テレビの全日本プロレス中継は毎回見ていたが、TBSの国際プロレス中継は見ない週もあった。言うまでもなく、この中でテレビ的に一番面白かったのは全日本だ。なにしろ画面に出てくるメンバーが段違いだった。

しかし、坂口征二が日本プロレスを離脱し、1973年4月から新日本プロレスに合流したことでマット界の潮流は大きく変わる。これを機にNETは金曜夜8時の『ワールドプロレスリング』で新日本の試合を放映するようになり、日プロは一気に崩壊へと追い込まれた。

坂口の合流は、新日本にとってリング上とビジネスの両方で効果的だった。2人の関係は「発想の猪木」、「抑え役の坂口」という見方ができる。エンジンとブレーキの関係と書けば、わかりやすいか。新日本プロレスという会社の中で、ある程度「猪木にノーが言える人間」が坂口だったとも言える。その印象は、後に本人たちと会話を交わすようになってからも変わらない。

猪木は、「坂口的」という言い方をする。そこには「無難で面白みがない」という意味を含んでいると思うが、決して坂口自体を否定しているわけではない。片や坂口が猪木の無謀ぶりを嘆くこともたまにはあったが、常に猪木がしようとすることに好意的かつ協力的だった。

当然、私は毎週、『ワールドプロレスリング』が始まる時間を楽しみに待っていた。

1973年10月14日、蔵前国技館で猪木&坂口vsルー・テーズ&カール・ゴッチの世界最強タッグ戦が開催された。1973年12月10日には、猪木がジョニー・パワーズからNWF世界ヘビー級王座を奪取した。

そして、1974年3月19日の猪木とストロング小林の一騎打ちは〝世間〟に向けて大きなインパクトを残した。力道山vs木村政彦以来の大物日本人対決。直前まで国際プロレスのエースだった小林と新日本プロレスのエースである猪木の激突が話題にならないはずがなかった。

猪木はジャーマン・スープレックスで小林を豪快に投げてフォールした。技としては綺麗ではなかったが、流血していた猪木の頭が最初にリングに着地して、時間差があって小林の体が上から落ちてきた。この強引とも言えるリアリティが「猪木プロレス」だった。

この翌月、私は上京し、練馬のアパートの小さな部屋を借りて、高田馬場の予備校に通い始めた。肩書きは、「浪人生」である。

せっかく東京にいるのだが、そんな身分だけにプロレス会場へ行っている場合ではない。ここから1年間は本当に勉強漬けで、しばらくの間、プロレスはテレビで見るものだと自分に言い聞かせた。

同年10月10日の大木金太郎戦も生で見たかったが、やはり会場へは行かなかった。

日本プロレスの若手時代から続く2人の関係は、もちろん知っていた。しかし、それ以上に私の頭の中にあったのは大木がアメリカ武者修行中にヒューストンでNWA世界王者ルー・テーズに挑戦した際、セメントを仕掛けて返り討ちに遭った一件だった。

そんな危険な香りのする大木と、猪木はどう対峙するのか。もしかしたら、一線を越えた〝喧嘩マッチ〟になるかもしれない。そんな思いを抱きながら、机に向かって受験勉強に励んだ。

猪木vs大木戦は木曜日で、翌日は朝刊スポーツ紙を複数購入して記事を読みふけった。夜になって『ワールドプロレスリング』で試合を見たが、原爆頭突きを連発する大木に対し、「もっと来い!」と挑発する猪木の姿を見て、「やっぱり、この試合は生で見たかったなあ…」と独りごちた。

それから約2ヵ月後、12月12日には猪木と小林の再戦が組まれた。試合当日、私は会場となった蔵前国技館の前まで出向いた。

どうして蔵前に足を運んだのかというと、前回の試合で押し寄せた観客が国技館に入りきれなかったという記事を読み、その雰囲気を感じたかったからだ。

だが、昼間の早い時間に着いたため、あまり人がいなくて、国技館の周囲はひっそりとしていた。

窓口では、まだ当日券が残っていた。しかし、私はそれを買い求めることなく、電信柱に張ってあった猪木vs小林戦のポスターと手書きの立て看板を写真に収め、後ろ髪を引かれる思いで帰途についた。

主催・東京スポーツ新聞社
NWF世界ヘビー級選手権試合
アントニオ猪木
ストロング小林
祝
アントニオ猪木
中川一郎

新日本
プロレス
NWF世界ヘビー級選手権試合
東京スポーツ新聞社
新日本プロレスリング(株)
NET テレビ
12月12日木
蔵前国技館
(選手権者)
VS
(挑戦者) ストロング小林

第2章
至近距離で目撃した〝世紀の一戦〟

EVERLAST

やはり、モハメド・アリ戦だったと思う。

あの日、猪木が日本武道館でアリと戦うことがなかったら、私は猪木をこんなに長く追うことはなかっただろう。好きだった猪木という男が世界のアリと戦うのだから、これだけは見逃すことはできない。

1年間、浪人生活を送った私は志望していた早稲田大学に入学できた。

しかし、すぐに「さあ、プロレスだ」とはならなかった。東京スポーツやデイリースポーツは毎日買っていたが、試合はやはりテレビで見る日々が続いた。

だから、1975年10月9日の猪木vsルー・テーズ戦も同年12月11日の猪木vsビル・ロビンソン戦も会場は蔵前国技館だったが、生観戦はしていない。

あれは2014年2月にロビンソンが亡くなった後のことである。何かの用事で猪木に会った際、私は雑談の中で何気なく「ロビンソン、亡くなっちゃいましたね」と口にした。

「ロビンソンは、観客には見えないような技を知っていたね」

そんな猪木の言葉を聞くと、「ロビンソン戦は、たとえ2階席からでも撮影しておいた方が良かったなあ」と思ってしまうが、今になって後悔しても仕方がない。

猪木vsアリ戦が行われたのは翌1976年、私が大学2年生の時だ。

さすがに、この試合は会場で見なければいけないと思い、売り切れないうちに池袋の東武デパートにあったプレイガイドで切符を買い求めた。この試合はロイヤルリングサイドが30万円、特別リングサイドが10万円と高額な値段設定でも話題となったが、私が購入したのは一番安い5000円の2階席だった。

また、新宿のアドホック後楽園というビルへ行くと猪木vsアリ戦のポスターがただでもらえるという記事を東京スポーツで読み、友人と一緒に出向いた。これは東京スポーツが独自に作ったポスターで金色と銀色の2種類あったが、アドホック後楽園に着くとそれほど人がいなかったので、私は金色の方のポスターを簡単に入手することができた。

モハメド・アリ。前の名前をカシアス・クレイといったが、当時は日本でも〝世界で一番強い男〟として子どもでもその名を知っていた。

「蝶のように舞い、蜂のように刺す。奴には私の姿が見えない。見えない相手を打てるはずがないだろう」

「不可能とは、自らの力で世界を切り開くことを放棄した臆病者の言葉だ。不可能とは、事実ではなく、見解の一つだ。不可能とは、可能性だ。不可能など、何でもないのだ」

どちらもアリの有名な言葉だが、後者の最後のフレーズ「Impossible is nothing」は、後にアディダスのコマーシャルにも使われた。

アリの周りは、話題であふれていた。報道陣も常にアリの周りを取り囲んでいた。フラッシュが焚かれる中、アリは拳を振り上げて声を張り上げている。当時、プロレスラーでもないのに、そうしたパフォーマンスをするアスリートはいなかった。私から見ても、アリを中心に世界が回っているという錯覚さえ起こしてしまうくらいパワーがあった。

ベトナム戦争では、アメリカという巨大な国家と戦った。徴兵を拒否した結果、ボクシングの世界タイトルを剥奪されて禁固5年、罰金1万ドルを言い渡された。控訴により収監は免れたが、リングから遠ざかることになった。

アリは大学を回って講演会を行い、長引くベトナム戦争に対する反戦活動を続けた。マルコムXやマーティン・ルーサー・キング牧師に象徴される公民権運動にも参加して、反戦感情をアメリカの家庭内へと広めた。

アリを応援する意味も含めて、1968年のメキシコ五輪では表彰台に上がったアメリカの黒人選手が黒い手袋をはめ、下を向いて抗議したこともあった。

アリの有罪判決が最高裁で破棄されるのは1971年6月だが、前年にニューヨーク州裁判所がアリのボクシング・ライセンスの復活を認めて、試合ができるようになった。この頃、アリはアメリカの若者たちの間で考え方を共有できる大きな存在になっていた。

遡ることその約10年前、アリは1960年のローマ五輪でライトヘビー級を制覇。金メダリストとして故郷に戻ったが、レストランに入れてもらえなかったという。輝かしい栄冠を掴んでも、人種差別という現実は変わらなかった。金メダルをオハイオ川に投げ捨てたという話は本当ではないかもしれないが、メダルがなくなってしまったことは事実だ。

プロになったアリは、1964年にソニー・リストンをKOして世界ヘビー級王者になった。翌年、カメラマンのニール・ライファーが撮ったリストンとの防衛戦の写真は、あまりにも有名である。アメリカの『スポーツ・イラストレイテッド』誌に最初に掲載されたものだが、ダウンしたリストンに対し、アリがヒジを折り曲げて叫んでいるシーンだ。アリを語る時、この一枚の写真は必ず出てくる。

日本において1963年11月、ジョン・F・ケネディ大統領がダラスで暗殺された時が宇宙中継の始まりになる。この「宇宙中継」という言葉はインパクトのある響きだった。当時、アリの試合やボクシングの世界ヘビー級戦を見るなら宇宙中継。いつから「衛星中継」という呼び名に変わったのだろうか。アリは9度世界王座を防衛した後、ボクシング界から追放された。

カムバック後、初めて敗北を喫したジョー・フレージャー戦、フレージャーを破って新世界王者となったジョージ・フォアマンとの対決は東京12チャンネル（現・テレビ東京）の「宇宙中継」で見ることができた。

私がアリという存在を意識し始めたのは、この頃である。まるでプロレスラーのようにカメラに向かってビッグマウスで吠えまくる姿が新鮮で、興味を持ったのだ。しかも、アリの動く姿は「宇宙中継」でしか目にすることができないから、どこか〝別世界の人間〟という感じで捉えていた。

1974年10月30日にアフリカのザイール（現・コンゴ民主共和国）で行われた前述のフォアマン戦は「キンシャサの奇跡」と呼ばれる逆転KO劇で、まるで映画の世界のようだった。

このフォアマンとアリによるWBAとWBCの統一世界ヘビー級戦を私は昼間、高田馬場のBIGBOX内で見た。ここのボウリング場のフロアには大きなテレビがあり、そこで友達と一緒に観戦したのだ。

会場内に「アリ、ボンバイエ！」の声援が響く中、ロープを背負ったアリは劣勢に見えた。

「アリ、負けちゃうね」

「うん、さすがにフォアマンには勝てないだろうな」

試合中、友達とはそんな会話を交わしていた。「どこでアリがダウンするのかな？」と思いながらテレビを眺めていると、いきなり怪物のように見えたフォアマンが前のめりに倒れ、キャンバスに沈んだ。

「アリが勝っちゃったよ！」。

その瞬間は、どこでアリのパンチが当たったのかわからなかった。私の目には突然、フォアマンがスローモーションで倒れたように映った。

その後、日本レスリング協会の八田一朗氏が「アリが日本の格闘家と戦いたがっている」という話を報道陣に語った。これが猪木vsアリ戦の始まりである。

猪木も新日本プロレスも、この「どうせ実現できっこない話」にダメもとで取り組んだ。当初、アリ側は相撲取りか空手家が名乗りを上げてくると思っていたようだ。

あり得ない話が進んで、試合は1976年6月26日に東京の日本武道館で行われることになった。

私は、この一戦の情報を追い続けた。猪木vsアリ戦はこの年の3月にニューヨークで行われた共同記者会見から、一気に真実味を帯びたような気がする。そして、アリは本当に日本にやって来た。それでも、当日まで試合が行われるかどうかはわからなかった。

アリ側にとっては契約書など、ただの紙切れに過ぎない。だが、アメリカでもWWF（現・WWE）のビンス・マクマホン・シニア、AWAのバーン・ガニアらが日本での猪木vsアリにリンクするイベントを行い、クローズドサーキットを含めた巨額のビジネスに発展させたため後には引けなくなっていた。

この時期、猪木の傍らには通訳のケン田島氏が寄り添っていた。その田島氏の英語がネイティブよりも格好良かった。猪木とアリのやり取りが面白かったのは、田島氏の訳と言葉の巧みさがあったからだろう。

アリに「ペリカン野郎」と呼ばれた猪木は、「お前の名前は日本では〝蟻ん子〟だ。踏んづけてやる」と返した。

猪木は試合直前、テレビでも放送された調印式のレセプションでリボンが付いた紙包みをアリに送った。中身は松葉杖だった。

その後、アリは書類にサインした際に手がブルブルと震えていた。あれが彼なりの試合を盛り上げるパフォーマンスだったとしたら、アリはやはり一流のプロフェッショナルということになる。

猪木がアリに勝ったら、どうなるのだろう。もし負けたら、どうなるのだろう。私は、そんなことも考えていた。アリに勝った猪木は、どこか遠くの世界に行ってしまうのか。

もしアリに勝ったら、その猪木を使ってアメリカのプロモーターたちが向こうで新しいビジネスを始めるかもしれない。そうなると、日本で猪木の試合が見られなくなるのではないか。

ただし、正直に言うと猪木の勝ちは考えづらかった。相手はボクシングの現役ヘビー級世界チャンピオンである。しかし、もし負けたら猪木はプロレスの試合を続けられるのだろうか。

猪木の反則負けという展開も考えられた。猪木がアリを捕らえ、ヘッドロックで締め上げる。レフェリーが止めても離さない。もし猪木が勝つ場合、大技ではなく、古典的なプロレス技で決まるというイメージが私の中にあった。

アリ戦が決まった後、猪木は2月にミュンヘン五輪の柔道金メダリスト、ウイリエム・ルスカと初の異種格闘技戦を行った。

この試合はテレビで見た。世間ではルスカと猪木のチーズvs納豆論争などで盛り上がっていたが、私の中では「どうしてアリ戦を前に、こんな日程でルスカとの試合を組んだろうな？」という思いがあった。それほど生で観戦したいと思わなかったのは、すでにアリ戦が決まっていたからだろう。

1976年6月26日、リングサイドに潜り込む

猪木vsアリ戦を前に、私は大事なことを忘れていた。

当然、この猪木vsアリ戦も私は撮影するつもりでいた。しかし、地方の体育館とは違い、日本武道館のリングサイドに勝手に入ることは難しいはずである。各社のカメラマ

ンやテレビ朝日のクルーが大勢いるだろうし、世界が注目する大一番だけに警備も厳重に違いない。

そこで日本武道館の2階席から猪木vsアリ戦を撮影するために、〝自主練〟をしておく必要があったのだ。おそらく、初めて望遠レンズを使ってのプロレス撮影になる。ぶっつけ本番ではうまく行かないだろう。その頃、250ミリの望遠レンズは持っていたが、念のため小田くんの600ミリのレンズも借りて私は〝練習試合〟に臨んだ。

それまで望遠レンズでは、つくば市にいた頃に母校の高校野球の試合を撮ったことがあった。

さらに73年1月に国立競技場でサッカーの全日本vsバイエルン・ミュンヘンの試合があった時、切符を購入して中に入り、メインスタンドから階段を降りたらピッチに入れたので、そのままゴール裏のカメラマン席で写真を撮ったこともある。当時、バイエルン・ミュンヘンにはフランツ・ベッケンバウアーがいて、彼が好きだった私はどうしても撮りたかったのだ。1990年代になって、この時のカットがサッカー専門誌に掲載された際には「どうして、この試合の写真を撮っているんですか?」とサッカー協会の広報担当から笑われた。

猪木vsアリ戦を前に、練習にぴったりの試合があった。約2週間前の6月11日、蔵前国技館で行われたテリー・ファンクvsジャンボ鶴田のNWA世界戦である。

試しに、正面側てっぺんの自由席から600ミリと250ミリのレンズで撮ってみた。高額なレンズではなかったので写真の仕上がりは想像していたよりも暗く不出来だったが、少しだけ感触は掴めた気がした。

「猪木vsアリ戦のゴングが鳴ってしまった。それなのに自分はまだ電車の中で、やきもきしながら九段下に向かっている」

この時期、そんな夢を何度か見た。それほど絶対に見逃せないという思いが強かったのだろう。

当日の朝、私は練馬のアパートから一人で日本武道館に向かった。前座の試合開始は、アメリカでの中継に合わせるため午前9時半に設定されていた。

この大会の観衆は主催者発表で1万4000人だが、駅から会場に向かう時はそれほど混雑していた印象がない。たまたま私が声をかけられなかっただけかもしれないが、ダフ屋もいなかったように思う。

同郷の友人と日本武道館の正面で待ち合わせ、一緒に中に入った。売店でパンフレットを買い、最上階の自分の席に着く。場内は意外なほど静かだ。プロレスマニアではない客層が多かったからだろうが、誰もがメインの試合を淡々と待っていた。

私は前座で行われたコシティの演武などを撮影しながら、試合開始のゴングを待ちわびていた。友達とは、不思議と

「どっちが勝つかな?」という会話にはならなかった。

1976年6月26日は、歴史的な日になった。

第1ラウンドのゴングが鳴った瞬間のたとえようのない緊張感と「遂に始まった…」という思いを忘れることができない。猪木が勢いよく飛び出して自らマットに寝ころんだ時の場内のどよめきには、とてつもない期待感が含まれていた。

猪木は、マットに体を付けた状態からスライディングキックを放ち続けた。空振りもあったが、何発ものキックがアリの左大腿の裏側を捕らえている。

私は2階席で撮影していたが、6ラウンドか7ラウンドに友人から離れてカメラを手に移動した。もしチャンスがあったら、リングの近くから撮ろうというのは前々から考えていたことだった。今だったら不可能だろうが、私は幸運にも容易にリングサイドまで辿り着くことができた。

この日は予想通りマスコミの数が多く、エプロンサイドの4面中、私の席側の1面と右側には新聞社や通信社のカメラマンがびっしり陣取っている。反対側はゼロ。セコンドの人数、特にアリ側の人間が多かった左側はカメラマンが一人いるだけだった。

さすがに人がいない方のリングサイドにのこのこ行ったらまずいと思ったので、各社のカメラマンが並んでいる側に近づくと、なぜか一人分、スペースが空いていた。インターバル中にトイレにでも行って、まだ戻って来ていないのだろうか。躊躇している時間はない。私は迷わず、そこに入ってレンズを構えた。

すぐ目の前で猪木とアリが戦っている。2階席には届かない2人の息遣い、緊張感、戦う人間だけが放つオーラが伝わってきた。まさか、こんなに至近距離で撮影ができるとはラッキーにもほどがある。

私は無我夢中でシャッターチャンスを狙っていた。猪木がスライディングに行く時のシューズがマットに擦れる音がいまだに耳に残っている。アリは大げさな表情を作りながら、寝転んでいる猪木を挑発している。そこに再び猪木がスライディングしてキックを放つ。

リングの中の2人の動きに集中していた私は、時間の感覚がなくなっていた。今になって思えば、リングサイドでカメラのシャッターを押していたのは時間にして2分くらいだったろうか。ふと、誰かに肩を叩かれた。

「ちょっと」

その人は当日、東京スポーツが配布した取材用の帽子をかぶっていた。本来、その位置を割り振れたカメラマンが戻って来てしまったのだ。私は何も言わず、すぐにその場を離れ、急いで2階席に戻った。

リングサイドでどれだけ撮れるかわからないから、その間は冷静ではいられなかった。残念ながら、リングサイド

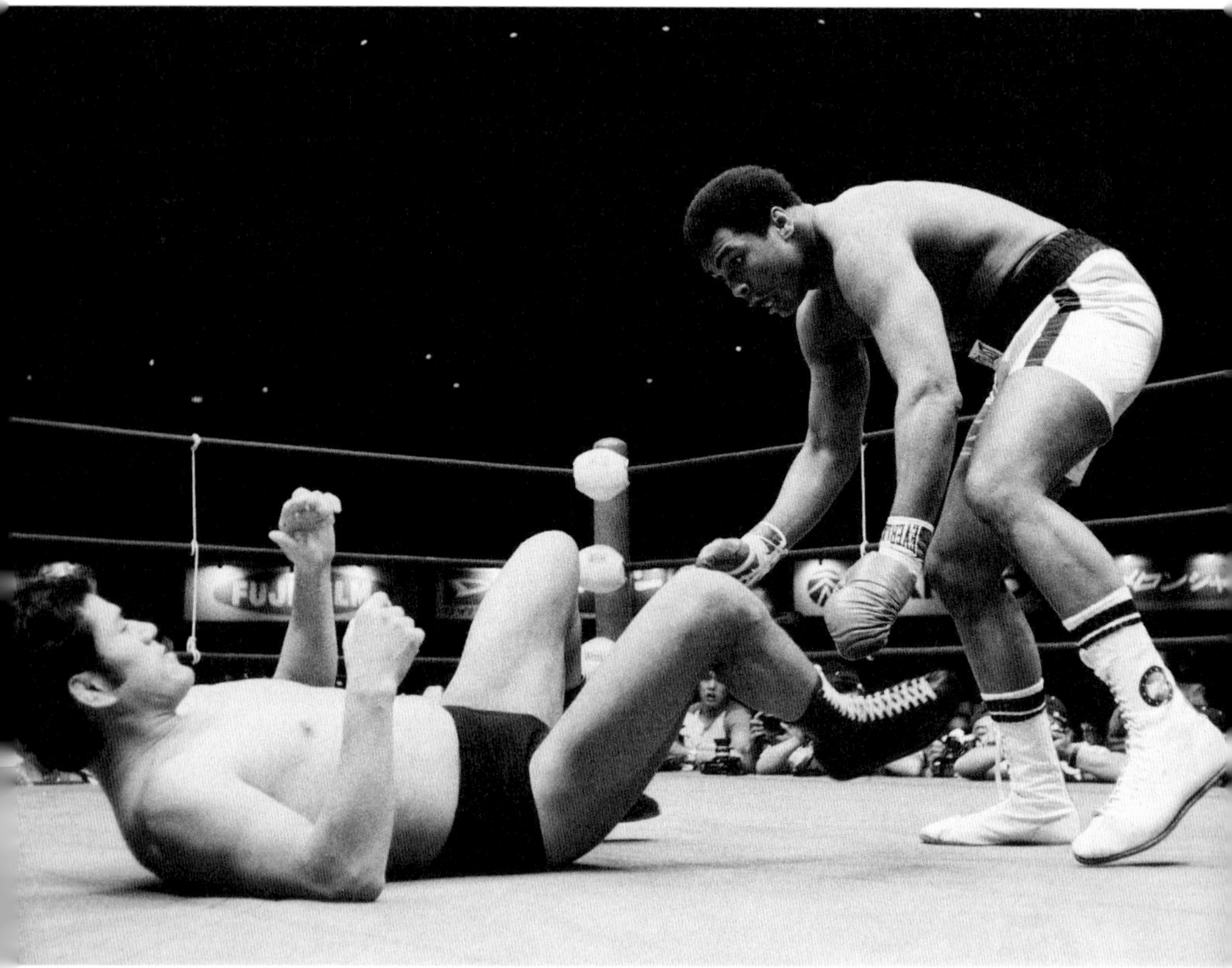
FUJ

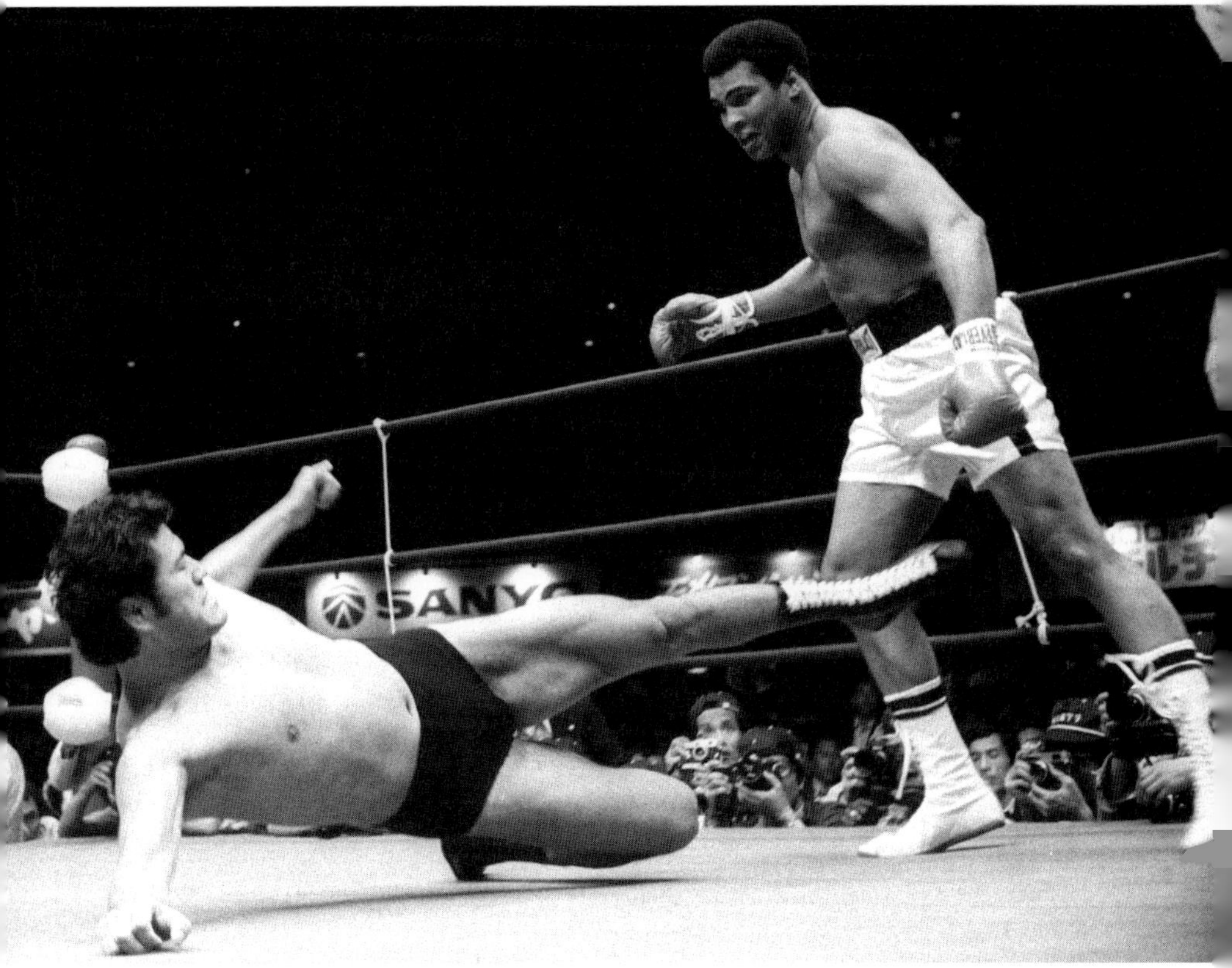
SANYO

で撮った猪木のスライディングキックは全部空振りだったが、そこにいられただけで奇跡である。

私は2階席に戻ってからも、シャッターを押し続けた。そして、猪木はスライディングキックを放ち続けた。

15ラウンドは、思っていたよりも早く過ぎて行った。この試合で猪木が見せた一発のハイキック、そして倒れたアリの上に乗り、エルボーを打ち下ろす仕草を見せたシーンは猪木の意地だったのはないか。

後年、猪木に聞かれたことがある。

「アリとの試合なんだけど、俺が上になっている写真はない？」

あの一瞬は「プロレスラーは、こういうこともできるんだよ」という猪木の最大のアピールだったと私は思っている。

ついに15ラウンドが終わってしまった。リング上には、ホッとしたように抱き合う猪木とアリがいた。会場内は、そんな安堵感と観客のため息が複雑に交錯していた。

3人のジャッジによる集計の結果はドロー。この試合でもアリはグレイテストなプロフェッショナルだった。ただし、アリの「ボクシング」がほとんど観られなかったので、そこは物足りなさも少しあった。

帰り際、私が日本武道館の外に出ると、目の前を黒塗りの高級車が通り過ぎた。その窓からは、白いローブを着たままのアリの姿が見えた。

ちょうどアリがホテルに帰るところだったが、あまりにも急なことでバッグからカメラを取り出す時間がなく、残念ながらその姿は撮れなかった。

「アリは俺と2人だけになった時は喋るよ」

「なんだ、猪木、アリ」

「世紀の茶番劇」

「世紀の凡戦」

これらは、その日の夕刊の見出しだ。

猪木とアリの格闘技世界一決定戦は酷評された。マスコミは派手な試合内容を勝手に想像していたはずだが、予想とまったく違う展開となったため取り上げ方に困った末の批判だったのだろう。

いわゆる猪木がアリ側から強いられた「がんじがらめのルール」のことは、ある程度の層は知っていたはずだと私は思っている。だから、1ラウンド開始直後に猪木がスライディングキックを放った瞬間、「ああ、こういう戦い方があったか！」と場内の観客がどよめいたのだ。

「猪木・アリ勝負つかず　猪木ダウン2度奪うも空し」

東京スポーツだけは、冷静で好意的な見出しだった。

後に知った話だが、この日、東京スポーツ写真部の鈴木皓三カメラマンはリング上の照明に長尺のフィルムを入れたリモートコントロールのカメラを仕掛けていた。

当初の目的は上からのKOシーン狙いのはずだが、その上空のカメラはアリが放った1発のパンチが猪木にヒットした瞬間をとらえていた。鈴木さんは暗室でドキドキしながらフィルムを切って、現像したそうだ。

「あのパンチ、確かに当たっていたよ」

鈴木さんは晩年になってから、嬉しそうにそう話していた。

試合中、アリはパンチを軽くヒットさせただけだったが、猪木の頭には大きなコブができたという。後に猪木とこの試合の話になった時、「一度か二度、かすっただけなんだけどね」と不思議がっていた。

本当にアリのグローブの中のバンテージは、何かで固められていたのだろうか。まことしやかに言われていることだが、私はそれには否定的な見方だ。

ヘビー級のパンチはヒットさえすれば相手は倒れるのだから、ボクサー生命にかかわる自分の拳を痛めるような危険なマネはしないはずだ。怪物のようなフォアマンが倒れたシーンを思い浮かべたら、その威力に納得するしかないだろう。

猪木は周囲から提案されてもシューズに鉄板を入れるといったようなことはしなかったし、アリも小細工は必要としなかった。

この日、猪木はアリにボクシングをさせないことを選択した。そのため試合でアリのボクシングを見ることはできず、非難は一方的に猪木に向けられ、約18億円とも言われた借金を背負うことにもなった。

猪木とアリの試合は、本人たちしかわからない真剣なものだった。その後、アリと猪木が友人になれたのは戦いが真剣であり、それを互いが認め合ったからである。

これは猪木本人から聞いた話だ。後にアリは猪木と会った時、「あんな怖かった試合はなかった。お前はどうだったんだ？」と聞いてきたという。

アリが怖かったように、猪木も怖かっただろう。この一戦の実況を担当したテレビ朝日の舟橋慶一アナウンサーはハブとマングースのような戦いと形容した。一瞬が運命を左右する。そんな緊迫感が試合中、続いていた。

この戦いが再評価されるのは、それから40年も経ってからだった。アリ自身のボクシングの戦績に、このエキシビションマッチ扱いの猪木戦は入っていない。しかし、その内容はいわゆるエキシビションではなかった。

アリのボクシング人生は、猪木と戦ったために大きく変わった。アメリカという国家と戦った時と同じように。アリは猪木に蹴られたことが原因で歩けなくなってしまった。専属のドクターはアリに早期の治療を提言したが、本人

はその助言を聞かずに東京の後、韓国やフィリピンへ行くスケジュールを優先した。

さすがのアリも帰国後、左足の痛みに耐えきれずにサンタモニカの病院に入った。血栓ができて左足がダメになるとまで言われ、予定されていたケン・ノートンとの防衛戦もキャンセルした。

当時、この試合にどんな評価が下されたとしても、世界的な注目を浴びて、実際に行われたことは事実である。アリにとっても猪木にとっても忘れられない戦いになった。

猪木によると、アリはこうも言ったという。

「友情を説明するのは難しい。学校で学ぶことじゃない。でも、友情の意味を知らないなら、何も学んでいないないことになる」

だが、猪木とアリの不思議な友情は確かに存在した。

この後、猪木は「アリ・ボンバイエ」をもらい、「イノキ・ボンバイエ」として入場曲に使った。アリの結婚式にも招待されたし、アリがパーキンソン病を患って、かなり体調が悪くなってからも2人の友情は続いた。

アリは猪木の姿を見ると、いつでもスッと腕を上げ、拳を握ってボクシングのポーズを取った。やがてパーキンソン病が進んだアリが人前で喋る場面はなくなったが、猪木は「アリは俺と2人だけになった時は喋るよ」と言っていた。

猪木からは、こんな言葉も聞いた。

「リングは孤独な世界だから。勝負そのものもそうだけれども、戦いのプロデュースから演出まで全部自分で背負わなくてはならない。でも、それをやれる人間というのは、そうはいない。アリは、それをやれる男だった」

猪木が政治家に転身した後、1990年のイラクではすれ違いになってしまったが、アリも人質解放のためにバグダッドを訪れていた。猪木とアリ、それぞれの世界観は違っても考えることには共通点があった。

「バグダッドでアリと会いたかったなあ」

イラクの邦人人質解放という大仕事を終えた後、猪木の口からはそんな言葉が出た。

この人質解放については別章で詳しく触れるが、イラクに向かう途中、ドイツ・フランクフルトの空港で猪木がいなくなったことがある。アンマン行きの飛行機に乗る前だった。

「ちょっと買い物に行ってくる」

そう言って猪木はどこかに行ったが、全然戻って来ない。まだイミグレーションの手前だったので、猪木のチケットもパスポートも私が預かっていた。

空港内で迷子になっているのだろうか。それとも何かトラブルに巻き込まれたのだろうか。いずれにしても、このままだと飛行機に乗り遅れる可能性もあった。

「猪木さん、どこへ行ってしまったんだろう…？」

私は不安を抱えながら、あたりを見回していた。

すると、猪木が税関の向こう側から手を振っている。

「係員がオレのことを知っているっていうから話をしていたら、そのまま通してくれたんだ（笑）」

その空港職員はアリと猪木が戦った試合を宇宙中継ならぬ、衛星中継で見ていたのだ。

海外で猪木と行動をともにしていると、似たような場面に何度も遭遇したものである。

第3章

打ち上げに現れた"独眼竜"猪木

Winning

WRESTLING

KING of SPORTS
NEW JAPAN PRO WRESTLING
KING of SPORTS
NEW JAPAN PRO WRESTLING

アンドレ・ザ・ジャイアント。大巨人。動く人間山脈。2メートル23センチ、236キロ。全盛時のアンドレは人間離れした巨大さと同時に、誰も勝てないんじゃないかと思わせるレスラーとしてのバランスの良さを兼ね備えていた。

1976年10月7日、蔵前国技館で行われた猪木vsアンドレの格闘技世界一決定戦。私はこの一戦も撮影するために会場へと足を運んだ。

蔵前国技館はJRの浅草橋駅から10分ほど歩いたところにあり、隅田川に接して建っていた。

昭和のプロレスを語る上で必ず登場するこの会場は、今の両国国技館と比較すると、ゆったり感はなく全体的に暗かった。2階席にはいくつもの太い柱が突き出しており、正面、向正面の上部は木の長イスだった。

また、2階の突き出たロイヤルボックスの両脇には3～4人ほど入れるスペースがあり、カメラマン席として使われていた。私は後にこのスペースを好んでよく使用した。

この日は2階席東側の真ん中にある大きな柱を背にして立ちながら撮ったので、他の観客には邪魔にならない。猪木vsモハメド・アリ戦の時よりは、2階席からの撮影技術は上達していたと自分では思う。

猪木がアリと戦った日、アンドレはニューヨークのシェア・スタジアムで行われた一連のクローズドサーキットイベントでヘビー級プロボクサーのチャック・ウェプナーに勝利した。その流れから、この一戦が組まれたわけだが、「プロレスラー同士だから、格闘技戦ではないだろう」とも言われた。

当然、それまでの猪木とアンドレの試合はテレビで見ていた。2人の戦いは、私の中で撮りたいと思っていた試合の一つだった。体の大きいアンドレと猪木が戦った時、通常のプロレスとは違うものを見せてくれるのではないかという期待感があった。

この格闘技戦の頃のアンドレは、肉体的にピークだったと私は思う。一説には身長は伸び続け、体重も明らかに増加していったが、この時期は体のバランスが最も良く、現役時代で一番動けたはずだ。

試合中、猪木がキーロックに行くと、アンドレは軽々とその体を持ち上げてロープまで運んだ。猪木は、まるでアンドレのマスコットのように大巨人の肩口に乗っていた。

猪木を担いだアンドレがこちらに近づいてくる。2階席でカメラを構えていた私は、2人が接近してくると錯覚してしまった。

これはカメラのレンズを通さないとわからないことかもしれないが、リングサイドで撮るより、2階席から望遠レンズで撮った方がアンドレは実際のサイズ通りに見える。

リングサイドから近距離で撮った場合、アンドレの全身

をフレームに入れようとすると、その大きさが逆に感じられなくなるのだ。

また、下から撮るとアンドレの足は実際よりも長く写るし、広角のレンズを使って全身を入れようとすると上半身が特に細く見える。

今では有名な話だが、アンドレはビールやワインを試合直前まで飲み続けていた。後にリングサイドで正式に撮影できるようになってからアンドレの試合を撮っていると、ロープに持たれた後、そのロープから垂れてくるアンドレの汗はビールの臭いがしたものだ。

昔、北海道に住んでいた叔父がこんな話を教えてくれた。札幌ビール園でアンドレが空にした大ジョッキの数。叔父が担当していたウェイターから直接聞いたところ、50杯まではカウントしたが、それから先はあきれて数えるのを止めたそうだ。

テレビ朝日の舟橋アナからは、こんな逸話を聞いた。ブラジルに行く機内でアンドレはファーストクラスの酒という酒を全部飲み干してしまった。それでも物足りなさそうにしている大男に、あきれた女性の客室乗務員は聞いた。

「あなたは何をしている人なのですか？」

すると、アンドレはすました顔で答えた。

「競馬の騎手だよ。でもね、その騎手は馬を背負って走るんだよ」

これを聞いて、機内は爆笑に包まれたという。

確かにアンドレは知的な人物だった。友人には世界的な名ジョッキーのウィリー・シューメイカーもいた。

アンドレは、以前はそんなに酒飲みではなかった。それが体を大きくするためにビールを選んだ。国際プロレス時代のモンスター・ロシモフの体を知っていれば、それからどれだけアンドレの体が大きくなっていったかわかるだろう。飲む酒は後にビールからワインになり、ウィスキーに変わっていった。

「あいつはレスラーを超えていた」

アンドレの話になると、猪木はそう言って笑う。

アンドレは大きな体で「レスリング」をすることを好んだ。ただ大きいだけの見世物ではないことをアピールしようともした。アメリカではビッグマネーを手にしたが、それはかなわなかった。しかし、猪木との戦いでは自分が望むレスリングができることが嬉しかったようだ。

猪木から、アンドレとハワイでワインを飲んだという話を聞いたことがある。現地でタッグを組んだ後、アンドレに招待されたのだ。その日、アンドレは上機嫌で次から次へと高いワインを空けていたという。

ちなみに猪木が初めてワインというものを知ったのは、移民先のブラジルにいた14歳の時だった。

ある日、働いていたコーヒー園で農場主から適度に冷えた樽のワインが振る舞われた。もちろん、これは格安のワインだったのだろうが、その時の味が今でも忘れられないようだ。ワインの味は雰囲気で変わるものだから、うなずける話である。

〝闘魂の語り部〟舟橋慶一アナウンサーとの出会い

猪木が「あいつのキックは凄かったね」と言った格闘家がいた。

エベレット・ザ・モンスターマン・エディ。全米プロ空手＝マーシャルアーツのヘビー級王者だった。私から見ても、モンスターマンの跳躍力と柔軟さは驚きだった。

1977年8月2日、日本武道館。この試合も私は2階席の照明スポットスペースから撮影したが、リングサイドに行こうとは思わなかった。格闘技戦の時は、各社のカメラマンに特別な取材章が配られるようになっていた。それをみんなが付けているから、気軽にリングサイドに行けるような状況ではなかった。

当時は今と違って、海外の試合を手軽に見られる環境ではない。「全米プロ空手」という格闘技はスポーツ新聞などを通して知っていたが、どんな試合なのか日本人のほとんどが映像では見たことがなかったはずである。当然、モンスターマンの実力も誰もわかっていない。

私自身は、モンスターマンが黒っぽい道衣を着ているのが少し引っかかった。この頃はカラー道衣というものがポピュラーではなかったし、前にキックボクシングの試合で色付きの道衣を着た〝怪しい選手〟を見たことがあったからだ。

しかし当日、モンスターマンが繰り出す蹴りの速さに驚いた。観客席も一発一発にどよめいている。しかも、モンスターマンの蹴りは様々な角度から放たれた。猪木は顔面で、その蹴りを受ける。さらに片足を捕れば、もう一方の足が猪木の後頭部を襲う。

「手と足がどこからでも出てきた。キックというのは普通は見えるんだけど、あいつのは見えなかった。でも、少しだけ軽かったな」

猪木はモンスターマンの変幻自在の蹴りを「軽い」と表現した。だからなのだろうか、蹴りを全身で受けてみせた。その大きな体からは想像できなかったモンスターマンの蹴りの速さに、猪木によるプロレスの受けの要素が加わって、この試合は光ったのだろう。

最後は猪木がルー・テーズも使っていた古典的なパイルドライバーでモンスターマンをキャンバスに打ち付けると、ギロチンドロップでとどめを刺した。

この試合は各方面で高い評価を受けて、新日本プロレスは格闘技戦を継続して開催できるようになった。実際に猪

木vsモンスターマン戦はスリリングで、見ていて面白かった。

猪木は異種格闘技戦について、こんなことも言っていた。

「プロレスはもし負けたら、そこから這い上がる姿を見せればいい。でも、格闘技戦は負けたら終わりなんだ」

この一戦から1ヵ月ほど経ったある日、私は自分が撮影した何枚かの写真を持って都内・南青山にあった新日本プロレスの事務所を訪問した。

やはり、どうしてもリングサイドで写真を撮りたい。プロのカメラマンではないが、団体側に話せば許可が下りるのではないだろうか。ダメでもともと。それなら、一度話をした方がいい。

私は単なる大学生で、新日本プロレスの誰かを知っているわけではなかった。事務所のドアを開けて挨拶した時、「何？」と声をかけてきたのは営業の山崎順英さんという方だった。

山崎さんはどこの馬の骨かもわからない私を邪険に扱うことなく、真摯に対応してくれた。

「私は猪木さんのファンで、日本プロレスの頃から見ています。以前、茨城に住んでいた頃に許可はもらっていませんが、新日本プロレスの試合をリングサイドで撮ったこともあるんです。他の社のカメラマンの邪魔になるようなことはしませんので、会場のリングサイドに入る許可をいただけないでしょうか？」

私は出身地や在籍校などを説明しながら、来社した理由を話した。

当然、リングサイドで写真を撮ったからといって、それを発表する場はない。向こうからすれば、カメラ好きの素人が「個人的な趣味としてプロレスの写真を撮らせてほしい」と言ってきたようなものだ。

だが、山崎さんは私の話を聞き終えると、太い声でこう言った。

「それじゃあ、あんたは舟橋と高校も大学も一緒だなあ。知っているだろ、テレビ朝日の舟橋慶一アナウンサー」

「はい、『ワールドプロレスリング』で実況をされている舟橋さんですね」

「そうそう、あと2時間もすると、ここに来るから下の喫茶店で待っていてよ。舟橋、喜ぶよ、きっと」

言われた通り、私が1階の『ミロ』という名の喫茶店で待っていると、山崎さんと舟橋アナが入って来た。

「なんだ、土浦一高で早稲田大学の商学部とくれば、全兄弟じゃないか。原くん、これからスタジオに行って宣伝用の録音があるけれど、それが終わったら一緒に飲みに行こう。どうだい？」

録音というのは10月25日に決まっていた格闘技世界一決定戦、猪木vsチャック・ウェプナーのラジオスポット用と宣伝カー用のもので、「10月25日、日本武道館…」、「いよいよ本日…」といった宣伝文句を舟橋アナが吹き込むのだ。

私もそのまま青山のスタジオに同行し、舟橋アナが録音ブースの中でマイクに向かい宣伝文句を吹き込んでいる様子をガラス越しに見学させてもらった。

録音が終わると、何件かハシゴをしながら山崎さんも舟橋アナもざっくばらんに接してくれ、3人でよく飲んで、よく話した。舟橋アナは高校生の時、戦争疎開で土浦に来ていたという。話は盛り上がって、気付くともう深夜になっていた。飲み代は、すべて舟橋アナのツケだった。

こうした予期しない流れで、幸運なことに私は猪木vsウェプナー戦からリングサイドでの撮影を正式に許可されることになった。

試合当日、会場に行くと「格闘技世界一決定戦10・25」という緑と赤の文字が入った取材用の白い腕章が配られた。格闘技戦では専門誌以外のカメラマンも取材に来る。山崎さんが手配してくれた腕章を付けた私は、堂々とリングサイドに入った。

このチャック・ウェプナーとの試合は不安視されていた。理由は、多くの人がこう思っていたからである。

「レスラーとボクサーの試合は噛み合わない」

アリ戦の後遺症がまた頭をもたげたが、今度はルールに翻弄されることはなかった。対戦相手の候補にはジョージ・フォアマンの名前も挙がっていたが、ウェプナーに落ち着いたのだという。

このウェプナー戦で、猪木はまだ新日本プロレスの若手だった佐山サトルが考案したオープンフィンガー・グローブを装着してリングに上がった。

アリキックを確かめるように放ち、グラウンドでの時間制限はあったが、スリーパーホールドも見せた。最後はダウンしたウェプナーを古典的な逆エビ固めに持って行き、ギブアップを奪った。

この時、リングサイドでの撮影は難しいと感じた。選手が近づいてくると体を引くから、どうしてもロープがフレームに入ってしまうのだ。もう一歩下がると、今度はロープが複数入ってしまう。

さらに日本武道館は照明が高い位置にあるので、ロープ際に選手が来ると写真が暗くなることもわかった。

とはいえ、団体公認でリングサイドに入れるようになったのだから、それだけでも良しとするべきだろう。ここから、私は東京近郊で行われる新日本の興行にカメラ持参で通うようになる。

私の目の前で泣きじゃくっていた〝密林王〟

力道山時代、神宮外苑で5台のバスを引っ張った怪物がいた。カナダの密林王グレート・アントニオである。

CHUCK

その映像はニュースフィルムで見たことがあるが、実際にどのくらいタイヤが動いたかは定かではない。アメリカでは電車を引っ張ったと言われた力自慢だ。そんな男が16年の時を経て、新日本プロレスにやって来た。

この頃、新日本では日付と会場名の入った取材リボンを試合ごとに配るようになった。1977年12月8日、蔵前国技館。猪木とそのグレート・アントニオのシングルマッチが組まれた。私は事前に山崎さんに連絡して、大会当日に会場の入り口で宣伝部の福永武治さんから取材リボンをもらうことができた。

試合が始まると、アントニオは猪木の攻撃を受けても腹を突き出して笑っていた。

この一戦で、いわゆる普通のプロレスの攻防がリング上で展開されることはほとんどなかった。試合の序盤、いきなり猪木は張り手を見舞い、サイドからの両足タックルでアントニオを倒す。その後、起き上がって来るタイミングで突然、猪木の左足がアントニオの顔面を襲った。まったく容赦のない蹴り上げだった。

さらに猪木はロープ際に倒れたアントニオを上から狂ったように踏みつけた。それは死のダンスに見えた。

この蹴り上げもストンピングも私の目の前で起きた出来事だった。私は運良く、猪木がアントニオを制裁したエプロンサイド側にいたのだ。

結果は3分49秒。猪木の壮絶なKO勝ち。アントニオの鼻っ柱は裂け、顔面は血に染まっていた。

この時、密林王は泣いていた。私の目の前で泣きじゃくっていた。

猪木は何が気に入らなかったのか。とにかく、猪木は非情な決着を選んだ。自分と同じアントニオという名前が引っ掛かったのかもしれない。いや、力道山時代に容赦なくアントニオに投げ飛ばされたことを思い出したのだろうか。

密林王は2度目の日本でもリンチ刑に遭ってしまった。前回、日本プロレスに来日した時はミスター・X（ビル・ミラー）やカール・クラウザー（ゴッチ）の怒りを買って控室で制裁されたが、今度は猪木によるリング上での公開処刑だった。

後年、当時テレビ朝日の新人アナウンサーだった古舘伊知郎さんと雑談をしていた時、この猪木vsアントニオ戦の話になったことがある。古館さんは猪木が激怒した理由として、「アントニオは臭かったんじゃないかな」、「エチケット違反だったんじゃないの」と言っていた。

この時代は、今と違って控室への出入りも自由だった。私も学生ながら正式な許可を得ているので、控室で撮影することもあった。プロレスラーは相手へのエチケットとして、歯を磨いてから試合に臨む。この日、私は試合前に控室でアントニオを近くから撮影したが、決して異臭を放っ

ていたわけではない。

何もできない勘違い男が最終戦の相手だったことが猪木は気に入らなかったのか。気持ちが伝わらないことへのイラ立ちが制裁に走った最大の要因かもしれない。

非情の顔面キック。猪木の怖さが現れた一瞬だった。

年が明けて、1978年2月8日には猪木vs上田馬之助のネイルデスマッチも撮影している。

当時、新日本プロレスは日本武道館の興行に苦戦していた。蔵前国技館なら十分な集客ができるが、約1万4500の席がある日本武道館となると空席が目立っていたように思う。おそらく実数で8000人を入れるのがやっとだったのではないだろうか。それを誤魔化すため会場の2階席上段の3分の1くらいに幕を張りめぐらせて、客がバラけるのを防いでいた。

そうした状況の中、集客のための話題作りとして急遽持ち上がったのがネイルデスマッチだった。無数の5寸釘をベニア板にびっしり打ち込んで、リングの下に敷き詰めるという試合形式である。

日本武道館という建物の性格上、ギリギリの選択だった。その釘板の周りには、危険防止のために観客保護のがっちりしたフェンスが設置された。これにはタイガー・ジェット・シンの乱入防止という目的もあった。

こういう状況になると、カメラマンの撮影場所は通常のリングサイドではなく、フェンスの外になる。客席とフェンスの間は少し離れており、そこで撮影はできるのだが、試しに座ってみると、リングの上がよく見えなかった。そこで私は2階席から撮ることを選んだ。どこで撮影するにしても、この一戦は写真に釘板が写り込まなければ意味がない。

猪木と上田が釘板に落ちる光景は想定していなかった。本当に落ちて体が釘に刺さったら、ただの残忍ショーになってしまう。だが、偶発的にどちらかが落下する可能性はあった。それは試合の流れだから、始まってみなければわからない。

この日の撮影ポジションの選択が吉と出るか凶と出るかは、「読み」と「運」である。ロープに足が引っかかった猪木を上田が釘板の上に落とそうとした場面の写真には、2人とともに釘板も写り込んでいた。しかし、2階からでは〝説明写真〟に過ぎず、迫力に欠けた。結果論になるが、このシーンはフェンスの間から撮った方が良かった。猪木と釘板の距離が切迫していたからだ。

私は猪木が鉄柱とロープをつないでいる金具を使って、上田の腕を折りに行くシーンの方が気に入った。望遠なので背景に写り込んだ釘に鋭利さは感じられないが、猪木の表情が試合の〝意味〟を象徴していた。

OBS山形プレス

入ってくるなり、「テメエら、待てねえのか！」

私が猪木と最初に言葉を交わしたのは、21歳の時だった。まだ大学生である。

1978年3月3日、藤波辰巳の凱旋試合が高崎市体育館で行われた。藤波はこの年の1月にニューヨークのマディソン・スクエア・ガーデンでカルロス・ホセ・エストラーダを破り、WWWFジュニアヘビー級王座を獲得。海外武者修行を終え、チャンピオンとして堂々の帰国だった。当然、その第1戦はテレビ朝日『ワールドプロレスリング』で中継されることになった。

「原くん、高崎に写真を撮りに来たら？　藤波が凱旋帰国するから、撮影しておいた方がいいよ」

舟橋アナに誘われた私は、たまたま帰省していたので自分の車で群馬県高崎市に向かった。しかも、この大会はお世話になっていた営業の山崎さんが担当の興行だった。

この日の藤波の相手は、マスクド・カナディアン。正体はロディ・パイパーで以前に素顔で新日本に来日したことがあるが、この時はマスクマンとしてロサンゼルスで藤波に挑戦した後、そのままの姿で日本にやって来た。

この試合で藤波はドラゴン・スープレックスを本邦初披露した。その記念すべき瞬間をリングサイドで撮影することができたのだから、高崎まで来て大正解だった。

後日、この日のドラゴン・スープレックスの写真をパネルにして藤波本人にプレゼントした。こういう時は2枚持参し、1枚は自分用にサインを入れてもらって持ち帰る。この年に私は藤波のメキシコ遠征に同行することになるのだが、それについては後述しよう。

テレビ収録の後、当時は恒例だった後援者たちとの打ち上げの席が用意され、舟橋アナに連れられて私も参加させてもらった。

メインのタッグマッチに出場した猪木は他の選手に少し遅れて、その場に来た。この日、猪木はマスクド・スーパースターの火炎攻撃を受けて目を焼かれたため片目に眼帯をしていた。

後年、猪木本人に確認したら、この時のことを憶えていなかったが、舟橋アナに紹介されて私は〝独眼竜〟の猪木に初めて挨拶をした。

当然ながら、私はかなり緊張していた。舟橋アナがプロの話術でいろいろと私のことを説明してくれたので、この時は「よろしくお願いします」くらいしか喋ってない。

猪木が34歳の時だ。私と猪木の干支は、一回り違いの羊年。誕生日が来れば、12歳違いになる。

猪木曰く「いつの間にかいた」私は、こうしてどっぷりと猪木に漬かることになる。

話は前後するが、猪木が畳の宴会場に入って来た瞬間も

忘れられない。

「テメエら、待てねえのか！」

打ち上げの席で、すでにお膳に箸を付けていた若手レスラーたちを猪木は鬼の形相で怒鳴りつけた。凄まじい迫力だった。

もちろん、これは猪木流のパフォーマンスだったのだろうが、緊張感が半端ではなく、その場にいたレスラーたちの手がビクッと止まった。

「あの頃の猪木さんは、怖かったよなあ」

当時、新日本に所属していた選手たちの多くは、そう語る。それは偽らざる気持ちだろう。

屈強なレスラーたちが怖がるくらいだから、私も最初は猪木のことが怖かった。試合前に控室で猪木を撮る時は、いきなり挨拶するのは怖かったので、まず先にシャッターを切る。何枚か撮ってから「こんにちは」と挨拶すると、猪木は無言のまま独特の軽い会釈で返してくれる。

後にも先にも、何も言わずにいきなり写真を撮って猪木から怒られたことはない。だが、この時期の猪木はリラックスしている時も、どこかピリピリしていた。他の選手たちが「猪木さんは怖かった」と言うのは、その部分のことだと思う。

不機嫌というわけではない。常に体全体にバリアを張っているという印象で、猪木の周りの空気だけが違うのだ。


ここで私が何を書いても、「元気ですかーっ！」と笑顔を振りまく猪木しか知らない人には伝わらないかもしれない。

この時期、長州力は海外武者修行に出ていたから、「怖い猪木」をそれほど知らないはずだ。しかし、藤波は身近にいて体感している。

後に2人が猪木とリング上で対峙するようになった時、藤波と長州ではファイトぶりに差があった。藤波も決して遠慮していたわけではないだろうが、長州に比べると猪木に対して一歩踏み込めないように見えた。それは、この頃の「怖い猪木」の幻影が脳裏にチラついていたからではないだろうか。

話を戻すと、新日本プロレスにリングサイド撮影を正式に許可された私は蔵前国技館大会を含む関東圏のTVマッチには、何もない限り撮影に行くようになった。幸い大学生の身分ながら、自分の車を持っていたので移動には困らなかったし、実家に帰省している間は茨城県や近県の体育館に足を延ばすこともあった。

だから、この時期だと6月1日と7月27日に日本武道館で行われた猪木vsボブ・バックランド戦、9月21日に品川プリンスホテル・ゴールドホールで行われた猪木vsタイガー・ジェット・シンのNWF戦などをリングサイドから撮影することができた。

さらに東京近郊だけでは飽き足らず、地方へも猪木を追いかけるようになる。

「原くん、福岡に行きたいんだろ？」

ある日、山崎さんにそう言われた。福岡とは、この年の6月7日に行われた猪木vsザ・モンスターマンの再戦のことである。

「それは行きたいですよ。でも、さすがに九州の福岡ですからねえ」

東京から福岡へ飛行機で行くと、5万円くらいの出費となる。さすがに学生の私には、この金額は厳しい。月のアパートの家賃が1万円ちょっとの時代だった。

「じゃあ、これで行ってくればいいよ（笑）」

そう言いながら、山崎さんは私に5万円をポンとくれた。

「いい写真を撮ってきてよ。福岡の宿は、吉田に言っておくから大丈夫」

もちろん、山崎さんが飛行機代を出してくれたのには理由がある。この時期、新日本は『アントン』というファンクラブ会報を作っていて、その担当が山崎さんだった。

そして、その『アントン』で私の撮った写真のパネルが販売されていた。つまり、会報で猪木vsモンスターマン戦の写真販売をするから、移動費をくれたのだ。とはいえ、私の中ではその試合の写真販売をした記憶はないのだが…。

新日本の営業部の中で、福岡の担当は吉田稔さんだった。吉田さんは1983年に起きた新日本のクーデター騒動の後、団体を離れて旧UWFの設立メンバーの一人になる。五島列島出身の穏やかで優しい方だった。

初めての福岡スポーツセンター。日本プロレス時代、猪木がNWA世界王者ドリー・ファンク・ジュニアに2度目に挑戦した時の会場だ。この日は猪木vsモンスターマンの他、坂口征二vsザ・ランバージャック、ウイリエム・ルスカvsアレン・コージと異種格闘技戦が3試合組まれた。会場の中に入ると、気持ちがいいほど人でビッシリと埋まっていて、「超満員」という表現がぴったりだった。

だが、私の期待と裏腹に猪木vsモンスターマン戦は前回を超える試合内容にはならなかった。

6ラウンド、場外に落ちたモンスターマンは明らかに気力を失っていた。そこに猪木は容赦なくギロチンドロップや延髄斬りを浴びせる。

7ラウンド、猪木はモンスターマンにプロレス技を連発した。ブレーンバスターから低いドロップキック。私はカメラを構えながら、もうここで試合を止めてもいいと感じた。すでにモンスターマンは戦意を失っている。しかし、猪木はほとんど動けないモンスターマンを無理やり立たせて追い打ちのバックドロップ。最後はグラウンドコブラで、一方的に試合を終わらせた。

そんな終盤の攻防を見て、私は「もう猪木がモンスターマンと戦うことはないだろうな」と思ったことを憶えている。

メキシコで会った〝神様〟と〝鉄人〟と〝聖者〟

「8月にメキシコへ行くんだよ」

舟橋アナからその話を聞いたのは、7月に入った頃だろうか。藤波辰巳がメキシコに遠征して、WWWFジュニアヘビー級王座の防衛戦を行うという。

このメキシコ遠征に猪木は同行しないが、私は即座に一緒に付いて行きたいと思った。私は子どもの頃から古代文明や遺跡にロマンを感じ、そういったテレビ番組をやっていると、よく見ていた。メキシコにはマヤ文明の古代遺跡もある。

私の最初の海外旅行は大学時代の1976年で、エジプトや中東のシリア、ヨルダンなどへ行った。私は大学でサークルには入っていなかったが、「オリエント研究会」に友人がいてエジプト旅行に誘われ、ツタンカーメンの王家の谷や有名なアブシンベルの遺跡に興味があったので面白そうだと付いて行ったのだ。

カイロのワセダ・ハウスには発掘などの研究をしていた先輩の考古学者・吉村作治さんがいて、普段は公開されていないお墓の中に入る許可証も取ってくれた。

シリアのパルミラやヨルダンのペトラといった後に世界遺産に認定されるところも見てきたが、後に猪木は「ペトラには行ったよ。あそこは良かったね」と言っていた。この訪問は、珍しく私の方が早かったことになる。

エジプトに行った1976年には1ドル＝300円くらいだった為替レートも円高が進み、この頃は1ドル＝180円くらいになっていた。これなら安くメキシコに行けると安易に考えていたが、想定外の難問が発生することになる。

当時はまだ小規模で学生相手の旅行を手配していた渋谷のHISに行くと、「今はアメリカの航空会社がストライキをしていて、普通のルートでメキシコに行くにはJALしかありません」と言われた。しかも、チケットが高額で、かなり混んでいるという。

そこでJALに電話してみると、同じく「ストライキの影響で満席です」と説明された。

期日は迫っていたが、八方塞がりとなった私は、この話を新日本の山崎さんにしてみた。

「山崎さん、舟橋さんたちと一緒にメキシコへ行きたいんですけど、チケットが全然取れないんですよ」

すると、「JALに知り合いがいるから、聞いてみるよ」と嬉しい返事。数日後、山崎さんから電話がかかってきた。

「原くん、今日の出発ならチケットが取れたよ。どうする？」

「行きますよ！ 山崎さん、ありがとうございます！」

こうして、私のメキシコ行きは当日に決まった。片道18万円とチケットはかなり高額だったが、迷いはなかった。

この藤波のメキシコ遠征には舟橋アナの他に、『ワールドプロレスリング』の栗山満男プロデューサーとディレクターの岡田一成さん、通訳のケン田島さん、さらに新日本の営業本部長・新間寿さんも同行した。しかし、私は急な出発だったため、舟橋アナたちよりも1日早く現地に入ることになった。

1978年当時、日本からメキシコへの直行便はJALのバンクーバー経由だけだったが、その便はバンクーバーから先が満席だった。夕刻、私は一人で成田空港からカナダのバンクーバーに向かい、一泊して今度はニューヨークへ南下、さらにアトランタを経由してメキシコシティに着くという複雑なルートである。

しかも、運が悪いことにアトランタは雷雨で離陸できずに、ずいぶん機内で待機させられた。そのため、メキシコシティに着いたのは真夜中だった。

こうなると、もう両替所も閉まっている。朝まで空港で過ごすのは嫌だったので、私はタクシーで宿泊先のアラメダ・ホテルに向かった。予約はしていなかったが、幸い部屋は空いていたので無事にチェックイン。予定では翌日、ここで舟橋アナたちと落ち合うことになっていた。

夜が明け、ホテルから出て街中を散歩している時に階段を上がっていたら息が切れた。2000メートルの高地は、やはり酸素が薄いと実感した瞬間だった。

その後、舟橋アナらと無事に合流すると、さらにメキシコ在住のグラン浜田もホテルにやって来た。

浜田は1975年にメキシコへと渡り、現地に定着。この頃はメキシコの新団体UWAで活躍していて、新間さんや藤波が来ると知って挨拶に来たのだ。もちろん身長は伸びていなかったが、新日本の若手時代に比べると、かなり体の厚みが増していた。

この時、浜田は「今日の夜、パチューカで試合があるんですよ。みんなで見に来ませんか？　俺が車を出しますよ」と誘ってきた。

その話に乗ったのは、舟橋アナと栗山プロデューサーと私の3名。我々は浜田の車に同乗してメキシコシティを北上し、パチューカへと向かった。

当然ながら、私にとっては初めてのルチャ・リブレ生観戦である。それまで日本に何人ものメキシカンが来日していたが、彼ら同士の試合はほとんど見たことがなかった。唯一、それらしきものを見たのはエル・サントが主演した映画の試合シーンくらいだった。

この大会にはエル・ソリタリオやペロ・アグアヨも出ていたが、私の感想はというと、まず試合のルールが理解できなかった。タッグマッチで選手が場外に落ちると、タッチもせずにもう一人の選手がリングの中に入ってくるし、ある選手がフォールされると、そのすぐ後にパートナーもフォールされる。頭の中には、「?」が浮かぶことばかり。おそらく私が例外というわけではなく、それくらい当時の日本のプロレスファンは本場のルチャ・リブレというものに関する知識がなかったのだ。

大会が終わり、再び浜田の車でホテルに戻ると、別の会場で試合を終えた佐山サトルが現れた。当時、佐山もメキシコで武者修行をしていて、浜田と同じく新間さんたちに挨拶するために来たのだ。

ただし、この時期の佐山は藤波が防衛戦を行うＵＷＡではなく、サトル・サヤマとしてＥＭＬＬ（現・ＣＭＬＬ）のリングに上がっていた。ホテルに来るなり、「今日、トペをやったらイスにぶつけちゃって」と痛そうに腰を押さえて床に寝転ぶ佐山。新日本の前座で見た時よりも痩せている。メキシコの食事が合わないのだろうか。

私は自己紹介をしながら「今度、試合を見に行きますよ」と佐山に伝えたが、これは実現できなかった。このメキシコ滞在中、私は浜田と行動をともにすることが多く、夜になると浜田の試合に連れて行かれるため、ＥＭＬＬの会場には足を運べず残念ながらサトル・サヤマの試合写真は一枚も撮影していない。

さて大会当日、メキシコシティにあるパラシオ・デ・ロス・デポルテスは2万5000人収容の大会場である。ここでＵＷＡが5週連続で日曜日にビッグマッチを開催し、8月13日の第1弾興行で藤波vsレイ・メンドーサのタイトルマッチが組まれた。

メキシコに来る前、舟橋アナに「向こうに行ったら、普通に写真を撮れますよね?」と確認したら、「大丈夫、大丈夫。何も問題ないから」と言っていたので、それほど不安はなかったが、新間さんたちと一緒に関係者入口から入ると、私のリングサイドでの撮影は無条件でＯＫとなった。

藤波は会場入りすると、「ここで野球ができるね」とスタンドを見渡した。確かに、蔵前国技館や日本武道館とは規模が違う。

この時、メキシコにはカール・ゴッチも来ていて藤波の試合でセコンドに付いた。リングサイドにはメキシコ人のカメラマンが6〜7人いた他に、ベースボール・マガジン社のメキシコ通信員をしていた横井清人さんもカメラを構えていた。

ボクシング関係の仕事もしていた横井さんとは、近年になって日本で再会し、久々に酒を酌み交わした。横井さんは現在も佐山と交流があり、横井さんが経営している会社に佐山の息子さんが勤めていたこともあった。

さて、試合の方は藤波がメンドーサを2－1で下して、ＷＷＷＦジュニアヘビー級王座を防衛。大会が終わると、浜田の家で軽い打ち上げが開催された。

ゴッチと会話を交わしたのは、この時が初めてだった。当日、パラシオ大会のカードには、「カール・ゴッチ・ジュニア」という名前の選手も入っていた。だが、ゴッチの息子がプロレスラーになったという話は聞いたことがなかった。日本のマスコミには隠しているのだろうか。私は一応、そのジュニアの写真も押さえていたのでゴッチに直接尋ねてみた。

「今日の試合に出ていたカール・ゴッチ・ジュニアというレスラーは、あなたの息子さんなんですか？」

「いや、彼は本当の息子じゃないよ」

ゴッチはそれ以上の説明はしてくれなかったが、後にわかったジュニアの正体は旧UWFや全日本プロレスに来日することになるジョー・マレンコ。ゴッチはラリー・マレンコと親友だったので、彼の息子をメキシコにブッキングしてあげたのだろう。

私が撮影した藤波vsメンドーサ戦の写真は、東京スポーツのカラー版タブロイド『ザ・プロレス』に見開きで大きく掲載された。先に帰国した新間さんがフィルムを届けてくれたのだ。

また、試合映像はテレビ朝日がメキシコの国営放送『テレビサ』に依頼して現地のスタッフが撮影したので、栗山さんたちもそのフィルムをもらい受け、そのまま帰国。舟橋アナはアマチュアレスリングの世界選手権の取材があったので現地に残り、私もメキシコを楽しみたかったので残留した。

アメルダ・ホテルには数日間滞在したが、浜田が「高いところに泊まっていないで、俺の家に来いよ」と言ってくれたので、私は浜田の家族が住んでいたスイーツ・テクパンという名の高層アパートの15階に移った。

ここから浜田とは長い付き合いになる。浜田のことをいろいろ言う人もいるが、私の中でまったく悪い印象はない。むしろ面倒見のいい人間というイメージだ。奥さんのヴィッキーが作ってくれるメキシコ料理も美味しかった。

ただし、浜田の趣味である釣りに付き合わされるのは少々辛かった。朝の5時に起こされ、トルーカという高地の湖に連れて行かれてマス釣りをするのだが、これがなかなか釣れないのだ。

滞在中の私の釣果は一匹半。なぜ中途半端な数字かというと、浜田が言うには「魚を釣っても、引き上げる時に誰かに手伝ってもらったら一匹の半分として数えるんだよ」とのこと。それがハマダ・ルールなのだろうか。

メキシコに来て3週目になると、アメリカからルー・テーズがやって来た。

8月27日、パラシオで初代UWA世界ヘビー級王者テーズはカネックに敗れてベルトを失ってしまったが、綺麗な

バックドロップは健在だった。

翌週、小さな闘牛場で浜田はテーズと組んで、テムジン・エル・モンゴル（小沢正志）とタッグマッチで戦った。

この時期、小沢もUWAに上がっていたが、浜田とサーキットコースが違うのか顔を合わせる機会がなかった。小沢は私を見つけると、意外なことを頼んできた。

「俺、アメリカに行くんですよ。だから、向こうに送るプロフィール写真を撮ってくれませんかね？」

もちろん、断る理由はないので私はポーズ写真を何パターンか撮り、フィルムをそのまま渡した。この後、小沢はメキシコからフロリダに渡り、キラー・カーンに変身することになる。

この闘牛場は内部に多くの部屋があり、浜田には専用の個室が用意されていた。そこに2人でいると、テーズの方から挨拶に来てくれた。

「猪木派？　それとも馬場派？」

昭和世代のプロレスファンの多くは、そんな会話を交わしたことがあるはずだ。ここで改めて言うまでもなく、私は猪木派である。

それと同じく「ゴッチ派、それともテーズ派？」と聞かれたら、意外と思われるかもしれないが、私は断然テーズ派だ。そのテーズと初めて会話を交わしたのが、この控室だった。

実は当日、パラシオでもっと大きな興行が開催されていた。

「でも、やっぱりテーズだろ」

そんな浜田の一言もあり、私はこちらの会場に足を運んだ。

私が拙い英語で挨拶すると、テーズは「インターナショナル・フォトグラファーに会えて嬉しいよ」と独特の表現で笑顔を見せた。社交辞令なのはわかっていたが、そんな言葉をかけられて、こちらは光栄の至りである。

私はせっかくの機会なので、「写真を撮らせてくれませんか？」と頼んでみた。

「いいけど、ちょっと待ってくれ」

テーズはそう言うと、トレーニング用にゴムチューブを取り出して、5分間ほど引っ張って腕の筋肉をパンプアップさせた。

「OK」

ここから夢のフォトセッションがスタートした。この時点でテーズは60歳を越えていたが、写真を撮られる前にできる限りの努力をする、そのプロフェッショナルな姿勢に私は感銘を受けた。

何枚か撮った後、テーズは「こういうのもいいだろ？」と私にヘッドロックをかけてきた。こちらとしては、まさかの展開で嬉しい悲鳴。このカットは浜田にシャッターを押してもらった。

「猪木によろしく伝えておいてくれ」

テーズは最後にそう言い残して自分の控室に戻って行ったが、私にとっては忘れられない時間である。

その後も、テーズとは日本で何度か顔を合わせる機会があった。1999年にはマガジンハウスの雑誌『ブルータス』がプロレス特集を組むことになり、テーズ関連の企画の撮影を依頼された。編集者の話によると、テーズが来日して日本の各団体の試合を観戦し、感想をコメントするのだという。

この企画でのテーズの発言が物議を醸したことを憶えている方もいるだろう。全日本プロレスの三沢光晴が技をかけられている最中に、タイツのズレを手で直したことをテーズが批判したのだ。

この時、ブルータス編集部は事前に全日本に取材を申請したが、断われている。おそらく全日本側からすれば、「今更、テーズに試合のことをいろいろ言われたくない」ということだったのだろう。私はこの取材拒否の件がテーズの耳に入り、あのコメントに繋がったような気がするのだが、深読みしすぎだろうか。

話をメキシコに戻すと、この滞在期間中にエル・サントと会うことができたのも幸運だった。

昔、メキシコではサントを筆頭にルチャドールが主役を務める映画が作られていた。私がサント主演の映画を見たのは1976年2月、初めての海外旅行中で場所はシリアのダマスカスだった。

街の映画館で見たのだが、サントの他にブルー・デモンらも出演していた。藤波vsメンドーサ戦の日、バックステージで待機していると、その「銀色の仮面伝説」が目の前にいた。サントは、すでにフルコスチューム姿だった。

「えっ、サント⁉」

当時、サントも高齢で、それほど試合をしていなかった。この日はUWAのビッグマッチだったので、フランシスコ・フローレス代表がスペシャルゲスト的に招聘したのだろう。

私がサントの姿を見つめていると、それに気付いた新聞さんが声をかけてきた。

「記念写真を撮っておいた方がいいよ」

この時は、新聞さんか藤波にシャッターを押してもらったはずだ。マスクとマントを着用したサントは、さすがの風格だった。私の中ではシリアで映画を見た時とこの記念撮影をした時が物語のようにつながっていて、今でも思い出深い。

同時期、後に新日本プロレスに入団する谷津嘉章も高田裕司（76年モントリオール五輪のフリースタイル52キロ級金メダリスト）や富山英明（84年ロサンゼルス五輪のフリースタイル57キロ級金メダリスト）らとともに、アマレスの世界選手権に出場するためメキシコシティに来ていた。舟橋アナに同行して会場へ行くと、カール・ゴッチや小沢も来場していて、日本人選手団との集合写真を私が撮影することになった。

先ほど私はテーズ派だと書いたが、ゴッチのことが嫌いなわけではない。ゴッチとは浜田の家以外でも一緒にビールを酌み交わしたことがある。

詳しい日付は忘れたが、その場にはマッハ隼人もいたので旧UWFの打ち上げの席だった。赤坂にあるレストランで上機嫌のゴッチと乾杯をすることになり、ジョッキを持って腕を交差。顔を近づけるようにして、お互いに自分のジョッキに注がれているビールを飲んだ。

「これがドイツ流の乾杯なんだよ」

ゴッチは、そう教えてくれた。しかし、私は後年、サッカーの取材で幾度となくドイツに行ったものの、そんな乾杯をしている人間を現地で見たことがないのだが…。

それはともかく、このメキシコ旅行は自分の中で特別な時間だったように思う。料理も口に合ったし、私はこの後も何度かプロレスやサッカーの取材でメキシコへ飛ぶことになる。

「こんなメンバーで猪木に会いたいねえ」

メキシコから戻った私は、東京スポーツ新聞社を訪ねた。櫻井康雄さんに、藤波辰巳vsレイ・メンドーサ戦の写真をタブロイドのカラー版と本紙の両方に掲載してもらったお礼をするためである。メキシコ滞在中に撮った他の試合写真も持参した。

当時、東京スポーツの編集部は築地にある日刊スポーツ新聞社の2階に入っていた。その頃の新聞の編集部というものは、それぞれの机に本や資料がたくさん積まれていて、お世辞にも綺麗とは言えなかった。そして、たばこの煙が充満していた。

私が挨拶をすると、櫻井さんは「ああ、原くんか」と編集部の机でメモを取りながら、メキシコでのグラン浜田やルー・テーズなどの話を聞いてくれた。

その後、櫻井さんは私が持参したメキシコの写真を元に何本かの原稿を書いて、それを紙面に掲載してくれた。櫻井さんの手にかかると、私の拙い話も面白い記事になる。

ここで私は舟橋アナに続き、櫻井さんとも接点が生まれた。それは大学生という身分ながら猪木を、そしてプロレスを撮っていく上で大きな出会いだった。

いずれもこの時代を代表する〝猪木の語り部〟であり、御両人は当時の『ワールドプロレスリング』の実況&解説

者コンビである。櫻井さんのペンネームに「原康史」というものがあったから、同じ苗字の私に親しみを感じてくれたのかもしれない。

私が小学生の頃、少年マガジンや少年サンデーといったマンガ誌に時々、プロレスの読み物が掲載されていた。書き手は櫻井さんであることが多かったと記憶している。世界の強豪レスラーや怪奇派レスラーを扱ったストーリーが興味深かった。

その一つにエジプトのミイラ男、ザ・マミーの体を叩くと白い包帯の隙間から粉が飛び出し、相手が眠って戦闘不能になってしまうという話もあった。真偽は定かではないが、私は怖さ半分、面白さ半分でドキドキしながら記事を読みふけり、来日する日を楽しみにしていた。その後、実際にテレビで見たザ・マミーは大いに期待外れだったが。

櫻井さんはプロレスや格闘技に限らず、歴史や音楽に関しても豊富な知識を持っていて、「何でも知っている人」という印象がある。会話を交わしていると、その口からはクラシック音楽の話も自然に出てきた。

そういった知識や見聞の裏付けがあったから、目の前に一枚の写真が置いてあるだけなのに櫻井さんの筆によって面白い読み物に変身したのだろう。櫻井さんの感性は新聞記者というよりも、小説家であり、作家だったと思う。知識だけでなく、豊かな想像力を持っていた書き手だった。


私は中学生の頃、櫻井さんの著書『プロレス対柔道』でアド・サンテルを知った。サンテルは戦前にアメリカで活躍したプロレスラーで、ルー・テーズの師匠の一人であり、1921年に来日して講道館の有段者たちと戦った伝説の人物だ。その本は田舎の書店には置いていなかったため、取り寄せてもらって夢中で読んだ思い出がある。

力道山時代、ザ・デストロイヤーに足4の字固めをかけられた若い新聞記者も櫻井さんだった。デストロイヤーは来日する度に、櫻井さんに電話してきたそうだ。

『ワールドプロレスリング』の解説者としては、冷静な解説が好評だった。「猪木くんは…」という喋り出しが今も耳に残っている。実況が舟橋アナから古舘アナに変わった後も、その口調は変わらなかった。

櫻井さんはまだビデオテープが一般に出回る前から、自宅に大型のビデオデッキを所有していた。その機械に弁当箱サイズのテープを入れて、海外のプロレスの試合を見ていたというから他の記者が知らないこともよく知っていた。

前述のように、櫻井さんは力道山時代からプロレスを取材しているベテラン記者だった。もちろん、猪木や馬場も若手の頃から見ている。

「猪木に賭けてみよう」

テレビ朝日で新日本プロレスの中継がスタートした後、櫻井さんはそう思ったという。編集長になってからも、紙面で猪木を推し続けた。「東スポがプロレスにガソリンをぶっかけて業界を盛り上げる」とも豪語していた。

私はメキシコ遠征を通じて知り合うことができたのを縁に、櫻井さんにはビッグマッチで取材パスの便宜を図ってもらうようになる。後のオールスター戦や猪木vsウィリー・ウィリアムス戦もさることながら、1990年にイタリアで開催されたサッカーのワールドカップも東京スポーツから取材パスをもらった。

これも後述するが、1986年のメキシコ大会の時はサッカー雑誌『イレブン』を通じてパスを取った。しかし、同誌はすでに休刊してしまっていたので、イタリア大会のパスをどういうルートで入手しようかと思案していた。1990年の段階でも、まだ海外までサッカーを取材に行く日本のスポーツ新聞は少なかった。

そこで櫻井さんに話をすると、「ウチはカメラマンは行かないから、どうぞ」と嬉しい返事が返ってきた。この時、東京スポーツの記者として一緒にイタリアへと向かったのは後に『ワールドプロレスリング』の解説者となる柴田惣一さんだった。

編集長時代、櫻井さんの見出しを付ける才能は素晴らしかった。櫻井さんが早朝に考えた見出しが紙面を飾り、昼から駅の売店に高く積み上げられた東京スポーツが爆発的に売れる時代があった。社員に対して高額のボーナスが年に4回出るという景気の良さだった。

櫻井さんがプロレス会場に来られなくなってからは、越中島のスポーツニッポン社屋の中に移った東スポの編集部で年に1~2回会う程度になってしまった。

櫻井さんと最後に会ったのは、亡くなる数年ほど前である。この日はGスピリッツ誌の取材で、櫻井さん、舟橋さん、新聞さんの鼎談が行われた。京王プラザホテルで取材が終わった後、「なかなか会う機会がないから、コーヒーでも飲もうよ」と櫻井さんに誘っていただいた。舟橋さんも一緒だった。

櫻井さんは猪木のことが好きだったから、「アントニオ猪木」を語り始めると話は熱を帯びる。

「こんなメンバーで猪木に会いたいねえ」

しんみりとそう言った櫻井さんの顔が忘れられない。

「俺は一度も馬場さんのことを悪く言ってないよ」

話を1978年に戻そう。ローラン・ボックが主催したヨーロッパ遠征から戻った猪木は、12月にシードされていた『プレ日本選手権』に出場した。この日本人選手だけのリーグ戦は「プレ」と付いていることで、「ネクスト」への期待感があった。

ヒロ・マツダは元々、日本プロレスに在籍していたが、猪木が入門した時は、すでに退団していた。

日本を発ち、ペルーから中米を転戦してアメリカに辿り着いたマツダはカール・ゴッチと出会い、正統派のテクニシャンとして戦うようになる。1964年にはダニー・ホッジを破ってNWA世界ジュニアヘビー級チャンピオンになり、NWA世界ヘビー級王者のルー・テーズに挑戦して時間切れで引き分けたこともあった。

猪木がマツダと出会うのは力道山の死後、アメリカ武者修行に出てからだ。

「どこかをサーキットしていたらマツダさんから連絡があって、テネシーに来てくれと言われたんだよ。確かタッグのベルトに挑戦するから、手を貸してくれと言われたのかな」

2人は1966年にテネシーで裸足のタッグチームを組んでチャンピオンになったが、この地区のファンは荒っぽく、猪木は「試合に勝ったらヒール扱いだから、控室に逃げ帰った」、「リングから控室に戻る時、客にナイフで背中を切られたこともあった」と言っていた。

1966年5月に帰国し、日本プロレスに参戦したマツダは吉村道明と組んでアジア・タッグ王座にも就いた。

当時、スポーツ新聞で「〝力道山が何だ！〟と言って日本を飛び出したマツダが凱旋帰国する」というような記事を読んだ記憶がある。一方、後年に猪木の口からは「マツダさんが俺の前で力道山のことをどうこう言ったことはないよ」という言葉を聞いた。

マツダは力道山のことを本心ではどう思っていたか。もうそれを確かめることはできないが、子どもの頃の私は、マツダがあの力道山に反発していたという話を知って興味を抱いた。

この時期のマツダのファイトスタイルに関しては、ファンやマスコミの間でも賛否両論あるようだ。私は前記のこともあり楽しみにしていたのだが、テレビで見たマツダの試合はグラウンドの場面が多く、「力道山に反発」という言葉から想像していたものとはかなり違っていた。

「早く終わって、次の試合にならないかなあ」

そんなことを思いながらブラウン管を眺めていた私だが、それから12年後にそのマツダと猪木のシングルマッチを撮影することになるのだから人生は何が起きるかわからない。

ともにカール・ゴッチというバックボーンを持ち、コブラツイストを得意技としていた猪木とマツダの『プレ日本選手権』決勝戦。私はマツダが猪木と同じ横浜市鶴見区の生まれだったことに、何かの因果を感じたりもしていた。

猪木はアメリカ修行時代に、街中のYMCAなどでマツダとよくスパーリングしていたという。

「ゴッチさんから学んだんだろうけど、当時、マツダさんは俺の知らないテクニックをいっぱい持っていた」

猪木はアメリカに行く前は沖識名らに教えてもらったくらいで、あとは持ち合わせた天性の勘で戦っていた。猪木がゴッチから技術を吸収するのは東京プロレスを経て、日本プロレスにカムバックしてからである。

12月16日、蔵前国技館。『プレ日本選手権』の決勝戦はテクニックを駆使した戦いになったが、猪木は戦いやすさを感じていたという。

「マツダさんには型があるんだよ。だから、先が読めるというか意外性がなかった。体力も柔軟性も俺が上だったし、6つかな？　年齢差もあったから」

最後は猪木がマツダを卍固めに捕らえた。こうして『プレ日本選手権』は猪木の優勝で幕を閉じたが、期待されていた「ネクスト」が実現しなかったのは、ご承知の通りだ。

年が明けて、1979年も私は地方まで猪木を追いかけた。

2月5日、私は東京から大阪まで友人を乗せて自分の車を走らせた。友人は岐阜県出身で、大阪で猪木vsミスターX戦を見た後、そのまま実家に帰ることになっていた。あの頃、大阪の駐車場は「モータープール」と掲示されていて、そんな言葉は東京では聞いたことがなかった。

現地に着くと、私はレセプションが開催されるという大阪市内のホテルに向かった。しばらくして、マントを羽織ったミスターXが我々の目の前に姿を見せた。

「えっ!?、小さいなあ…」

その部屋がかなり広かったせいもあるのか、入場してきたミスターXはことさら小さく見えた。

「漫画の中では大男だったけど、この選手は本物なのか…」

ご存じの方も多いと思うが、当時、少年マガジンで連載されていた梶原一騎氏原作の劇画『四角いジャングル』は現実とほぼ同時進行のようなスタイルが取られていた。ストーリーの中に登場していたミスターXと目の前にいるミスターXは、明らかに違う。『四角いジャングル』で散々煽られていたので、私も期待を膨らませて大阪まで来たのだが…。

翌日、大阪府立体育会館で行われた猪木vsミスターX戦は言い訳のできない試合になってしまった。

リングに上がったミスターXは、空手の道衣に覆面を付けただけの何もできない格闘家（?）だった。猪木も見切りをつけるように、3ラウンドに腕ひしぎ十字固めで試合を終わらせた。

猪木の最低の試合を選べと言われたら、私は躊躇なくこの一戦を選ぶ。期待感が大きかったこともあり、試合内容は残念の一言だった。

「いろんな人から、言われました。超満員のファンの前で無様な試合をやったわけですから、はらわたが煮えくり返った」

猪木は後日、記者からこの試合について問われた時、そんなことを言っていた。

2021年11月、猪木や古舘伊知郎さんらと一緒に食事をする機会があった。その場はいつものように古舘さんが喋りっぱなしという状況だったが、流れから猪木の前でミスターXの話題になった。

「この試合にもアントニオ猪木の凄さを見ることができた」

古舘さんはそう言って、この試合に好評価を与えていたが、私は「あの時は期待して車で大阪まで行ったんですよ。でも、出てきたのがあんな選手で…」と同意しなかった。

「あんたもスレてるねえ」

私の煮え切らない反応を見て、笑う古舘さん。猪木は笑顔を浮かべながら、黙ってこんなやり取りを聞いていた。

この年の8月26日には、日本武道館で『プロレス 夢のオールスター戦』が開催された。

私は撮る気満々で新日本宣伝部の福永さんに撮影を申し込むと、「その大会は新日本じゃなくて、東京スポーツが主催なんだよ。だから、許可は東スポからもらってくれるかな」と言われたので、舟橋アナ経由で東スポの櫻井さんに取材を申請。大会当日、櫻井さんから直接、取材用の帽子をもらい、無事にリングサイドに入ることができた。

夢のオールスター戦はBI砲の復活が大きな話題となった。メインイベントのカードは、ジャイアント馬場&アントニオ猪木vsアブドーラ・ザ・ブッチャー&タイガー・ジェット・シン。私の知る限り日本武道館が本当に「超満員」になったのは、このオールスター戦が初めてではないだろうか。主催者発表の数字は脇に置いておくと、ここまで観客がパンパンに入った日本武道館の光景を初めて見た。

猪木がブッチャーをブレーンバスターで持ち上げれば、馬場はシンに16文キックを見舞う。BI砲はテレビでしか見たことがなかったから、リングサイドから2人の姿が撮れたことは単純に嬉しかった。

当時も今も「馬場と猪木は仲が悪い」と言われるが、私はそうは思わない。先を走る馬場がいて、それを追いかけていた猪木がいたことは事実である。しかし、「仲が悪い」という言葉は2人の関係性に当てはまらない。

新日本の営業部にいた中根昭男さんは、「社長の前で全日本とか馬場とか口にしたら、ぶん殴られると思った」と猪木の〝気迫〟を言葉にしていたが、それは表面上のことだったのではないか。当時、営業部の人たちは猪木から「全日本より一枚でも多く切符を売れ」とハッパをかけられていたという。しかし、それは社長としての言葉だろう。

プロレスラーとしても、同期の馬場が上に見られている状況から「同列」に並び、さらに追い抜くというよりも、もっと自分を「別の存在」に位置付けようと猪木はしていたのではないか。アリ戦を実現させたこともそうだし、後

に政治家になったこともその一つだ。

オールスター戦の試合では最後に猪木がシンを押さえたが、単なるハッピーエンドにはしなかった。

「馬場さん、この次、このリングで顔を合わせる時は戦う時です」

この時、馬場は「やられたな」と思っただろうが、猪木の本心はどこにあったのか。

こうしてＢＩ砲再結成は、文字通り一夜の夢で終わった。以降、リング上では決して交わることがなかった馬場と猪木。確かに過去の経緯やこの日の猪木の言動、そして１９８１年に起きた新日本と全日本の引き抜き戦争など表層だけを見れば、「馬場と猪木は仲が悪い」という結論が導き出されても仕方ない部分がある。

だが、後年に雑談をしている中で猪木は独特の笑みを浮かべながら、こんなことを口にした。

「俺は一度も馬場さんのことを悪く言ってないよ」

この言葉を解釈するには「プロレスのこと以外で」と付け加えるべきだろうが、私はこれが人間・猪木の本心だと思っている。

「猪木くらい自分の欠点を知っている男もいない」

私はＮＥＴテレビの舟橋慶一アナウンサーの実況を聞きながら、テレビで猪木の試合を見てきた。そして、その舟橋さんと知り合えたことで、正式にリングサイドから猪木の試合を撮影できるようになった。さらにプライベートでも舟橋さんと親しくさせていただいたことは、私にとって大きな財産だ。

舟橋さんは、中継の中で猪木を「燃ゆる闘魂」と呼んだ。頭部へのジャンピング・ハイキックを「延髄蹴り」と名付けたのも舟橋さんだった。それが時代の流れの中で、いつしか「燃える闘魂」、「延髄斬り」に変化していった。

「日本のプロレスの夜明けです」

「古代パンクラチオンの昔より、人々は強い者への憧れを抱いてまいりました」

舟橋さんの実況は格調高かった。

「プロレスをサーカスにしちゃダメなんだよ。プロレスラーはスーパーマンで、強さの象徴なんだ。プロレスは、プロのレスリングなんだよ。強くなければならない。そして、同時にアート、芸術なんだ。その象徴がアントニオ猪木なんだよ」

「猪木がいつまで試合ができるか、それはわからない。でも、猪木がいる間に猪木とともにプロレスのステータスを上げたいんだ」

そういう思いで舟橋さんは猪木と接し、実況席に座っていた。実況ではスポーツとしてのプロレスを強調しながら、いつしかプロレスの持つ芸術性に惹かれていった。

舟橋さんは研究熱心でもあった。それはプロレスに限ったことではない。疲れというものを知らないかのように深夜まで飲み歩いていたが、いつも大きな重いカバンを持っていて、中には紙の資料がたくさん入っていた。私が一緒にいる時に、そのカバンから舟橋さんが取り出すのは痛風の薬くらいだったが。

自宅にも何度も伺った。舟橋さんは自分が出た番組は常に録画し、チェックしていた。ニュース番組に出た時は、特に自分の語り口を気にしていた。

テレビ局で、アナウンサーはエレベーターを使わない。舟橋さんは、「地震などでエレベーターが止まって缶詰になったら、ニュース速報に間に合わないから」と階段を上り下りしていた。

舟橋さんは昔、大井競馬の実況も担当していた。自分が馬券を買った馬をずっと双眼鏡で覗いていて「1着でゴールイン!」と叫んだら、実際は2着だったという失敗談も笑いながら教えてくれた。

アマチュアレスリングを取材するようになって知り合った東京五輪の金メダリスト、花原勉さんに飲み屋で食ってかかったこともある。どういう理由で始まったケンカなのかは、よく憶えていない。

「片手でも勝てると言ったんだから、勝負しろ。やってやるよ」

舟橋さんはそう言って、花原さんに挑んだ。昭和13年(1938年)生まれの寅年には、なぜか酒豪の暴れん坊が多い。

「花原勉は、それは強いだろうよ。でも、俺は骨折してもやってやるよ。片手と言ったんだから、両足も縛って戦え、花原勉!」

そのあまりの気迫に、花原さんは「舟さん、悪かったよ」と謝っていた。それでも舟橋さんの方はなかなか収まらなかったが、2人はそのまま酒を飲み続けていた。舟橋さんは顔を知らなかったら、アナウンサーには見えないだろう。

花原さんもそうだが、舟橋さんは取材で知り合った人たちとすぐに仲良くなった。重量挙げの三宅義信&義之兄弟とも、よくゴルフに行っていて、私も同行したことがある。2人のパワーの凄さはゴルフのスウィングを見ても伝わってきたが、風呂場でふざけて素っ裸のまま倒立しながら歩く姿を見た時は、その腕力に驚いた。

ある日、舟橋さんが突然、こんなことを言い出した。

「明日、猪木が待っているから、新日本プロレスの道場へトレーニングに行くぞ」

見学に行くのではなく、実際に我々もトレーニングをするという。

「体を動かした後は、ビールが美味いぞ」

翌日、舟橋さんは後輩の古舘アナ、保坂正紀アナを連れてきた。2人は普通にTシャツに短パン姿だったが、舟橋さんは手に入れたレスリング日本代表の赤い吊りパンツ（今はシングレットと呼ぶ）を自慢そうに穿いている。やる気満々だ。

その日、野毛の道場には午前中から行った。道場には猪木とまだ若手だったヒロ斉藤しかいなかった。

柔軟運動やスクワットの後、トレーニングはリング上で股割りやブリッジに移行。猪木が背中を押してくれたり、足を広げるのを手伝ってくれたから、みんな歯を食いしばって必死に耐えている。

股割りで私が舟橋さんの背中を押そうとしたら、「素人は触るな！」と怒られた。苦痛に耐えられず誰かが叫び声を上げると、猪木はその姿を見て楽しそうに笑っている。

私がブリッジをやっていると、猪木は首の位置を少し直してくれた。猪木が上に軽く乗ってくれたりすると辛くても、どうにか頑張ってしまうから不思議だ。

このトレーニングの後、私はしばらくの間、家で毎日ブリッジの練習をして一時はそれなりにできるようになった。最近になって、古舘さんは猪木と会った時に「あれから股関節がおかしくなった」と笑顔でクレームをつけていた。

当時、舟橋さんは「いつ寝るのだろうか？」と思うほど飲み歩く毎日だった。私がお供をすることも多々あった。だが、帰巣本能はあって、2時間しかいられなくても一度は家に帰る。身だしなみには気を遣っており、ワイシャツはクリーニングに出してノリがピシッと効いたものしか着なかった。

そして、朝の渋滞にハマりながら六本木のテレビ朝日までハイヤーで向かう。休みの日くらい寝ていればいいのにと思ったが、朝の5時頃に早起きしてはゴルフに出かけた。できれば1ラウンド18ホールでなく、2ラウンド36ホールやるのがモットーで、少なくても27ホールは回っていた。

舟橋さんの家には、SONYのベータで録画したアントニオ猪木vsモハメド・アリ戦のビデオテープがあった。他の試合は見たら消してしまっていたようだが、アリ戦だけは保存版としてテープが3本置いてあった。

「あれが戦いの原点だったと思っているよ。静寂の中に、殺るか、殺られるかの迫力がひしひしと感じられた」

「実況している間は、猪木の動きに神経を集中していた。15ラウンドは短く感じられたな」

「終了のゴングが鳴って、2人はホッとしたように互いの肩を抱いた。あれこそが戦った者にしかわからない男の友情ではなかったか」

舟橋さんは、猪木vsアリ戦をそう表現していた。

話は前後するが、舟橋さんがプロレスと出会ったのは

１９６９年である。この年にＮＥＴは『ワールドプロレスリング』の中継を開始した。その前取材で、初夏に日本プロレスの東北・北海道の巡業に同行したという。

「猪木の練習する量に驚いた。この男なら、必ず世界の頂点に立つ日が来るだろうと思ったよ」

それまで舟橋さんはプロレスというものに興味はなかったが、猪木に接しながらプロレスの世界に入って行った。

「猪木の眼には、厳しさと優しさが同居していた。強い男は荒々しい野性と思いやり、優しさを兼ね備えている」

舟橋さんは猪木を語る時、いつも自分を語っているような目になった。

「猪木くらい自分の欠点を知っている男もいない。それでいて冒険好きで、いつも周りからは実現できそうにないと思われるような夢を見てきた。少年のように目を輝かせ、夢とロマンを語る猪木が好きだった」

日本プロレスの実況を始めて間もない頃、猪木が見せてくれた「スポーツとしてのプロレスの凄さ」が１９６９年12月と１９７０年８月、それぞれ大阪と福岡で行われたドリー・ファンク・ジュニアとのＮＷＡ世界戦だった。

舟橋さんは約10年間、格調高く猪木の試合実況を喋り続けた。その中で、「猪木に孤独を感じる」こともあったという。その一方、喧騒と興奮の坩堝の中で一番映える男が猪木だった。その奥底からにじみ出てくる猪木の強さに、観衆は魅了された。

猪木は「強い者への憧れ」を抱くに十分過ぎる男だった。『ワールドプロレスリング』の実況担当が「舟橋慶一」ではなかったら、また違う猪木が語られていただろう。ただ上手い喋り手というだけなら、他にもいたかもしれない。解説者は遠藤幸吉、スポーツニッポンの松明邦彦さん、日刊スポーツの鈴木庄一さん、東京スポーツの櫻井康雄さんと変わっていったが、櫻井さんとのコンビが一番呼吸が合っていたように思う。

この時期、私は自分の車で移動することが多かったから酒は飲まなかったが、毎晩のように舟橋さんと一緒に食事をした。

「こんな時間に食べたら、健康に悪いぞ。やめといた方がいいぞ」

舟橋さんはそう言いながら、遅くまで開いている店を見つけては常連になってしまう。

「プロレスの巡業中に入った小さな食堂で、壁に貼ってあったメニューを端から全部オーダーして食べ尽くしたこともあるよ」

早稲田グリークラブ（男性合唱団）出身の舟橋さんは、クラブでカラオケのマイクも握った。最後に布施明の「そっとおやすみ」をよく歌ったが、舟橋さんは眠らなかった。

こう書くと私生活がムチャクチャのように映るかもしれ

KING of SPORTS
NEW JAPAN PRO WRESTLING

ないが、親分肌の舟橋さんは後輩の面倒見はいい。

私は舟橋さんに連れられてテレビ朝日のアナウンス部にもたびたび出入りしていた。大学5年生の時は舟橋さんの自宅の近くに住んでいて、ほとんど学校には行っていなかったので、よく朝に自分の車でテレビ朝日まで送迎したものである。

だから、この時代に多くのアナウンサーと出会った。敬称略で列記すると、銅谷志朗、山崎正、東出甫、吉澤一彦、佐々木正洋、古舘伊知郎、渡辺宜嗣、保坂正紀、森下桂吉、朝岡聡、松苗慎一郎、辻義就、藤井曉。誰もが個性的だった。女性では南美希子、中川由美子、小宮悦子、野崎由美子。駆け出しだったアナウンサーが立派に話せるようになるまでの過程も間近で見てきた。

舟橋さんがアナウンス部を離れてからも付き合いは続いた。後年、舟橋さんが秋田朝日放送の社長時代に、「ちょっと来ないか？」と呼び出されたことがある。秋田に着くと、白神山地のブナの原生林を一緒に歩いた。舟橋さんはここで発見された野生の「白神ことだま酵母」に興味を惹かれているようだった。一時はマイタケの栽培も自らやっていた。今では、「環境」をテーマにゴミ拾いを続けている。

また、現在の舟橋さんは「話し方教室」も主宰している。これは綺麗な日本語を話すことを目的としていて、発声練習から始める。生徒の中にはプロレスファンも多い。

数年前、都内のプロレスショップ『闘道館』で舟橋さんが「話し方教室」のイベントを開催した。

「その日、猪木さんが来るから写真を撮ってくれよ」

電話口で、舟橋さんは嬉しそうだった。当日、猪木はサプライズゲストとしてイベントに登場。舟橋さんと顔を会わせるのは久しぶりだったようで、猪木は柔らかい笑みを浮かべていた。

舟橋さんと出会っていなかったら、私は新聞記者にも写真記者にもなっていなかっただろう。大学生を終えて、私はごく普通の会社にいたかもしれない。時が過ぎて66歳という年齢になると、こんなに自由に生きてきたことを良かったなと思える。

私にとって、舟橋さんは今でも特別な存在である。

「今日の試合は危ないから、2階で撮った方がいい」

1980年1月のある日、その舟橋さんから「これからアントン・リブに行くぞ」と言われて一緒にタクシーに乗った。

この時期、猪木はいろいろなサイドビジネスを展開していて、六本木のロア・ビルに入っていた『アントン・リブ』もその一つだった。ここはスペアリブを提供するレストランで、私はまだ行ったことがなかった。

店に入ると、すでに猪木、参議院議員の野末陳平さん、永源遙らがいた。話を聞いていると、野末さんが台湾出身の作家・邱永漢氏と共同執筆していた創刊して間もない『How Much』という経済誌の巻頭企画用の写真撮影をこれからするという。

野末さんがプロレスラーや関係者と集まってワイワイやっているシーンが欲しかったようで、私が写っては邪魔だろうと思ったが、舟橋アナに「そのままでいいから」と言われ、付属的にそのカットに収まった。

初めて食べたアントン・リブはスパイスの効いたバーベキューソースがよく肉に染みこんでいて、いい味を出していた。その場ではビールを飲んでいる人もいたが、私は「飲むサラダ」として宣伝されていたアントン・マテ茶を注文した。この店はいつしかなくなってしまったが、今でも旅先でスペアリブを食べると、『アントン・リブ』を思い出す。

2月8日、東京体育館。猪木はスタン・ハンセンを相手にNWF王座の防衛戦を行った。不沈艦。ブレーキの壊れたダンプカー。重戦車。首折男。ハンセンはこう形容されてきたが、いずれもピッタリのネーミングだった。

ただし、カメラマンの立場から言うと、ハンセンはあまり絵にならないレスラーだ。この時期は試合時間も短いし、パンチ、キック、エルボードロップ、ニードロップを出したくらいで唐突に試合が終わることも多かった。

とにかく昔のハンセンの試合は撮りにくかった印象がある。唐突に繰り出すウェスタン・ラリアットは、まったくタイミングが掴めなかった。ハンセンが肘のサポーターを直して、「さあ、行くぞ」と観客にアピールしてから、とどめのラリアットを繰り出すようになるのは、ずっと後になってからだ。

この時期は、外国人の控室にも自由に入れた。ど近眼で知られるハンセンは、どのくらい相手が見えていたのか。控室でカメラを構えていると、ハンセンがどんどん近づいてくる。距離はさらに縮まって、鼻と鼻が本当にくっ付きそうなったことがあった。

おそらく1メートル以内に近づかないと、ハンセンは相手の顔を識別できなかったと思う。逆に言えば、相手がよく見えていなかったからファイトスタイルはムチャクチャだったが、日本のファンはそこに新鮮さを感じて、ハンセンを支持したのだろう。

そんなリング上とは裏腹に、眼鏡をかけたプライベートのハンセンは知的だった。日本に慣れ親しんだハンセンは、いつしか緑茶を好むようになっていた。

この日、猪木はハンセンが繰り出したラリアットをエプロンで受けて場外に落ちると、そのまま立てなかった。あまりにもあっけない幕切れだった。新王者ハンセンはやはり近眼のせいか、NWFのベルトを上下逆に巻いたままリング上でマサ斎藤たちから祝福を受けていた。

このハンセン戴冠劇から約20日後の2月27日。あの蔵前国技館の殺伐とした空間をいまだに忘れることはできない。陰湿でピリピリした緊張感が会場を包んでいた。

〝赤鬼〟ウイリエム・ルスカに始まった猪木の格闘技世界一決定戦も最後を迎えようとしていた。対戦相手となる極真空手のウィリー・ウィリアムスは映画『史上最強のカラテ パート2』に出演してカナダの巨大熊グリズリーと戦い、〝熊殺し〟の異名を得ていた。

この一戦は、劇画作家の梶原一騎氏が新日本と極真側の間を取り持つような形で実現にこぎつけた。

これ以前に、私は梶原氏と会ったことがある。何の用事で行ったのか思い出せないのだが、新日本の営業部の山崎さんに連れられて、ホテルニュージャパンの中にあった梶原氏の事務所を訪れることになったのだ。この時に梶原氏を撮影した写真も残っている。

部屋の中に入ると、その場には新格闘術の総帥・黒崎健時さんもいた。時期的には若手時代の佐山サトルが出場した1977年11月14日、『格闘技大戦争』の前だったはずである。確か帰り際に『格闘技大戦争』の招待券を5〜6枚いただき、当日は麻雀仲間と日本武道館に見に行った。

当時、新日本プロレスは梶原氏と懇意にしていて、その流れから1981年4月にタイガーマスクが誕生することになるのだが、この猪木とウィリーの一戦は周囲のピリピリ感が異常なほどだった。

試合を前に、極真側は「他流試合は禁止」という理由からウィリーを破門にした。それでも「プロレスvs空手」、「新日本プロレスvs極真空手」という図式が変わるわけではない。そのためリング上で試合をする当人同士よりも両サイドのセコンド陣、特にウィリー側の殺気が凄かった。まさに一触即発。何が起こってもおかしくない状況だったように思う。

私自身は、それほど極真空手に興味を持っていたわけではなかった。さすがに『空手バカ一代』のコミックを読んだことはあったが、ウィリーが〝熊殺し〟を演じた映画は見ていない。ただ、映画『四角いジャングル』のパンフレットに私の写真を使ってもらったことがあり、それは嬉しかった。

会場に入ると、舟橋さんが近寄ってきた。東京スポーツの櫻井さんから伝言があるという。

「櫻井さんが今日の試合はリングサイドで撮影すると危ないから、2階で撮った方がいいと言っていたよ。はい、これ」

そう言われて渡されたのは、櫻井さんから預かったという取材用の青いウインドブレーカー。この日、各社のカメラマンが着ていたウインドブレーカーはリングサイドが緑、スタンドが青に色分けされていた。

これは新日本側の選手や関係者がカメラマンを極真側の人間と間違えないように、〝目印〟として着用させたという説もある。とはいえ、極真側からすれば関係のない話で、試合後に「誰かに殴られた」、「何回も蹴っ飛ばされた」と言っていたカメラマンが何人かいた。

私は櫻井さんの忠告通り、2階にある正面ロイヤルボックス脇の最前列からカメラを構えた。猪木側のセコンドからは、星野勘太郎が反対のコーナーに鋭い視線を投げかけている。ウィリー側のセコンドにはアメリカにいた師匠の大山茂師範を筆頭に、空手の関係者たちが陣取っていた。

試合が始まると、ウィリーの速い前蹴り、飛び蹴りが猪木に襲い掛かる。猪木がウィリーの腕を取りに行くと、下からの蹴りが猪木の顔面を鋭く捕らえた。

この後、猪木とウィリーがもつれて場外に落ちる展開になる。気付くと、猪木の額から血が流れていた。

第4ラウンド、猪木とウィリーがもつれて再び場外に落ちた。猪木がウィリーの腕を取って十字固めに入った時に、血相を変えた双方のセコンドがそこに殺到した…とも言われているが、私から見てリングの向こう側に落ちたので、何が起きているかまったくわからなかった。

結果は延長の末に、ドクターストップの痛み分け。2階席から見てもリング周辺の殺気が異常だったから、確かにこれ以上、試合を続けたらセコンド陣がどうなっていたかわからなかっただろう。

後年になっても猪木はウィリー戦について、ほとんど語らない。

「あの試合は、周りが殺気立っていたよね」

新日本に撮影を許可されて以降、猪木との付き合いは数十年になるが、そんな言葉を聞いたことがあるくらいだ。

このウィリー戦は、猪木の歴史を語る上で外せない試合ではある。しかし、この一戦は猪木が攻めている場面がかなり少なく、最後の場外での腕ひしぎ十字固めも撮れなかったので、カメラマンとしては消化不良の試合だった。

ウィリー戦を終えた猪木は異種格闘技路線に終止符を打ち、次なるステージに歩みを進める。

同時に、私もこれまでの生活に終止符を打つことになった。このウィリー戦が学生時代に撮った最後のビッグマッチとなり、以降、私はプロとして猪木を追いかけていくことになる。

第4章
目の前で起きた「舌出し失神事件」

IWGP

舟橋慶一アナは、新聞社にも知り合いがたくさんいた。プロレスや競馬の担当者だけではなく、ジャンルは問わなかった。

大学5年生の時に「挨拶に行くぞ」と言われ、連れて行かれたのがスポーツニッポン新聞社だった。私は「今度、入社試験を受けますので、よろしくお願いします」と伝えただけだが、相手は常務だった。前年には日刊スポーツ新聞社に連れて行かれた。しかし、最終的に落とされたため私は就職浪人をしていた。

私はテレビ局への入社には興味がなかったが、友人は舟橋アナの仲介で東京12チャンネルの白石剛達プロデューサーに引き合わされた。白石さんは、あのモハメド・アリらのボクシング世界戦の宇宙中継を担当し、国際プロレスの中継もスタートさせた方である。

私は1980年4月にスポーツニッポン新聞社に入社できた。断っておくが、舟橋さんのコネではなく、他の大学生と一緒に通常の試験を受けて合格した。

この年の1月には入社前だったが、研修がてらにスポニチ事業部のイベントの手伝いに駆り出された。NCAAの全米オールスターが来日したジャパンボウルや日米対抗のバレーボールなどである。

どちらも選手たちの世話係のようなもので、一緒に食事をしたり、電車で日光へ観光ツアーに出かけたりした。ジャパンボウルの時は、プロレスラーも通っていた都内のステーキ店『リベラ』に巨漢のラインバックの選手たちを連れて行ったこともある。

当時、スポニチには職種採用はなく、普通に社員としての入社だった。通常の採用試験を受け、私は合格した6人のうちの一人で、配属は後日決まることになった。

私は新聞記者になりたくて入ったのだが、新聞社といっても全員が記者になれるわけではない。当然ながら、営業部や販売部、事業部といった部署もある。

社内で一番威張っているのは、整理部という名の紙面をレイアウトして見出しを付ける部署だ。写真部に配属されてから、下手な写真を持って行こうものならゴミ箱に捨てられたものだ。

4月の研修では新聞販売店で朝夕の配達をしたり、地下鉄の売店に新聞や雑誌を届ける仕事もやらされた。新聞やマンガはそんなに重くなかったが、文藝春秋から創刊された雑誌『スポーツ グラフィック ナンバー』は、メチャクチャ重かった。グラビアの紙が良くて、ページ数も多かったからだ。

その後、私はフリーランスになってから『ナンバー』に写真を提供したり、現在はWebサイトに原稿を書いたりしているが、同誌とはこの〝重い体験〟からの付き合いということになる。

ちなみに、私の写真が『ナンバー』に初めて載ったのはスポニチ在籍中のことで、プロレスではなく相撲だった。高見山が小錦を朝稽古で踏みつけている写真で、珍しかったのか見開きで掲載された。

最初の6ヵ月間は試用期間で、校閲部の机に座った。赤ペンを片手に記事の内容の誤りや文字を直す部署である。地味な仕事だが、これは後日かなり役に立った。印刷工場で活字棚から活字を拾ったこともある。

そして6ヵ月後、希望したわけではないのだが、前述のように写真部に配属された。仕事はカメラマンとして写真を撮影するだけでなく、短い記事や写真のキャプションも書いたりする。

こうして私はプロの写真記者となったわけだが、当時の写真部といったら新聞社の中でもとりわけ変わった部署で、一癖も二癖もある人たちがたくさん集まっていた。その中に言うことを聞かない私のような者が新人として入って来たのだから、先輩方もあきれたことだろう。

写真部に配属されたはいいものの、私の中で大きな問題があった。それは当時、スポーツニッポンがプロレスの記事を掲載していなかったことである。

この時期は新聞では東京スポーツ、デイリースポーツ、内外タイムスなどがプロレスを紙面で扱っており、専門誌としては月刊&別冊ゴング、月刊プロレス、週刊ファイトが刊行されていた。

力道山が1954年に日本プロレスを旗揚げした際、マスコミの中でバックアップしたのが毎日新聞と系列のスポーツニッポンだった。紙面で大会の宣伝をしたり、試合結果を掲載しただけでなく、毎日新聞の運動部記者だった伊集院浩さんはテレビ中継の解説者も務め、その後は力道山が設立したリキボクシングジムの会長になったほど関係が深かった。

力道山の死後もスポニチは日本プロレスの興行を「後援・主催」していたが、団体崩壊まで付き合ったためゴタゴタに巻き込まれて特別な試合以外は取材していなかった。

これは私の憶測だが、おそらく1973年に日本プロレスが興行活動を停止した時、未払いの取り立てなどが後援・主催者のスポニチの方に来たのではないだろうか。力道山時代、BI砲時代は日本プロレスと手を取り合って発行部数を伸ばしたが、そんなこともあってプロレス報道から距離を置いたのかもしれない。

入社してから私が個人的に会社の上層部の人間に確認したところ、その人は「プロレスの報道はやめた」とは言わずに、「今は休んでいるだけだから」と表現していた。

いずれにしても、スポニチの仕事としてプロレスの試合を撮ることはできない。そこで私は新日本プロレスの興行が都内近郊である日は、「プロレスに行く」という理由で会社を休んだ。

スポニチは年間で公休と有給休暇を合わせると、100日以上休みが取れたので規則上はまったく問題はない。他の社員から非難されても、私は頑として譲らなかった。

だから、私はプロレスの大きな試合がある日は会社にいない。周りからはあきれられたが、私は出社よりも猪木を最優先にした。

「今しか撮れない猪木というものがある」

「今、猪木を撮らなかったら悔いが残る」

そういう強い思いがあった。

当時は、現在のような50～60歳台のレスラーがリングに上がっているという状況は考えられなかった。プロレスラーはスポーツ選手なのだから、40歳前後には体力的に限界が来てリングを降りる。誰もがそんなイメージを抱いていたので、猪木が1998年まで現役を続けるなんて露とも思っていなかった。

「いつまで元気な猪木を撮れるかわからない」

そんな思いで会場に足を運び、リングサイドでカメラを構えた。

金曜日夜8時のテレビ朝日『ワールドプロレスリング』が始まると、リングサイドにいる私の姿がよく映っていたため、土曜日に出社すると「原、またプロレスに行ってたな」とよく笑われたものだ。

そういうわけで、私は就職してからも猪木を追い続けることができた。最初の試用期間はそれなりに大人しくしていたが、それでも時間を作っては新日本の会場に通っていた。

この年の4月にメキシコの闘牛場エル・トレオ・デ・クアトロ・カミノスでタイガー・ジェット・シンを破ってUWA世界ヘビー王者になった猪木は、7月17日に蔵前国技館でそのシンと防衛戦を行った。

UWAのフランシスコ・フローレス代表とすれば、初代王者ルー・テーズに加えて、モハメド・アリと戦った猪木もチャンピオンとして名前を連ねることでベルトの価値を上げようという狙いがあったのかもしれない。

新日本プロレスのリングにタイガー・ジェット・シンという特異なキャラクターが出現したのは1973年5月、川崎市体育館だった。まだ私が高校生の時である。テレビのブラウン管の中に現れたシンはカナダやアメリカで戦っていたというが、私は知らないレスラーだった。

猪木vsシンが新日本の目玉カードになっていく過程で、新宿の伊勢丹デパート路上襲撃事件も起きた。買い物帰りの猪木と倍賞美津子さんをシンが一方的に襲ったというが、一枚の写真も残されていない。今の時代だったら、動画がインターネットで拡散していたであろう。だが、逆に写真も映像もないことがシンの凶暴さをアピールすることになった。

WORLDS HEAVY WEIGHT
CHAMPION
ANTONIO INOK
JAPAN
U.S.A.

この襲撃事件の事後処理に当たった当時の新日本プロレス総務部長・富沢信太郎さんから、こんな話を聞いたことがある。

「ああ、あれね。四ツ谷警察から〝被害届を出してほしい〟と言われたけど、被害届を出すとシンが事情聴取を受けたり、拘束されるかもしれない。それではシリーズに穴が開いてしまうので、被害届は出さずに警察に頭を下げて、私が始末書を書いたんですよ」

富沢さんは日本プロレス時代からこの業界にいたので、塩梅というものを心得ていたということになる。

その後、前述のように私も現場で撮影できるようになった。当然、シンが出場する大会に何度も足を運んだが、印象は「怖かった」の一言である。

シンから「話がある」と言われても、私は常に及び腰だった。シンの前で長居は禁物だ。ちょっとでも油断したら、襲ってくることは目に見えている。だから、シンにはできるだけ近づかないようにしていたし、話をしたことは一度もない。場外乱闘の時も誰かを盾にして、その背後からカメラを向けていた。

だからといって、シンはカメラマンにポーズ写真を撮らせないわけではない。私は関わりたくなかったので撮影したことはないが、聞いた話によると普通に撮影が終わった後、最後に一発お見舞いするという。

猪木はシンについて、「何回も試合をやっているうちに、お互いに気持ちもファイトも同調していったような気がする」、「何度も戦ったことで、新しい発見もあった。シンもそうだったんじゃないかな。試合をしながら、俺自身は快感のようなものを感じた」と懐かしそうに言っていたことがある。確かに、対戦相手としては最高の人材だったのだろう。

カメラマンとして見た場合はどうかと言うと、シン自身はマスコミ嫌いを演じながらも、写真を撮られること自体は好きだった。自分のキャラクターを守りながら、どう写るかということをかなり意識していたはずである。

また、シンは「フロントページ！」が口癖で、スポーツ新聞の1面、専門誌の表紙になるということをかなり意識していた。絵的には、やはり相手の首を絞めている時のシンの表情が最高だったと思う。

この頃から、私はメキシコのルチャ・リブレ専門誌『ＥＬ ＨＡＬＣＯＮ（エル・アルコン）』に写真を送るようになる。編集長のエクトール・バレロからの依頼で、ギャラはもらわず無償で提供していた。

猪木の試合を中心に20枚ほどの白黒プリントを月に1～2回、郵便でメキシコに送った。封筒に「Ｐｒｉｎｔｅｄ Ｍａｔｔｅｒ」と表記すると、５００円くらいで送付することができた。

印刷所が併設されたエル・アルコン誌の編集事務所はメキシコシティから車で2時間以上離れたトルーカという街にあったが、写真は1週間以内には届いたようだ。私が送った猪木の写真は、多くのページが割れて同誌に掲載された。

私はそれから約6年にわたって写真を送り続けた。私がバレロと直接会ったのは、1986年になってからである。バレロはローカルの会場ではルチャの興行も手掛けており、日本のプロレス大賞にあたるルチャドールの年間表彰式『アルコンたちの夜』も主催していた。私はそのパーティーに出席したことはないが、友情の証として「最優秀外国人記者賞」のトロフィーをもらったこともある。

この年の11月3日には、蔵前国技館で猪木とハルク・ホーガンのNWF戦も撮影した。

この時のホーガンを見て、3年後に猪木を倒し、4年後にはWWFのトップに立ち、世界的なビッグネームになろうとは誰も考えはしなかっただろう。

チャンピオンは作ることができる。だが、いくら売り出そうとしても、そんなに簡単に売れるものではない。だが、改めて説明するまでもなく、ホーガンは2メートルの長身と筋肉を武器に業界を代表するレスラーになった。

猪木に触れることによってテクニックや駆け引きを身に付け、さらに自分より巨大なアンドレ・ザ・ジャイアントという好敵手がいたことも幸いした。猪木もホーガンについて、「タッグを組んでいた時に俺を見ていたんだろうな」と言っていた。その結果、ホーガンの試合は野球場やフットボールのスタジアムでも見応えのあるスケールの大きなものになった。

しかし、1980年に猪木のNWF王座に挑戦した時のフレッド・ブラッシーに付き添われたホーガンは、剛毛に覆われた背中や不必要に思われたマントが印象に残っただけで、どんなレスラーだったのかと聞かれても、「デクの坊だった」という答えしか思い浮かばない。後年、猪木も「ホーガンは最初はダメだったよな」と言っていたので、リング上で肌を合わせて同じことを思ったのだろう。

元ネタであるアニメ『超人ハルク』の緑のモンスターが強すぎてインパクトがあった分、それにあやかったリングネームはホーガンにとって当時はマイナスに作用したと思う。それくらいホーガンは不器用だった。

私は見る目がなかったのだろうか。言い訳をするなら、稀に化けるレスラーがいるということだ。

ところで、この前後に私が学生時代からお世話になっていた新日本プロレス営業部の山崎順英さんは、いつの間にか会社を辞めて、業界からもフェードアウトしていた。最後に会った時の記憶が曖昧で、ちゃんとした挨拶ができていないのだ。

これも新日本に在籍中か退社後か記憶がはっきりしないが、山崎さんは藤原敏男の新格闘術や大相撲の地方巡業も手掛けるようになっていた。だが、渋い顔で「あまり儲からないなあ」と嘆いていた姿が印象に残っている。

以降、現在まで山崎さんの消息が私の耳に入って来たことはないのだが、お元気にされているだろうか。

佐山が書き込んでくれた『二世』のサイン

1981年に入っても、私は有給休暇を取ってはプロレス会場に通う日々が続いた。

4月23日、蔵前国技館。この日、猪木はスタン・ハンセンと最後のNWF戦を行った。

同じ日、タイガーマスクがデビューする。だが、テレビ朝日の『タイガーマスク二世』というアニメ番組の宣伝という話だったので、私は特に関心を持っていなかった。

実際に、この大会の注目はメインで組まれた猪木vsハンセンのNWF王座決定戦で、マスコミではタイガーマスクに期待している人などほとんどいなかったはずである。

この日、私は2階席から撮影していたが、入場してきたタイガーマスクの覆面は急造の陳腐なものだった。後に本人も「恥ずかしくて、マントはすぐに脱ぎ捨てましたよ」と語っている。

この時点で、私はタイガーマスクの正体はわからなかった。そもそも正体を知りたいという気持ちがなかったと言ってもいい。

試合が始まると、独特のステップを踏むタイガーマスク。その後、ジャンプしながらダイナマイト・キッドを威嚇するようにバックキックを放った瞬間、私の頭の中にあるレスラーの姿が浮かんだ。

「あっ、佐山サトルか！」

私は1978年に藤波のメキシコ遠征に同行した際、EMLLに上がっていた佐山の試合は一切見ていない。

しかし、パラシオ・デ・ロス・デポルテスの前で浜田と佐山の特写をしており、その中の一枚には佐山がジャンプしながらバックキックを放っている写真がある。リング上にいるタイガーマスクのフォーム、そして体のキレがその時の佐山とまったく同じだったのだ。

最後はタイガーマスクのロープ越しのジャーマン・スープレックス・ホールドが決まって勝負あり。その瞬間、私の記憶では客席から大歓声が起きたというよりも、あまりにも凄い試合を見たため場内はどよめいて静まり返っていたように思う。

ここから、ちょっとした「付録」に過ぎなかったはずのタイガーマスクは世間から注目を集めていくことになる。

現在、佐山タイガーは「初代タイガーマスク」で通って

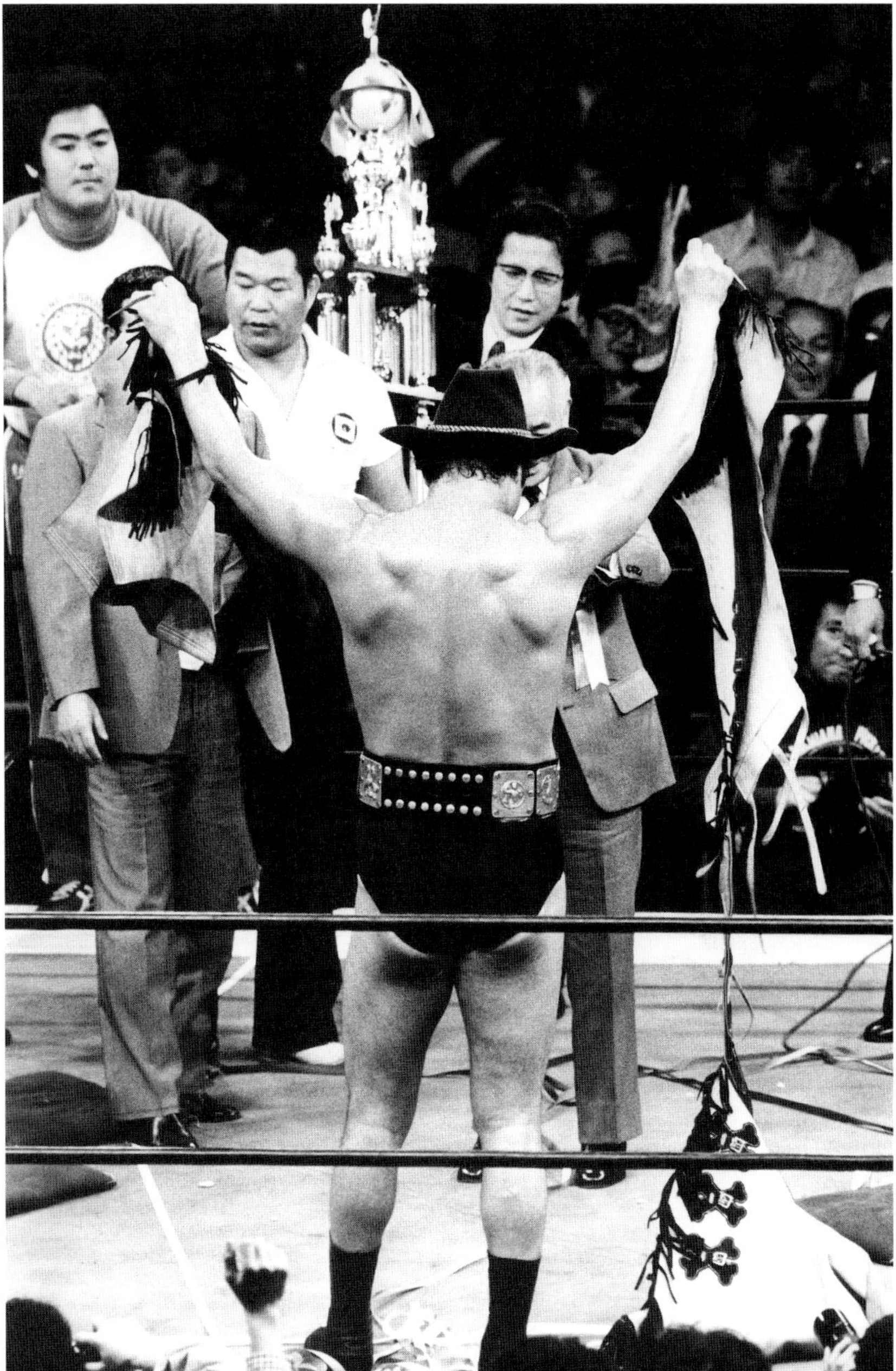

いるが、先ほども触れたように本来はアニメ『タイガーマスク二世』とのタイアップとして誕生している。

この年の6月24日、タイガーマスクは蔵前国技館でメキシカンのビジャノ3号と対戦した。その際に、私はデビュー戦でキッドにジャーマン・スープレックスを決めているパネル写真を個人的にプレゼントしようと思い、会場に持参した。メキシコ以来の再会で、真面目な好青年という印象はまったく変わっていなかった。

自分用のパネルにサインをお願いすると、佐山は放映中のアニメにちなんで「〝2〟を入れておきましょうか？」と言いながら、わざわざ『TigerMaskⅡ』と書き込んでくれた。これはレアなサインなのではないだろうか。

5月8日、会社を休んで川崎市体育館に向かうと、いきなりアブドーラ・ブッチャーが登場してIWGP参戦をアピールした。聞くところによると、前日の『第4回MSGシリーズ』前夜祭で新日本側はブッチャー来場を予告していたそうだが、私はそのことを知らなかったので、さすがに驚いた。

私は前年にスポーツニッポンに入社してから、東京スポーツ写真部の鈴木皓三さんに「スポニチとして会場に入ればいいよ」と言われたので、写真記者として全日本プロレスもよく撮影するようになった。だから、全日本時代のブッチャーの試合も何度か撮っている。

被写体として、ブッチャーは好きな選手だ。そのままでも絵になるレスラーだが、自分の見せ方をよく知っている。おそらく、本人は常にテレビや写真にどう写るかを考えてファイトしていたはずだ。

凶器を相手に額に突き立てる時もレフェリーのブラインドを衝きつつ、テレビの前の視聴者や客席には凶器がはっきりと見えている。そこはブッチャーの〝計算〟で、同じくリングサイドのカメラマンにも凶器は見えているし、ブッチャーからすれば五寸釘などを使って相手の額を切り裂いている残忍なシーンがメディアに露出しなければ、やっている意味がないのだ。

ブッチャーに関しては、相手の攻撃を受けた時の「キャーッ!!」という独特の叫び声も好きだった。それまでああいう声を出す選手はほとんどいなかったはずで、あれもプロ魂の塊であるブッチャーが自分で編み出した個性なのかもしれない。

シンと違って、ブッチャーはマスコミを大事にしていた。写真を撮っていると、自分から表情をいろいろと変えてくれる。

後にアメリカへ取材旅行に行った際、フリッツ・フォン・エリックが仕切るテキサス州ダラスの会場へ出向くと、ブッチャーも参戦していた。バックステージの通路にいたら、ブッチャーが控室から出てきたので声をかけた。

「写真を何枚か撮らせてくださいよ」

「また撮るのか？」

口ではそう言いながら、ブッチャーは面倒くさがらず表情を作ってポーズを決めてくれる。普段は口調も柔らかで、私は人間としても好きである。

私がタイガーマスクにパネルをプレゼントした6月24日、蔵前国技館。この日がブッチャーの新日本デビュー戦となったが、メインイベントのタッグマッチは凄惨な内容となった。

「凄いヤツになってやる」

そう宣言して新日本プロレスに入団した谷津嘉章にとっては、WWFでのサーキットを経て、これが日本デビュー戦。猪木と師弟タッグを組んで、スタン・ハンセン&アブドーラ・ザ・ブッチャーと対峙した。

この試合でハンセンとブッチャーは2人がかりで谷津を攻め続けた。試合開始直後、谷津はハンセンにドロップキックを放ったまでは良かったが、その後はまるでリンチ刑。ハンセンとブッチャーは谷津を攻めることで、互いに競い合っていた。谷津は2人の攻撃を浴び続け、ブッチャーに場外でビール瓶で殴られて顔面は鮮血で染まった。

試合が終わって控室に行くと、猪木がいつものようにマスコミの囲み取材を受けていた。一方、谷津は控室の畳の上で大の字にぶっ倒れていて、リングドクターから注射を打たれていた光景が忘れられない。

猪木が模索していたテレビ中継のカメラワーク

9月23日、田園コロシアムは超満員だった。

この大会で行われたスタン・ハンセンvsアンドレ・ザ・ジャイアントの「バトル・オブ・スーパーヘビーウェイト」と形容された試合は、今でも語り草だ。誰にも有無を言わせないプロレスの醍醐味がそこにはあった。

この日のメインはIWGPアジアゾーン予選リーグとして組まれたアントニオ猪木vsタイガー戸口だったが、試合開始前に崩壊した国際プロレスのラッシャー木村とアニマル浜口がリングに上がってきた。その木村の第一声が「みなさん、こんばんは」だったことでも有名な一夜である。

この田コロ決戦は1980年代前半の新日本黄金期を象徴するビッグマッチの一つだが、私にとっては別の意味で思い出深い大会だ。

この頃、私は会場で猪木と普通に話せるような関係になっていた。

興行がある日、試合前の練習が始まるのが午後4時半。私は、その少し前に会場に入る。

1980年代の途中まで、猪木は客入りの前に練習を終わらせるという方針だった。理由は「メインイベンターは、

最後まで客に顔を見せない方がいい」。それが猪木の考えだった。

選手たちの練習が始まると、私は試合の時のようにエプロンサイドに移動して写真を撮っていた。他のマスコミは練習の写真は紙面に載せないため、あまり撮らない。練習が一段落すると、猪木から声をかけてくることもあった。

そこで交わした会話は、たいした内容ではない。この頃は一時期のピリピリ感は薄まっており、私もそれほど緊張することはなかった。

ある日、会場に出向いた私は目に違和感があった。

「原因はよくわからないんですけど、目が調子悪いんですよ」

私がそう告げると、猪木は「どれ？」と右目と鼻の間に指を押し付けてきて、「気持ちいい？」と聞いてきた。当時の猪木は各マスコミとも気さくに接していたが、そんな気遣いを見せてくれるほどの関係になるとは数年前には考えられなかった。

その後、いわゆる打ち上げではないプライベートの酒宴の場にも同席するようにもなる。

例えば、地方で打ち上げが催される時は、後援者の前で猪木は割り切ってホスト役に徹する。大きな器にウィスキーを注いで、他の選手たちと回し飲みをしたりすることもあったが、プライベートでの猪木は静かに飲むタイプだ。テレビなどを見て、猪木は饒舌というイメージを持たれている方も多いと思う。しかし、普段の猪木は物静かで、口数はそれほど多くない。ポツリと短い言葉を吐くだけのことが多かった。表情は常に笑顔だが、舟橋アナや古館アナなどと数人で飲んでいる時は、どちらかといえば聞き役になる。また、そういう席で自分からプロレスの話をすることはなかった。

どこの会場かは失念したが、試合前に猪木と2人きりになる機会があった。開場前、客席の後方で縄跳びをしていた猪木が練習を終えると、私は近寄って話かけた。

そのまま雑談をしていると、テレビ中継のカメラワークの話になり、客席の最後列の場所に立ちながら、猪木はリングを指差して、こんなことを言い出した。

「これより、もう少し高い位置にカメラを設置して、画面に観客が上げている手や立ち上がった姿が映るような感じで撮れないのかな。そういう撮り方もアリだと思うんだけど、技術的に難しいのかな。試合が見えなくちゃダメだけれどね」

当然、私には技術的に難しいのかどうかわからない。ただ、この言葉が気になったので、私は試しに田園コロシアム大会では猪木が言っていた位置に陣取り、撮影することにした。

田園コロシアムは、普段はテニス場として使用されていた。メインのコートにリングを設置し、その周囲にイスを並べてリングサイド席にする。通常の客席部分はイタリアの古代闘技場コロッセオを模しており、すり鉢状にせりあがってた。

この日、私が撮影場所に選んだのはリングサイドではなく、アリーナからちょっと上がった通常の客席部分の最前列。なぜかそこに1席分だけ、スペースがあったのだ。

そこに座ると、目線がマットよりやや高い位置に来る。だから、リングサイドでも2階席でもなく、この本に掲載されている田コロ決戦の写真は、ある意味で中途半端なポジションから撮られている。猪木と話をしていなければ、こういう発想は浮かばなかっただろう。

後年、まったく同じではないが、猪木が言っていたカメラワークはWWEが採用している。猪木が考えていた位置からナメるようにリングを映し、中央にはパフォーマンスをしているレスラー、その手前には熱狂しているファンが上げた腕や掲げているボードが映っている〝絵〟が目に浮かんでこないだろうか。

今になって考えれば、たとえば地方の体育館なら1階席最後列の後方に低めの台を置いて、2階席最前列との中間あたりの位置からリング上の試合を撮影すれば、猪木の頭に浮かんでいたような〝絵〟になる。

ただし、付け加えると、このカメラポジションは日本の状況下では結構、無理がある。リングサイドのハンディカメラや音声スタッフ、各社マスコミのスチールカメラマン、さらにはセコンドの選手をそのテレビカメラから映らないところに移動させなくてはならないからだ。

とはいえ、このカメラワークの件は猪木のプロレスラーとしての鋭い感覚を改めて知ると同時に、優れた先見性を見た思いがした。

猪木がラッシャー木村戦で見せた〝人殺しの目〟

田園コロシアムでの「こんばんは事件」から約半月後、猪木とラッシャー木村の一騎打ちは10月8日に蔵前国技館で行われた。やはり初対決というのは、独特の緊張感がある。

木村は1974年3月19日に行われた猪木vsストロング小林戦の後、猪木に挑戦を迫った。しかし、猪木はこの挑戦表明を無視した。それから7年半の時が流れていた。

1981年8月に国際プロレスは多額の負債を抱えて崩壊し、新日本プロレスとの間で進んでいた統一日本選手権構想も吹っ飛んでしまった。当初はこの日に両団体による全面対抗戦が開催される話もあったが、それも消滅し、木村らは「新国際軍団」として新日本プロレスのリングに上がることになった。

朱色のガウンの猪木が赤コーナーに、対照的に薄紫のガウンの木村が青コーナーに立つ。木村側のセコンドにはアニマル浜口と寺西勇、さらに立ち位置は微妙だが、リングサイドにはストロング小林もいた。

私は第1章で書いたように力道山時代からプロレスが好きだったので、1968年1月3日、両国の日大講堂で行われたルー・テーズvsグレート草津のTWWA世界戦もテレビで見ている。

前年に旗揚げした国際プロレスはTBSプロレスに名称を変更し、この日からテレビ中継がスタートした。だが、エースの草津はテーズのバックドロップ一発で立てなくなり、画面にはリング上で草津が伸びている映像がずっと流れされていた。この日は夕方に日本テレビで日本プロレスの中継があり、そこで流れたジャイアント馬場vsクラッシャー・リソワスキーのインター戦が凄まじい迫力だっただけに、この興行戦争でどちらが勝ったかは子どもの私から見ても明らかだった。

その後も水曜日夜7時からの国際プロレスの中継は毎週、見ていたのでラッシャー木村というレスラーの存在は知ってはいたが、意識するようになったのは、やはりドクター・デス戦を目にしてからである。

1970年10月14日、夜7時過ぎのTBSのプロレス中継には血だらけの木村が映っていた。それは同月8日、国際プロレスの大阪府立体育会館大会で突然行われた日本初の金網デスマッチの録画放送だった。この試合での木村の流血は本当に半端ではなく、パイルドライバーの体勢に入った時には額からマットに血が垂れるのではなく、水のように流れ落ちていた。

この木村vsデス戦は放映後に凄惨すぎる試合内容が物議を醸したようだが、確かにゴールデンタイムに流れたから視聴者の数は多く、翌日は学校でもかなり話題になっていた。

私が国際プロレスの試合を撮影するようになったのは、スポーツニッポンに入社してからである。とはいえ、大木金太郎vsニック・ボックウィンクルのAWA世界戦やラッシャー木村vsジョニー・パワーズのIWA世界戦が組まれた1980年3月31日の『4大世界タイトルマッチ』など後楽園ホールに何度か足を運んだくらいだった。

後年、猪木は「木村？　打たれ強いよね」と言っていた。木村は、試合で相手の技から逃げない。カメラマンの視点から見ると、そういう選手は写真写りがいい。

木村の場合は攻撃も力強く、逆水平チョップやラリアットは写真からでも重さが伝わってくる。だから、地味で不器用なイメージを持たれているが、木村は絵的に撮りがいのあるレスラーだ。

不思議なもので、その木村と試合をすると猪木の顔がい

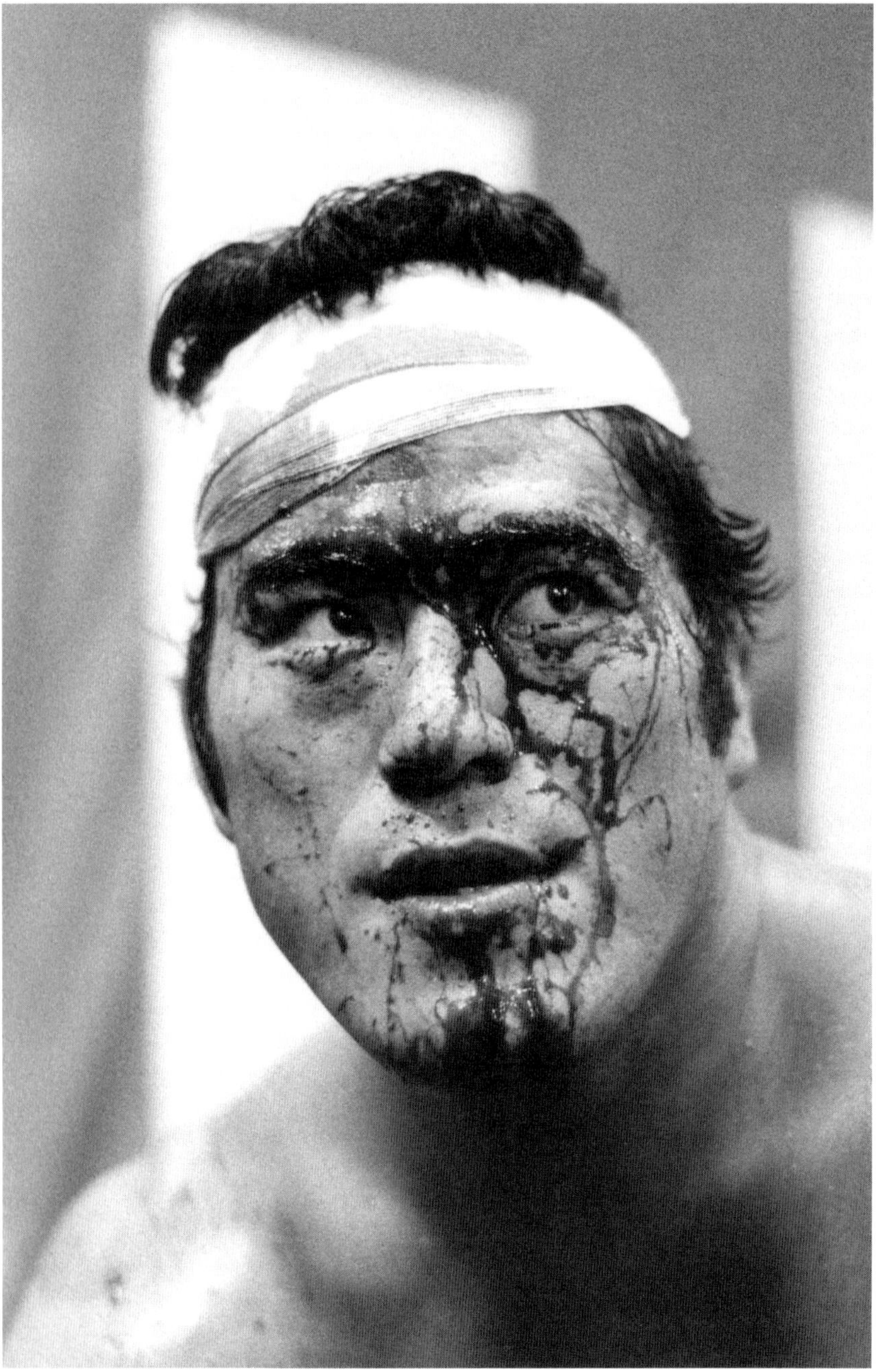

つも以上に鬼のような形相になる。それは異種格闘技戦でも見せない表情で、タイガー・ジェット・シンに対して「ぶっ殺してやる!」と言っている時よりも、木村と対峙している時の方が本当に人を殺しそうな顔になるのだ。日本人同士で、かつては東京プロレスの仲間だったというシチュエーションがそうさせるのだろうか。それに近い表情を見せたのは、1974年10月の大木金太郎戦かもしれない。

猪木自身はあまり口にしないが、本人の中で木村はかなりフィットした対戦相手だったはずだ。肌を合わせてダメだと思ったなら、あそこまで何度も試合をしていないだろう。

この初戦の結果は木村の足がロープの外に出ていたものの、猪木は腕ひしぎ十字固めに捕らえたまま離さなかったため、まさかの反則負け。猪木は控室に戻っても、興奮していた。私には、そう映った。その目は、まだ木村を追っていた。殺人でも犯しかねない、いや、犯してきたような目だった。

「冷たい水を飲んでも、すぐに喉が渇くんだよ」

「あの時、無理をしてでも猪木さんに付いていけば良かったなあ」

私がそう思う海外遠征がある。それは1978年にローラン・ボックに招聘されてヨーロッパを回った「キラー・イノキ・ツアー」だ。

この遠征は全21戦のハードスケジュールで、しかも猪木はボックとの最初の試合で肩を痛めてしまった。だが、ツアーの冠になる立場だから休むわけにはいかず、さらに現地の鉄板のような固いキャンバスがダメージを蓄積させていった。

このツアーで猪木はボックと3試合、ウイリエム・ルスカとは5試合を行い、途中でモハメド・アリに挑戦したこともあるプロボクサー、カール・ミルデンバーガーとの異種格闘技戦も組まれた。さらにアマチュアレスリングの強豪で、金を含めてオリンピックで5個のメダルを獲得したウィルフレッド・デートリッヒとの生涯唯一の対戦もあった。

ツアー中の移動には車と飛行機が使われたが、こちらも疲労が蓄積した一因だったようだ。

「ヨーロッパに行った時は雪で空港に着陸できずに、機体が旋回を続けていたことがあったなあ」

ある時、猪木は当時を思い出したように言った。

このツアーでの猪木vsボックの戦績は1勝1敗1分だったが、11月25日に行われた3戦目、〝シュツットガルトの惨劇〟と呼ばれた一戦は『ワールドプロレスリング』で放映され、私もアパートの部屋で見た。

画面の中には、道場にある練習用の人形のように投げ捨てられる猪木がいた。ボックの容赦のない投げが次々と猪木を襲う。画面越しにボックの非情さが伝わってきた。ただし、そこには猪木の凄みも見えた。フォールされることなく、力を抜いて、ただただボックに身を任せていた。

猪木は言う。

「よくボックにやられっぱなしだったと言われるけど、そんなでもないよ」

翌年の7月に日本での再戦が予定されていたが、ボックの自動車事故でキャンセルになってしまう。その後、ボックはアンドレ・ザ・ジャイアントとの試合で右足を負傷し、血栓症を患ってリングから遠ざかっていた。それでも1981年に来日して木村健吾や長州力を秒殺し、幻想をさらに膨らませた。

延び延びになっていた猪木との再戦は1982年1月1日、後楽園ホールで行われることになった。この日の会場は、見たことがないほどの超満員。観客動員は日本武道館がオールスター戦なら、後楽園ホールはこの元日興行が実数の最多記録なのではないだろうか。

あの〝シュツットガルトの惨劇〟から3年以上が過ぎていたが、4分10ラウンドが終わるまでボックに投げ続けられた猪木の姿をファンは記憶していた。しかし、ボックはあの頃に比べて体重が増えていて、明らかに当時の勢いは感じられない。結果はボックの暴走による反則負け。誰が見ても消化不良だった。そして、これがボックにとって生涯最後の試合になってしまう。

後年、猪木は「ボックとの再戦がもっと早い時代に実現していれば、また違っただろうな」と言っていた。

サッカーの取材でドイツに行った際、シュツットガルト空港から離陸すると眼下に黒っぽい森が広がる。ここが『ワールドプロレスリング』で古舘アナが言っていた「シュツットガルトの黒い森」である。飛行機の窓から何度もこの森を見たが、いつも私は猪木とボックのことを思い出してしまう。

この年の1月28日には、東京体育館で猪木とブッチャーの一騎打ちが行われた。ロープ際での延髄斬りにはオールスター戦を思い出してしまったが、この一戦も物足りない気がした。後に猪木は「ブッチャー？　噛み合わなかったね」と言っていたので、本人も自覚しているのだろう。

私から見ると、ブッチャーは電撃移籍から半年の間に色褪せた感がある。誰もが指摘するように、やはり一騎打ちのタイミングが遅すぎたのではないだろうか。

3月6日、大田区体育館での旗揚げ10周年セレモニーを終えた猪木は、この後、ケガや糖尿病に悩まされることになる。後年、私は猪木本人から糖尿病に関して、いろいろと話を聞いた。

「体がだるくてね、喉の渇きを覚えた。冷たい水を飲んでも、またすぐに喉が渇くんだよ」

この年の4月には中東ドバイに遠征しているが、「あの喉の渇きは暑さのせいでも乾燥した砂漠の気候せいでもなかった」と体調に異変を感じていたという。糖尿病の予兆だった。

この後、右膝半月板の手術を受けた猪木は6月に一度は復帰するが、7月に本人の言葉によると医師から「このままレスラーを続けるのは無理です」と告げられた。

当時、糖尿病はスポーツ選手にとって厄介な病気だった。猪木は後にこの病気とうまく付き合っていけるようになるが、この時は「俺も終わりか」と思ったという。

当時、猪木は39歳。血糖値は596(ミリグラム/デシリットル)で、600を超える時もあった。正常値は空腹時に100から109だから、明らかに異常である。

この糖尿病の治療で猪木は3週間入院したが、1日＝1800キロカロリーの食事制限の中、階段の上り下りやウェイトトレーニングなどもした結果、「血糖値は110くらい」に落ち着いたそうだ。

「退院後、空腹はキャベツの千切りを食べて凌いだよ(笑)」

バスタブに氷を運んで、それに浸かる。この〝氷風呂〟で血糖値を下げるという過激な荒療治も取り入れた。この時期から、猪木は旅先のホテルなどでも大量の氷を部屋に運んでもらって氷風呂を続けた。

猪木はインシュリンを使わずに奇跡的に8月末に復帰し、新国際軍団とのさらなる抗争に入っていく。

9月21日の大阪府立体育会館は、新日本初の「敗者髪切りマッチ」だった。しかし、ルールに反して試合中にハサミを持ち出した浜口が猪木の髪を切る。最後は猪木が流血した木村を延髄斬り2発で仕留めたが、木村は髪を切らずにそのまま逃走。怒りに震えた大阪のファンがいつまで経っても帰路につかず、場内で殺気立っていた光景は昭和の新日本ならではだが、その裏で猪木は木村だけではなく、糖尿病とも戦っていたのである。

しかし、手負いの猪木はさらに無謀な戦いに挑んでいく。

「束になって、かかってこい。3人まとめて、ぶっ倒してやる」

新国際軍団との抗争は、前代未聞の〝1vs3〟へとエスカレートしていった。

この年の11月4日、そして1983年2月7日といずれも蔵前国技館で猪木vs木村&浜口&寺西の変則マッチが行われた。試合タイムは3人を相手に前者が27分7秒、後者が21分16秒。「もしかしたら、猪木なら3人を相手にしても勝ってしまうかもしれない」という期待感と希望に胸に秘めて蔵前国技館に二度足を運んだファンも多いと聞くし、テレビ中継は高視聴率を獲得したが、私は後になって当時のコンディションを知り、別の意味で猪木の無謀さを実感した次第だ。

1982年当時、私は猪木の病状にまったく気付かなかった。1vs3の試合前にも普通に記者の取材を受けていたし、私が知る限りコンディションの悪さは少なくともマスコミには見せていない。そんなところにも、私は猪木の〝凄み〟を感じる。

「何か起きた時は必ず連絡するように」

「IWGP？　まだやってるのか（笑）」

3年ほど前に会った時、私が「IWGP」という言葉を口にしたら、猪木はこんなことを言って笑みを浮かべた。

この時期の新日本プロレスは猪木と新国際軍団の抗争が話題を集めていたが、その一方でIWGPというテーマが団体の未来に光を与えていた。

最初にこのプランを聞いたのは、1980年12月だった。その時点で「インターナショナル・レスリング・グランプリ」という名称は、まだ決まっていなかった。

コンセプトそのものには十分に共感できたが、1981年に入って会場の控室で囲み取材を受けていた猪木の口から発せられたやや長めのフレーズ、それを略した「IWGP」という名称は、正直言ってピンと来なかった。


当初のプランは、壮大そのものだった。トップレスラーがFIグランプリのように世界各地をサーキットしながらリーグ戦を行い、決勝大会をニューヨークのマディソン・スクエア・ガーデンで開催するというものだった。もし、そのプランが実現していたら、私はスポニチを辞めて同行取材していたかもしれない。

結局、IWGP決勝リーグは日本だけでの開催で落ち着く。5月6日に福岡スポーツセンターで開幕し、最終戦となる6月2日の蔵前国技館まで28日間、休みなしの28連戦というハードなスケジュールだった。

私は例のごとく休みを取りながら、シリーズの半分ほど取材に出かけた。

このリーグ戦は、「猪木舌出し失神事件」とセットで語られる。今では、それしか語られないと言ってもいい。

この事件については、多くの人たちがそれぞれ推測を語っているが、私にとっても衝撃の一夜だった。

私は会社を休んでプロレスの取材をする上で常務や編集局長、写真部長とある約束を交わしていた。

「プロレスの取材に行くのはかまわないけれど、何か起きた時は必ず連絡するように。それだけは忘れないでくれよ」

私は、この約束を守った。

猪木がKOされて病院送りになったことは、明らかに「事件」である。だから、ホーガン戦が終わると、私はすぐさま会社に戻って暗室に入り、フィルムを現像液に入れた。翌日、扱いは大きくはなかったが、猪木の舌出し写真はスポニチの2面に掲載された。

あの試合で猪木が勝っていたら、その後の新日本プロレスは違う展開を見せていただろう。IWGPは猪木のための壮大なイベントだったはずなのだから。

日本開催という利点と、IWGPが「猪木の、猪木による、猪木のためのイベント」ということを考えれば、「猪木が優勝する」というのが一般的な見方だった。ただ、私自身はどこかで猪木がIWGPに優勝したら、そのまま引退してしまうのではないかという不安も感じていた。

5月5日、前夜祭が開催された東京の京王プラザホテルのバンケットルームのステージには、制作費1億円とも言われたIWGPのベルトが輝いていた。

私は優勝戦の予想カードはアントニオ猪木vsアンドレ・ザ・ジャイアントで、「優勝は猪木」と大会前から確信していた。何がどう転ぼうが、鉄板の予想だと信じて疑わなかった。

「猪木でしょう」

「猪木に決まっている」

優勝予想の話になったら、それ以外の答えなど存在しないというほど私の中では確定事項だった。

しかし、私の予想は大きく外れることになる、6月2日、優勝戦のカードはアントニオ猪木vsハルク・ホーガン。この組み合わせが決まったのは、大会前夜だった。

当日、蔵前国技館には超満員となる1万3000人のファンが詰めかけた。立見券を求めて徹夜で並んだファンの内、1000人近くが入場できずに泣く泣く家路についたという。

IWGPという名の魔力なのか、このシリーズは28日間すべてが超満員で、魔物がはじき出した観客動員数に地方のプロモーターも笑いを隠せなかっただろう。

この日、蔵前国技館に響いた試合開始のゴングの音色は、過去の数多くのプロレスの試合と比べても格別のものがあった。

ホーガンはもはや3年前、IWGP構想以前に猪木が最初に戦った時の背中が剛毛で覆われている野暮ったい大男ではなかった。日本で猪木と戦うこと、猪木とタッグを組むことでレスラーとして急成長していた。

とはいえ、この第1回IWGP開催時において猪木を倒して優勝できるだけの存在とはまだ思えなかった。私の優勝戦のカード予想は外れたが、ホーガンが相手ならば、アンドレと戦うよりも猪木の優勝はより固いだろう。これが大方の予想だったはずである。その先に、あんな大どんでん返しの結末が待っていることなど誰も知る由もなかった。

この日、私は午後4時半頃に会場に入った。試合前にリ

IWGP
CHAMPION

ング周辺で練習する選手たちの中に、猪木の姿はなかったように記憶している。

しかし、リングに登場した猪木は体の艶も良く、胸板にも張りがあった。

試合が始まると、ホーガンは冷静にオーソドックスな戦いを挑んできたが、猪木はそれを嫌った。何かを仕掛けるつもりだったのか。張り手で威嚇するが、ホーガンは猪木から学んだことをおさらいするかのように慎重さを崩さない。

1発目のスピーディーなアックスボンバーを猪木は半身で受けた。そのお返しに放った猪木の延髄斬りに、ホーガンは効いた素振りさえ見せなかった。ホーガンの激しいブレーンバスターに、猪木の体がリングで大きくバウンドした。

その後、もつれた2人は場外に落ちる。ホーガンは2発目のアックスボンバーを背後から放つと、前のめりになった猪木の前頭部が鉄柱にぶつかった。

そして、とどめとなった3発目。フラッとエプロンに上がってきた猪木に対し、ホーガンは走り込んで真正面からアックスボンバーを叩き込んだ。再び場外に転落した猪木は、なかなか起き上がってこない。

ルール的には反則だが、場外カウントが進む中、猪木のリングアウト負けを恐れた坂口征二らセコンドが数人掛かりで猪木を無理やりリング内に押し上げた。

世間では「猪木舌出し失神事件」と言われているが、この時点で猪木の舌が出ていたわけではない。リング上に押し上げられた猪木が揺すってもまったく動かないので、舌による窒息を危惧した坂口の指示で、木村健悟か星野勘太郎が猪木の口に指を入れて舌を引き出した。リングサイドで舌を引き出そうとしている指を見た記憶はあるが、どちらの手だったかと問われると確証はない。

そんな中、レフェリーのカウントは進んでいく。場内の観客も異常事態であることを察し、ざわついている。

リングアウトであれ、ノックアウトであれ、まったく起き上がれない猪木のKO負けという事実は揺るがない。

リング上は大混乱だった。ホーガンは勝利を喜ぶどころか、まったく予期しないこのとんでもないアクシデントに呆然としている。

総立ちのファンが見守る中、猪木はその場でリングシューズを脱がされた。私はリングに上がって、担架で運び出される猪木をレンズ越しに見ていた。

控室に運ばれた猪木はそのまま駆け付けた救急隊員によって救急車に乗せられ、都内の病院に搬送された。その間、私が知る限り猪木が目を開けることはなかった。

暗闇の中、無数のフラッシュが焚かれていた。私は今でも猪木を乗せて走り去る救急車の赤いライトの点滅が眼裏に残っている。

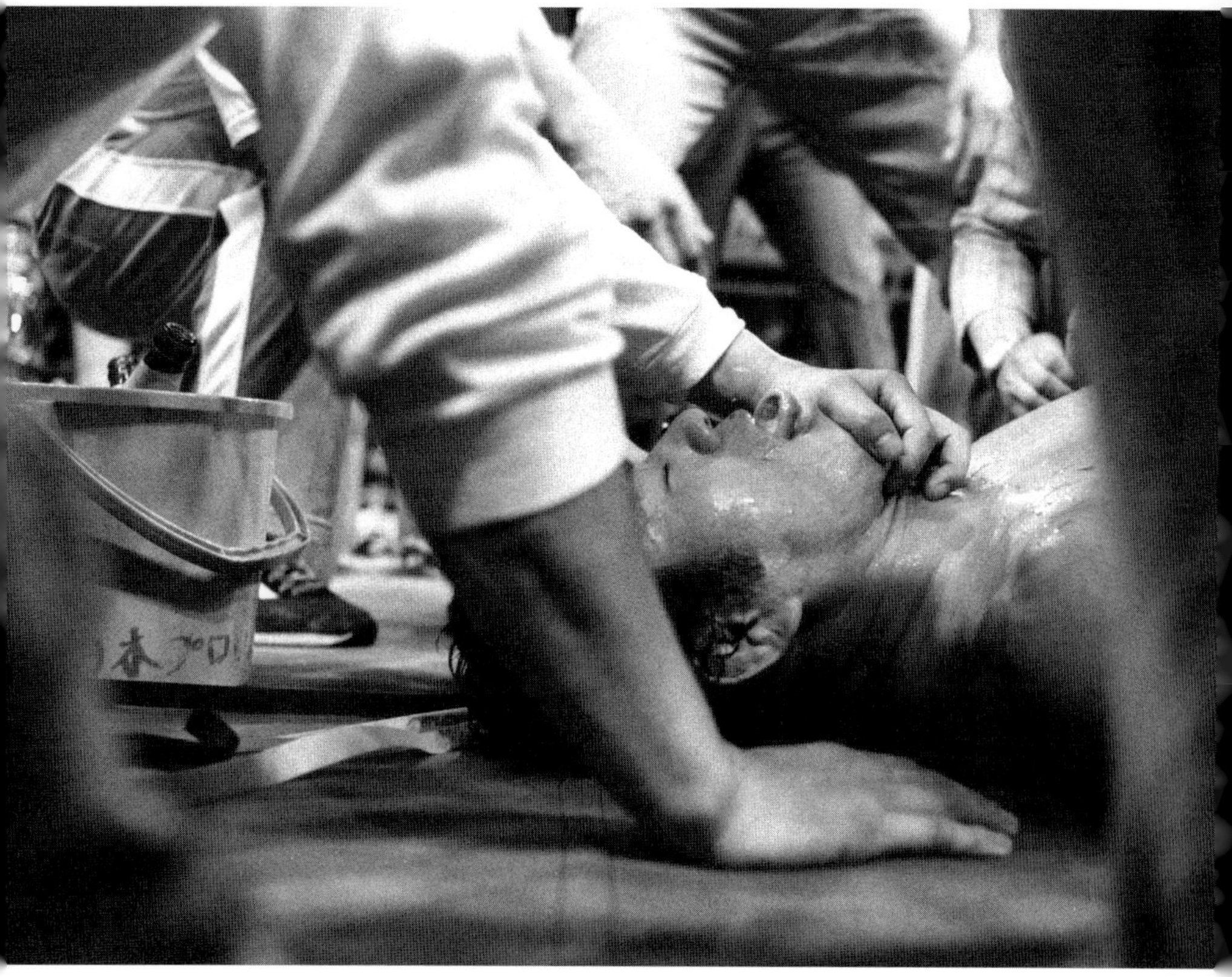

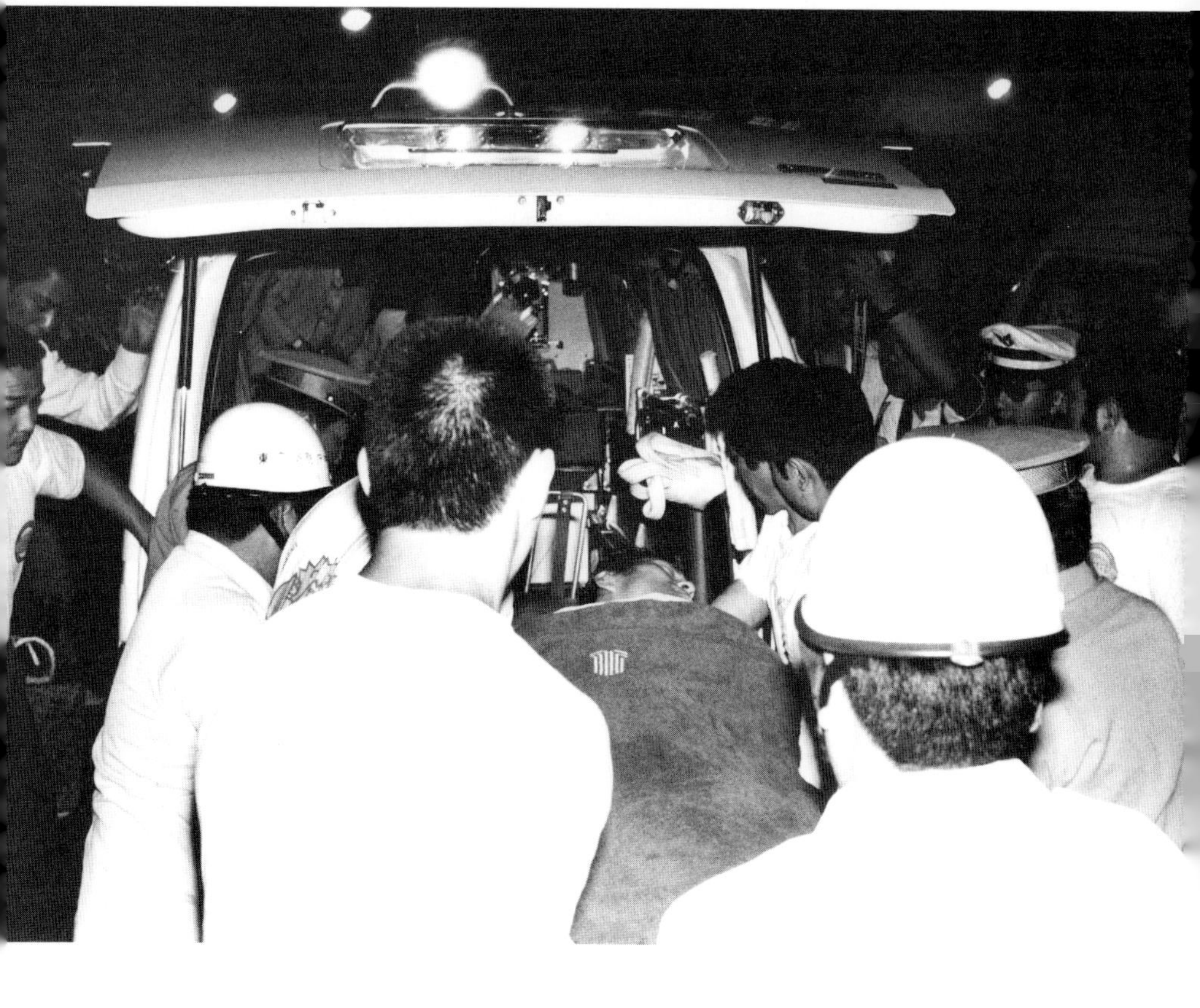

この試合はあまりにも衝撃が大き過ぎたために、いろいろな推測だけでなく、作り話に近いものも語られている。だが、この夜の出来事について猪木本人が多くを語ったことは一度もない。

「事件」から約1ヵ月後、舟橋アナ、古館アナ、私は六本木のバーで猪木と会って話をした。猪木は思ったより元気だった。

流れの中で舌出し失神の話になった際、猪木は「ケガをした時」という表現を使った。この日は明け方まで話を続けたが、本人が試合そのものについて語ることはなかった。

タイガーマスクの覆面を宇宙へ飛ばそう

この時期、猪木から宿題を出されたことがある。

1983年夏、タイガーマスクはリングネームを変える必要に迫られた。

この年の5月25日、タイガーマスクの生みの親である漫画原作者・梶原一騎氏が編集者への暴行容疑で逮捕される。新日本プロレスは少年たちのヒーローであるタイガーマスクのイメージダウンを憂慮し、名前とマスクを梶原氏に返上する形で佐山を新しいキャラクターに代えるプランが浮上したのだ。

当然、新日本プロレスは次の名前を考えていた。しかし、なかなか妙案が浮かばなかったのだろう。佐山を高く評価していた猪木はタイガーマスクをどうやって消し、新たな名前で復活させるかを真剣に考えていた。

ある時、猪木は誰に問うわけでもなく、こんなことを口にした。

「タイガーマスクは、どうしようかな?」

私が「本当に、このままタイガーマスクを続けることはできないんですか?」と聞くと、「うん、続けられない」と言う。

「名前とかはどうでもいいんだけど、どうやってタイガーマスクがいなくなって、どうやって次のが現れるか? みんなで考えてくれ」

猪木に宿題を出されたのは、舟橋アナ、古館アナ、私の3人だった。

猪木も交えて、小さな集まりが真夜中に六本木で行われた。私の記憶では、ミーティングが開かれたのは2回。最初は、倍賞美津子さんのお兄さんが六本木でやっていた居酒屋だった。

しかし、2度目はテーブルとイスがあるだけの会議スペースが用意された。それだけ話し合いが真剣だったということである。この時は、新日本の渉外担当で後に旧UWFの創設メンバーとなる伊佐早敏男さんもいた。伊佐早さんは浅丘ルリ子の元マネージャーで、後にストロング金剛

（小林）のマネージメントも務めた方だ。

「現実的ではないことでもいい」

猪木がそう言うので、いろいろなプランが出る中、私は突拍子もないことを提案した。

本当は本人がロケットに乗ればいいのだが、それは無理だろう。「それならば、タイガーマスクの覆面をロケットに乗せて宇宙へ運ぶ。地球に戻って来た覆面は宇宙をイメージした青と銀のデザインになっていて、新生タイガーマスクが誕生する」というものである。

誰かが出したプランでは、「最後の試合に勝利したタイガーマスクが引田天功の大脱出のようなマジック、あるいはイリュージョンによって覆面だけをリングに残して消える」というものもあった。いい歳の大人たちが真剣にこんなことを朝まで話していたのだ。佐山本人は知らない話である。

だが、我々がさらなるプランを猪木に提出する必要がなくなった。タイガーマスクがそれから間もなく8月4日、蔵前国技館での寺西勇戦を最後に覆面と2本のベルトを返上して、新日本プロレスから出て行ってしまったからだ。

数年前にタイガーマスクの話になった時、猪木はこう言っていた。

「あれはもったいなかったね。ハリウッドから映画の話もあったんだよ。映画に出るのがいいかどうかは別として、ニューヨーク（WWF）もタイガーマスクを欲しがっていた」

猪木はプロモーターとして、佐山の才能を高く評価していた。猪木と話をしていると、新日本時代の弟子の中では佐山、そして意外に思われるかもしれないが、武藤敬司の名前がよく出る。ただし、「あいつは映画に出てダメになった」というのが猪木の武藤評。だが、言い換えれば、若手時代の資質は認めているということになる。

話を戻そう。ホーガンにKOされてから約3ヵ月間、猪木はリングを離れていた。

この間、いわゆる「新日本内部クーデター騒動」が起きている。

猪木が社長、坂口が副社長を辞任し、新間さんが謹慎処分となった翌日、8月23日に大宮スケートセンターで『ブラディ・ファイト・シリーズ』開幕戦が行われた。

この日、猪木はテレビ中継の解説のために来場した。当初は猪木のエキシビションマッチも組まれていたが、これはキャンセルされた。

控室に入った猪木が着替えていると、クーデターの主導者の一人である山本小鉄が近寄ってきた。その場にはマスコミがまだ数人しかいなくて、カメラマンは私だけだったかもしれない。私は自然とカメラを構えていた。

「あんたが悪いんだから」

小鉄はそんなことを告げると、控室から出て行った。そ

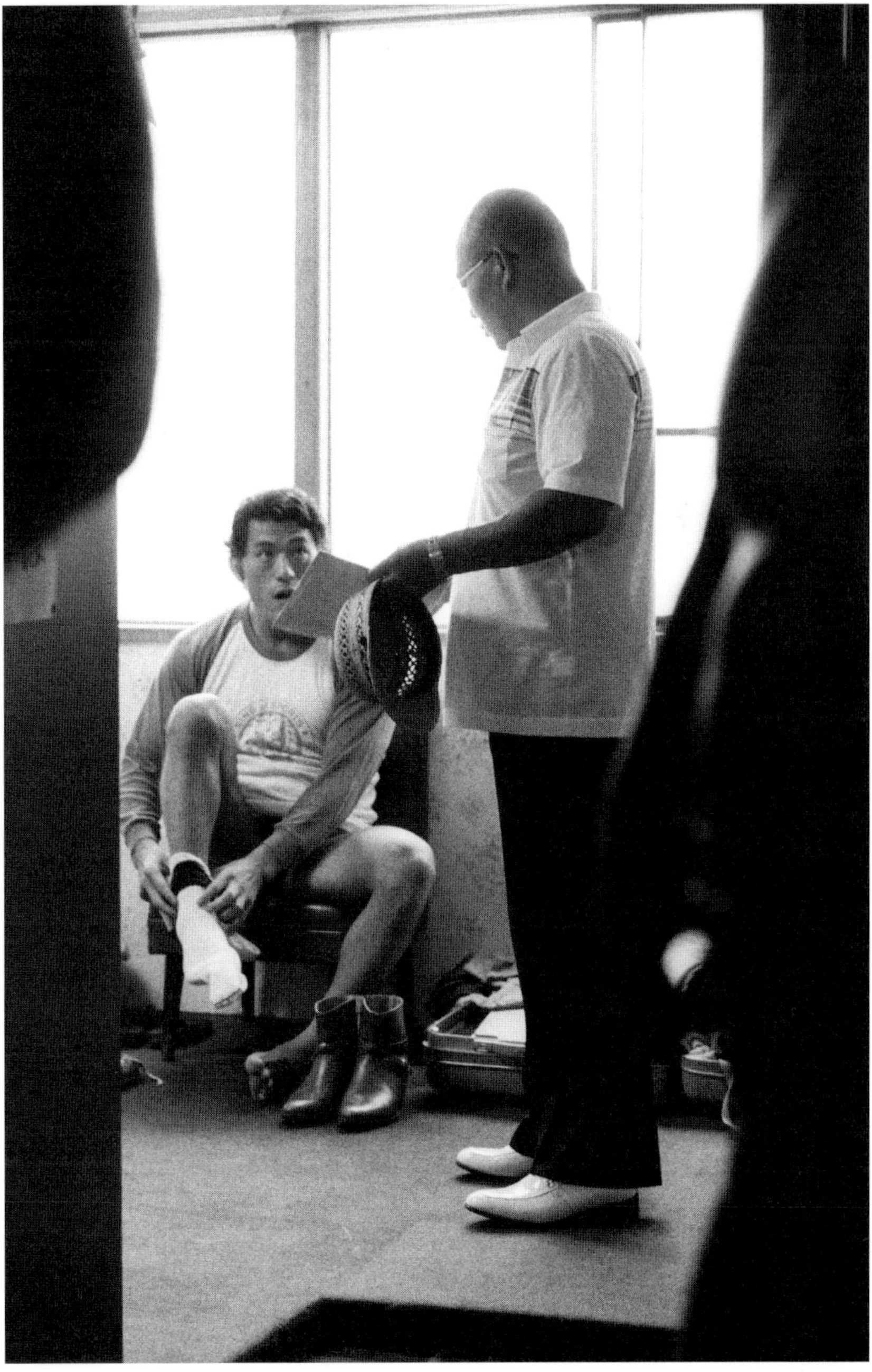

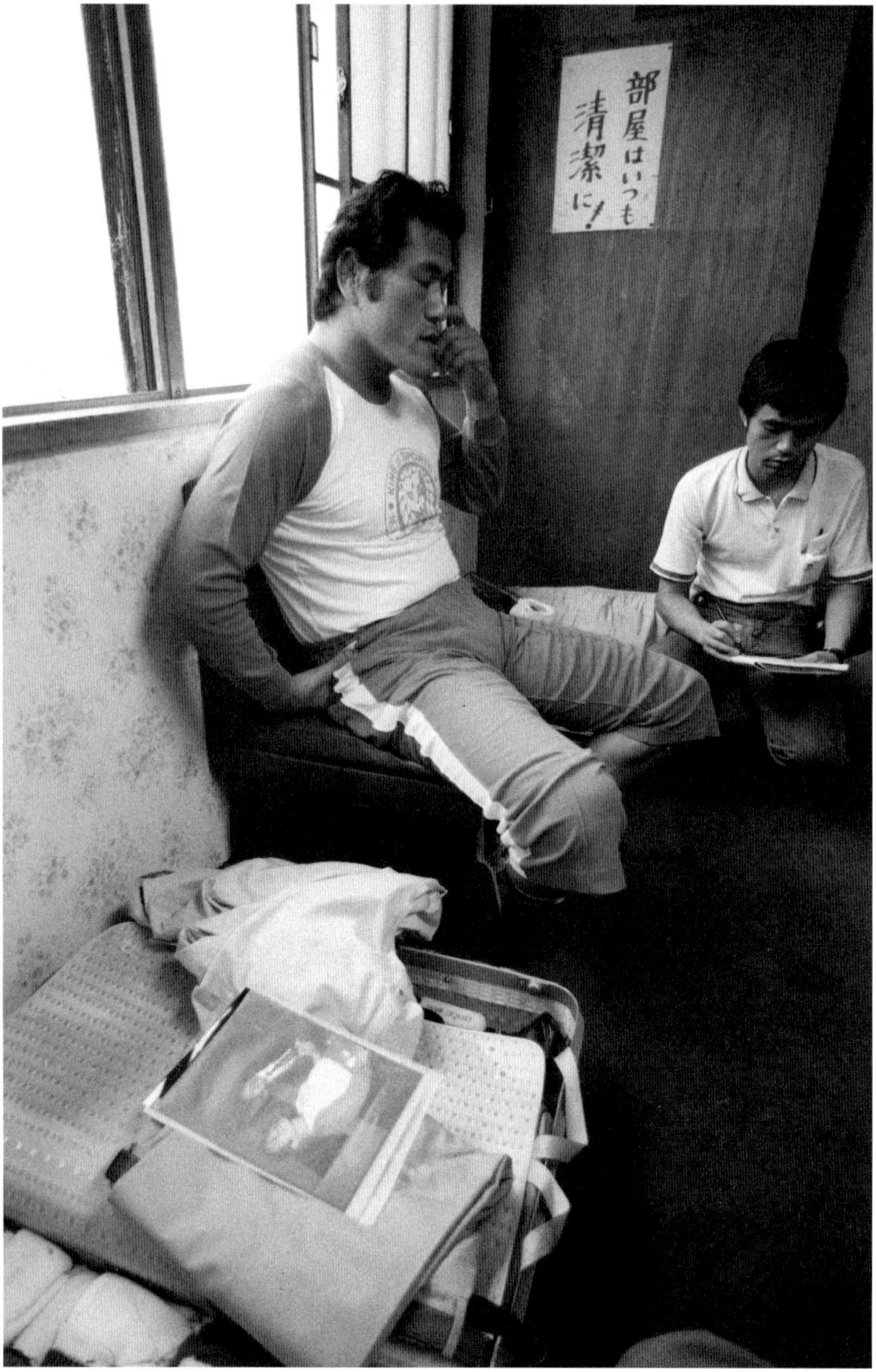
部屋はいつも
清潔に!

の後、記者やカメラマンが集まってきて猪木を囲んだ。

「猪木さん、今回の件はどういうことですか？」

「そうなっちゃったみたいだね」

質問に答える猪木は、いつもより明るい表情。その後も記者たちの質問は続いたが、猪木は笑みを浮かべながら、それを交わしていく。

この日はテレビマッチだから、新間さんが会場に来ていてもおかしくない。だが、その姿はどこにもなかった。

私が新間さんと最初に会話を交わしたのは、1978年8月のメキシコ遠征だったと思う。それから、新間さんは私のことを「宮様」、「殿下」と呼んでいた。理由は髭を生やしていたからだ。新間さんは私の容姿を見て、「髭の殿下」と呼ばれた三笠宮家の寛仁親王をイメージしたようだ。

クーデター騒動の翌日に猪木が大宮スケートセンターで記者たちに囲まれている時、脇にはスーツケースがあった。猪木自身のものである。

そのスーツケースは開いていて、中身が丸見えだったが、一番上に猪木と新間さんの2人が写っている半透明の袋に入ったキャビネ版くらいの写真が置いてあった。

この写真をいつ誰が猪木に渡したのかは知らない。こんなタイミングで、そんな写真が猪木のスーツケースに入っていたことに私は何かの因果を感じた。

この後、謹慎処分が下された新間さんは、そのまま新日本プロレスを退社してしまい、翌年に旧ＵＷＦを旗揚げすることになる。後年、猪木はこのクーデター騒動について「どうせそんなのは一時的なもので、すぐに戻ってくると思っていた」と語っていた。

8月28日、田園コロシアム。猪木の復帰戦の相手は、ラッシャー木村だった。やはり、木村が相手だと猪木の表情は抜群にいい。

「俺の首をかっ切ってみろ」

試合後、猪木はマイクを握ると、そう叫んだ。

それは「会社を乗っ取れるものなら、やってみろ」、「俺を超えられるものなら、超えてみろ」という猪木流の強烈なアピールだった。それがリング内だけに向けての発言ではないことは、容易に想像できた。

「どうせ裏切るなら、真っ正面から裏切ってみせろ」

私には、そう言っているように聞こえた。

第5章
東京体育館の天井から撮影した「延髄斬り」

BA

IWGP. WWFチャンピオンシリーズ

BRODY
REVOLUTION

NEW JAPAN
PRO-WRESTLING
A. Inoki

猪木のKO負けという インパクトと謎を残したまま、IWGPは1984年も開催されることになった。だが、さらに成長したホーガンが猪木の前に立ちふさがることになる。

「IWGPは呪われている」

そう言われていた時期があった。1983年6月2日の「舌出し失神事件」から、因果関係は別として新日本プロレスや猪木の周辺では良くないことが続いていた。

IWGP創設メンバーで、あのエルビス・プレスリーとも友人だったカナダの大物プロモーターのフランク・タニーは第1回大会に来日したが、日本からの帰りに立ち寄った香港で急死した。

同年8月にはタイガーマスクが突然、新日本プロレスを去る。さらに同月、猪木は社内クーデターによって社長を降り、その責任を一緒に取らされた形でIWGPの実行委員長だった新間さんも新日本を追われた。

1984年には、新日本と良好な関係にあったWWFのビンス・マクマホン・シニアが死去。メキシコUWAのフランシス・フローレス代表も、この世を去った。

この年の春には新間さんが旧UWFを旗揚げし、新日本からは前田日明、ラッシャー木村、グラン浜田、剛竜馬、藤原喜明、高田伸彦（現・延彦）、木戸修らが籍を移すことになる。

第2回IWGPは5月にスタートを切ったが、その優勝戦は荒れに荒れた。6月14日、前年優勝者のハルク・ホーガンはリーグ戦を勝ち上がった猪木と蔵前国技館で対峙した。

「今年こそ猪木が勝ってくれるだろう」

当日は超満員の観客に加えて、会場の外の敷地には中に入れなかったファンのためにスクリーンが設置され、試合映像が流された。

この日、私は2階席でカメラを構えていた。私は2階席からの撮影が好きで、あえてリングサイドに入らず、その日の気分で上から撮ることが時々あった。

2階席にいると会場全体が視野に入るし、猪木に関して言えば、インディアン・デスロックや弓を引くナックルパートは上から撮影した方がいい写真になる。

試合は両者リングアウトから、延長戦に突入。またしても両者カウントアウトに終わると、再延長戦が始まった。

ロープを背負った猪木に対し、ホーガンはショートレンジのアックスボンバーを放った。猪木はリング上で大の字。また猪木の舌が出ている。だが、舌はすぐに引っ込んだ。これは猪木流の〝謎かけ〟だったのか。この日は、場外でホーガンのアックスボンバーを浴びた猪木が後頭部を鉄柱とロープをつなぐ金具に打ち付けてしまうシーンもあった。前年の悪夢の再現フィルムのような展開だった。

この試合の最後の場面は有名だろう。なぜかリングサイドに現れた長州力が突然、猪木にラリアットをぶち込んだ。さらにホーガンにもラリアットを放つ。ホーガンも腕を出して相打ちのようになったが、このドサクサの間に猪木はリングアウト勝ちを収めた。

この長州の行動に観客たちは怒り狂い、会場はとんでもない暴動へと発展する。

物が無数にリングに投げ込まれて、怒号が国技館に充満していた。試合中は大歓声だった猪木コールがそのまま大きな不満に転換され、爆発してしまった形である。その光景を私は2階からレンズ越しに眺めていた。

帰らないファンが無人のリングに物を投げ込み続けた。中には新聞紙に火をつけて、猛抗議する者までいた。私はその時点ではもう支度部屋に降りていたが、収まらないファンは国技館の時計を取り外して、さらにはマス席のパイプまで破壊した。

呪われたIWGP。祝福のない優勝。しかし、プロレスファンがメチャクチャ熱かった時代でもあった。

「噛ませ犬事件」と「蔵前最後の名勝負」

1984年8月2日、蔵前国技館。昭和のプロレス史を綴ってきた会場がその歴史に幕を下ろす。そんな日に、猪木は長州力と戦った。

昭和のプロレスを語る上で必ず登場する蔵前国技館は、天井の吊り屋根を正面側に移動できたが、土俵そのものは場所中ではなくても真ん中に残されていた。そのため、プロレスのリングはその上を覆うように設置されていた。だから、リングサイドに行ってエプロンの垂れ幕をめくると、そこから土俵が顔を出す。

東西の支度部屋前の通路は狭かった。猪木は正面から見ると左側になるが、東の支度部屋の一番奥の右にいた。大相撲の本場所の際は、横綱が座る場所である。

一時期はそこに新聞紙を張りめぐらして仕切りを作り、中にこもっていたこともあった。普段は畳の上で柔軟運動をしたり、鉄砲柱を相手にしている姿も見たことがある。各紙の記者たちが集まってくれれば、畳に座って会話を交わしていた。

遡ること約2年前、自分のスタイルと合わないメキシコ遠征から帰国した長州は1982年10月8日、後楽園ホールでの6人タッグマッチで藤波辰巳に対し、試合そっちのけで噛みついた。いわゆる「噛ませ犬事件」である。

当日、私もその場で取材していたが、ここから長州は新日本の試合を休んだ。数日後、大田区体育館で新日本の興行が開催されたが、やはり長州のカードは組まれていなかった。

試合開始前、他の記者たちと一緒にバックステージの通路にいると、長州が姿を現した。時の人だけに当然、我々は後を追う。

長州は無言のまま、誰も使っていない体育館の中にある個室に入って行った。そこは選手たちの控室ではなく、中には誰もいなかった。

久々に姿を見せた長州は、深刻な表情でずっと下を向いている。そこに坂口征二と新間さんが入って来た。

社長の猪木は、すでには発表されていた長州と藤波のシングルマッチを容認していた。その場所はシリーズ中の10月22日、広島県立体育館である。

坂口が「広島はどうするんだ？　もう切符は売ってしまっているんだ」と問うと、長州は答えた。

「やりますよ。彼はビックリしますよ」

大会当日、私は会社を休んで広島へと向かった。試合前に猪木がリング上でいつものように練習していると、長州が姿を見せた。すると、猪木が話しかけた。

「藤波に会っておけ」

猪木がこんなことを口にするのは珍しい。

猪木は、試合前に対戦相手と顔を合わせることはない。情が移るからだろうか、猪木はそれを好まなかった。そんな猪木が長州に藤波の顔を見ておけ、と言ったのだ。

私は長州に付いて行った。控室の前まで来た長州がドアを開ける。中には藤波しかいなかった。藤波は厳しい表情のまま、チラッと長州に視線を投げただけだった。

一方の長州も一言も発せず、藤波の顔を見ると、すぐにドアを閉めて自分の控室に戻って行った。

ここから藤波と長州の「名勝負数え唄」と呼ばれた抗争が始まる。あの時の猪木の一言がなかったら、広島の殺伐とした試合だけで終わっていたかもしれないと私は思う。言い換えれば、猪木のプロモーターとしての読みが当たったことになる。

ある時、猪木はこんな言葉を口にした。

「名勝負なんて、お客さんが決めることだよ」

私は１９８４年8月2日、蔵前国技館での猪木vs長州戦は名勝負だったと思っている。昭和のプロレスの雰囲気を十分に感じさせながら、「レスリング」と「殺気」の双方を兼ね備えていた。

フロントのインディアン・デスロックの攻防は見応えがあった。長州のリキラリアットを猪木はあえて受けてみせた。猪木の容赦のないカウンターのナックルパートが長州を襲う。猪木はかつてのドリー・ファンク・ジュニア戦を思い出させるようなフライング・ヘッドシザーズも繰り出したし、ジャーマン・スープレックスも放ってみせた。

最後は予想外のグラウンドコブラで猪木が3カウントを奪い、まさに「猪木プロレス」が凝縮された一戦だった。

長州とはその後も戦っているが、私の中でこの日を超えるものはない。

後年になって猪木は昔を振り返り、「長州は向かってきたよな」と口にした。もちろん、これはいい意味で言っている。過去に何度も裏切ったのは長州の方だが、猪木の中では藤波より評価が高いような気がする。

本心かどうかはわからないが、「下の人間がちゃんと育ってくれれば、俺は楽ができるから（笑）、それに越したことはない」とも言っていた。だが、そんな言葉の裏には「何をどうしようが、俺は超えられない」という強烈な自負もあったのではないだろうか。

「もっとうまいコピーを見せてくれよ（笑）」

長州戦から約3週間後の8月24日、後楽園ホールに「キン肉マン」が登場するという情報を耳にした。

当日、会場へ行くと、KY若松に連れられて姿を現した男は毛糸の目出し帽をかぶり、フットボールのプロテクターも付けていた。挑発された猪木がリングに上がってくる。これがストロング・マシンの始まりだった。

マシンは、古き良き時代と新しい時代の両方の要素を含んでいた。当初予定されていた「キン肉マン」にはなれなかったが、この後に増殖していくマシン軍団は、ある程度の成功を収めたと言っていいだろう。

そのマシン軍団に絡めて、ここで猪木の技の話をしたい。

「イノキが変なドロップキックを使う」

そんなことがアメリカのレスラーたちの間で話題になったという。

ある日、アメリカ武者修行中だった全日本プロレスの天龍源一郎はプロモーターから「ラウンドハウス・キックができるか？」と問われた。

しかし、そんな名前のキックを聞いたことがなく、猪木の試合映像も見ていなかったから、想像だけであの天龍式の低い延髄蹴りを使い始めたそうだ。

猪木の延髄斬りを最も多く浴びたのは、バッドニュース・アレンかもしれない。そのアレンも浴び続けた者の特権として、いつしか延髄斬りを使い始めて自分の得意技にしていった。

卍固めに新たに延髄斬りが加わったことで、猪木の試合の流れは変化していく。猪木の延髄斬りはしなやかでフォームも綺麗だし、力強くてバランスも良かった。裏から見ても、そこには完成された美しさがあった。

この「延髄斬り」は、今では多くのレスラーが使う。しかし、元祖である猪木のそれは一味も二味も違った。

猪木が観客の前で「延髄斬り」の原型を見せたのは、1977年10月25日に日本武道館で行われたチャック・

禁煙
NO SMOKING

ウェプナーとの格闘技戦だった。その前に後楽園ホールのタッグマッチでタイミング的には酷似したハイキックを見た記憶があるが、それは時間の流れの中に消えてしまった。

前述のように、猪木vsウェプナー戦で私はリングサイドにいた。終盤、ロープ際にもたれかかるウェプナー。猪木が飛び上がったのはわかったが、私の目の前にはロープ越しにウェプナーの大きな背中が広がっていて、猪木の足先しか見えなかった。すると、ウェプナーがいきなりダウン。私は何が起きたのか、よくわからなかった。

後で映像を確認すると、猪木の蹴りは狙った通りではなく、右足がウェプナーの頭をかすめただけだった。しかし、もう一方の左足がウェプナーのこめかみを捕らえていた。これが偶然だったのか、猪木の気転だったのかは定かではない。

まだ技に名前はなかった。だが、猪木のこの蹴りが相手の後頭部を狙ったものだったことは、後のプロレスの試合で明らかになっていった。

この延髄斬りに近いキックは1976年6月のモハメド・アリ戦用に試案されたものであったが、後楽園ホールでの公開スパーリングで一度披露してしまったのが失敗だった。それによりルールでハイキックが禁止され、この蹴りは日の目を見ることなく封印されていた。

アリのような超一流のボクサーにこのような飛び技が命中するかどうかは疑問だが、結果として猪木は後にアリキックと呼ばれるようになるスライディングしてのローキックを15ラウンド執拗に放ち続けた。

もしかしたら、この年の8月にザ・モンスターマンの蹴りを浴びたことで猪木の中に秘められていたものが蘇ったのかもしれない。

猪木のこのハイキックは当初「真空蹴り」と呼ばれ、その後は「延髄蹴り」と呼ばれるようになった。当時、テレビ朝日の『ワールドプロレスリング』で実況をしていた舟橋アナは後に「確かに〝蹴り〟と言っていたよ」と回想していたが、呼び方はいつしか東京スポーツや古舘アナが「延髄斬り」に変えていく。

猪木がトレーニングで培った脚力は高いジャンプ力を維持していて、ビッグ・ジョン・スタッドら2メートル級の長身レスラーに対しても綺麗に決まっていた。

何回、猪木の延髄斬りを撮ったかは憶えていないし、数えたこともない。私はリングサイドに限らず、様々な角度から延髄斬りを狙った。

その中に「真上から」というカットがある。リモートコントロール・カメラではなく、実際に体育館の天井裏に上がってリングの真上からプロレスの試合を、いや、猪木を撮影したいとずっと思っていた。まだ小学生だった1963年5月、スポーツ新聞の1面で見たザ・デストロイヤーが力道山を足4の字固めに捕らえている真上から写真が印象的だったからだ。

私はスポーツニッポンの写真記者時代に、その有名なカットの撮影者の一人であるスポニチの大先輩・宮崎仁一郎さんにどうやって撮影したのか聞いた。宮崎さんは、後に巨人軍の川上哲治監督の胴上げを大きな竹竿に付けた魚眼レンズで真上から撮影したこともある。甲子園での阪神vs巨人戦で、ベンチにいた王貞治がファンの襲撃に遭った写真も有名だった。

「リングサイドだと、足4の字の〝4〟がわかりにくいだろ。実際には形は〝4〟の逆だけれど、真上からならよくわかると思ったんだ。あの日は、200ミリのレンズを持って東京体育館の天井裏に入ったんだよ。体育館の天井の照明の隙間から、レンズを真下に向けた。ああいう写真を撮るなら、リングの上のテレビ照明の枠が邪魔にならないのが条件かな。あの時は、俺の後から他に3人くらい他社のカメラマンも天井に上がってきたんだよ。その日、俺は熱があってね。俺の額からリングに垂れた汗が力道山とデストロイヤーの血と混じったんだ」

こんな話を聞いた後、私は東京体育館で興行が行われるたびにチャンスが訪れるのを待っていた。

1984年11月1日、テレビの照明はラッキーなことにリングの上にはなく、中継用のライトは3階席からリングに向けて当てられていた。

東京体育館は1964年の東京オリンピックでも使用された古い体育館だから天井裏は埃っぽいと予想していたが、裸電球の照明もついていて、思いのほか綺麗だった。定期的に掃除されているのだろう。

リングの真上に辿り着いた私は、スカイダイバーのような姿勢でリングを見下ろした。リング上に吊るされたリングアナウンサー用のマイクとワイヤー以外は、視界を遮るものはなかった。

新鮮な風景が眼下に広がっている。こんな特別席を独り占めしていることに優越感と罪悪感を同時に覚えながら、私は180ミリのレンズを真下のリングに向けた。

この日の対戦相手は、ストロング・マシン2号だった。インディアン・デスロックも絵になった。この技はリングサイドからだと、猪木が後方に大きく受け身を取る動きがうまく撮れない。これは新たな発見だった。

そして、猪木が繰り出した延髄斬りは真上から見ても芸術品だった。

「コピーするなら、もっとうまいコピーを見せてくれよ(笑)」

最近、猪木は現役のレスラーたちに元祖らしいメッセージを送っている。

「誰かが〝猪木が泣いている〟と言ってたよ」

1985年3月21日、ブルーザー・ブロディの新日本プロレス登場は、本人が後楽園ホールに姿を見せる前にテレビ朝日がスポーツニュースで報じてしまっていたから衝撃度は減ってしまった。

この日、ベートーベンの「運命」の旋律とともに姿を見せたブロディは、リング上で猪木とにらみ合った。

ブロディは翌日、京王プラザホテルでの記者会見に現れると、「猪木の目にバーニング・スピリットを見た」と両目を見開いた。新鮮な戦いが始まろうとしていた。

4月18日、両国国技館。この日のメインイベントは、猪木vsブロディのシングル初対決だった。蔵前国技館での最後の試合が猪木vs長州だったこともあって、新国技館初進出では藤波が猪木の対戦相手に名乗りを上げていたが、電撃移籍が決まったブロディにそのポストを奪われてしまった。

私は、早くから国技館に入り、控室で猪木の到着を待っていたが、午後6時半を過ぎても現れない。

「ブロディもまだ来ていないみたいだよ」

そんな話も耳に入って来た。記者たちの間では憶測が乱れ飛び、ブロディのドタキャン説まで出た。

場内は、1万1066人満員札止め。これでメインのカードが吹っ飛んだら、また暴動が起きるだろう。

結局、猪木もブロディも午後7時前には国技館に現れたようだが、ブロディのチェーン持ち込みをめぐって、ひと悶着あったという。

新日本は両国国技館を使用するにあたって、蔵前時代に暴動という「前科」があるので日本相撲協会から釘を刺されていたのだ。そのターゲットがブロディのチェーンだったというのだが、真偽は定かではない。あくまでも私的な意見だが、相撲協会がそこまで細かいことを言ってくるだろうか。

ブロディはこの年の3月、同じく両国国技館で開催された全日本プロレスの大会に出場している。その時にはまったく問題視されなかったトレードマークのチェーンについて、新日本がとやかく言ってくることを〝嫌がらせ〟と捉えたようだ。

そこには心理戦がすでに始まっていたような気もする。ブロディは本当にドタキャンも考えて、新日本側の迎えの車が来た時間には、すでにホテルから姿を消していたことを後に明かしている。それは単なる駆け引きだったのか、それとも本心だったのか。

無事に控室に入ったブロディだったが、思うことがあったのだろう。セミファイナル前、坂口征二vsビリー・ジャックの試合中に突然、控室の猪木を襲った。

この日も私は2階席にいた。リングサイドのカメラマンが控室の方に動いたので何かあったのだろうとは思ったが、その時点で私は控室で襲撃事件が起きたことを知らなかった。隣にいたカメラマンが「ちょっと様子を見てくる」と下に降りて行く。

セミファイナルの藤波辰巳vsスーパー・ストロング・マシン戦が終わった後、場内アナウンスで猪木がブロディに襲撃されたため10分間のインターバルを取ることが告げられた。

隣の席にいたカメラマンが戻って来ると、こんな言葉をかけられた。

「誰かが〝猪木が泣いている〟と言ってたよ」

それを聞いて、私は東の支度部屋へと急いだ。日本側の控室に入ると、その場では倍賞鉄夫さんらスタッフ、坂口らレスラーが10人ほど心配そうに猪木を取り囲んでいた。私は一枚シャッターを切ったが、手前に座っていた坂口の大きな体の陰に隠れて猪木の顔が見えない。

新日本のスタッフから「外に出てほしい」と言われたので、私は素直に通路に出て、猪木が控室から出てくるのを待っていた。

しばらくすると、ブロディが先にリングに上がった。続いて、『イノキ・ボンバイエ』が場内に流れたが、猪木は現れない。

やっと扉から出て来た猪木は、ガウンを着ていなかった。数人のレスラーが取り囲んでいる。

猪木の左肘と上腕には、白いバンデージが巻かれていた。赤い闘魂タオルを腕に巻きつけるようにして、厳しい顔でリングに向かう。2階席に戻らず、支度部屋のドアの前で待機していた私は猪木の後方からリングサイドまで付いて行った。

猪木がリングに上がってブロディと対峙するのを確認し、試合は行われると判断した私は急いで2階最前列の席に戻った。まだゴングは鳴っていなかった。

試合開始を告げるゴングが鳴ったのは、午後9時8分。ここから始まった運命の糸ならぬチェーンをめぐる物語は、7回戦っても決着を見ることはなかった。

試合後、六本木の『アントン』で打上げが行われた。猪木は左手を吊るしていて、時折痛そうな表情を見せたが、機嫌は良かった記憶がある。

この年の新日本は第3回IWGPを除くと、ブロディ頼みだったことは否めない。前述の試合も含めて、猪木vsブロディのシングルマッチは1年間で6回も組まれた。しかし、年末に有名なボイコット事件が起きる。

「ブロディが来ないかもしれない」

そう聞いたのはこの年の12月12日、会場の宮城県スポーツセンターに入ってからだった。

この日は『IWGPタッグ・リーグ戦』優勝戦が行われるはずだったが、トップを独走していたブルーザー・ブロディ&ジミー・スヌーカが上野駅で仙台へ向かう新幹線から降りてしまったという。

試合前、彼らの欠場とカード変更が控室の脇の階段で坂口の口から正式に発表された。「優勝戦進出者決定戦」だった猪木&坂口vs藤波&木村というカードがそのまま「優勝戦」に繰り上がった。

最後は、藤波が猪木をドラゴン・スープレックスでフォールするという驚きの結末。新日本プロレス旗揚げ以来、猪木は日本人レスラーから初めてピンフォールを奪われた。

おそらくブロディたちのボイコットがなかったら、このような結果にはならなかっただろう。事件を上回る事件。タッグマッチとはいえ、藤波の師匠超えは確かにインパクトがあった。

ある意味、これは世代交代だが、私の中ではタイミング的に違和感が残った。だが、猪木が藤波にフォールされたという事実は残った。

1970年代後半、『ワールドプロレスリング』のプロデューサーだった栗山満男さんから私はこんな話を聞いた。

「これからは藤波で行くから」

この言葉は『ワールドプロレスリング』の主役を猪木から藤波に変えていく、という意味である。

私も「何年かすれば、藤波の時代になるんだろうな」と思った。当時、猪木が長く現役を続けるとは考えていなかったからだ。

だが、目の前で猪木が藤波に敗れたシーンを見ても、私はすぐに時代が変わるとは思わなかった。話題性はあったが、ハプニング的な勝利だったし、シングルマッチでもない。

この年の8月5日、ジャパンプロレスの大阪城ホール大会で長州力はマイクを掴み、「馬場、猪木の時代じゃない。俺たちの時代だ！」と叫んだ。当日、私も会場へ取材に行っていて、その言葉を生で聞いている。

だが、私はそんな時代が来るとは思わなかった。

長州、藤波、そしてジャンボ鶴田、天龍源一郎がリング上の主役になれば、確かに面白いかもしれない。ただし、あらゆる面で馬場、猪木の代わりにはならないだろうというのが私の偽らざる気持ちだった。

第6章
巌流島で感じた「闘いのロマン」と「男の切なさ」

スポーツニッポン時代は、写真記者として様々なことを取材した。

石原裕次郎の闘病中は毎日、慶応病院に通った。当時は病院内でも撮影ができたから、何度も通ううちにベッドで寝ている姿を撮らせてもらったこともある。

ロス疑惑の三浦知良氏とハイヤーでカーチェイスした時は、いつの間にか私たちの車が追い越してしまった。すると、三浦氏の車がこちらのハイヤーに寄って来て、窓を開けて挨拶されたため、さすがにその日はそこで追いかけるのを止めた。

日航機墜落事故の時はたまたま別の取材で西武球場にいたので、そのまま御巣鷹の麓の上野村役場までハイヤーで向かった。

1985年12月31日、柴又の帝釈天題経寺。子どもの頃からファンだった巨人の王貞治さんと除夜の鐘を打つ前、お茶を飲みながら3時間以上話す機会を持てたのはラッキーだった。王さんのホームランを何本見ただろうか。4打席連続ホームランは、モノクロのブラウン管で見た。そんな王さんは下っ端の写真記者に優しく語りかけてくれた。

川上哲治さんとは、アユ釣りに出かけたことがある。年齢的に、私は川上さんの選手時代は知らない。巨人軍の監督としてV9を達成した時には高校生だったが、胴上げの写真を後楽園球場で撮った思い出がある。この時は、学校を休んで見に行った。

1986年2月、私はひどい花粉症になって長く会社を休んだ。指先がパンパンに膨らみ、顔はパンチを打たれたボクサーのように腫れて、瞼もふさがった。ここまでひどいのは3回目だった。

仕事を休んでいると、いろいろなことを考える。

元々、この年はメキシコで行われるサッカーのワールドカップに行くことを決めていたので会社には半年の休職願いを出す予定だった。ワールドカップの開催は約1ヵ月間なのに、なぜ半年も休むかというと、その後は南米大陸を旅しようと思ったからだ。ナスカの地上絵も見てみたかった。

ワールドカップの取材パスは、すでにサッカー雑誌『イレブン』の編集長だった手塚典武さんに頼んで手配済みだった。あとは会社に休職の許可をもらうだけだった。

「サッカー？　そんなものに行って、どうするんだ？」

休職を申し出ると、上司にそう言われた。スポーツ新聞で、サッカーの試合は片隅に載っているか、いないかくらいの存在だった時代である。朝日新聞や毎日新聞といった一般紙の方がまだ紙面を割いていた。

結局、会社は半年もの長い休職は認めないというので、「じゃあ、辞めます」と2月に伝え、3月いっぱいで退社することにした。その後、総務部から連絡があり、和田準一社長が「退職の辞令」を渡すから3月31日に竹橋の本社に来てほしいと言われた。当日、本社に向かうと、「節目だから」と和田社長は〝願いにより退職〟という辞令を読み上げてくれた。

こうして私はフリーランスのフォトグラファーになった。

メキシコのワールドカップは、楽しい経験だった。開幕前、メキシコシティのチャプルテペック公園近くにあるカミノ・レアル・ホテルで『メキシコ・スポーツマンの夕べ』という催しがあり、取材に行ってみるとサッカーではレアル・マドリードで活躍していたウーゴ・サンチェスがいた他、ルチャドールではイホ・デル・サントやレイ・メンドーサと彼の息子たち、UWAのカルロス・マイネス代表、EMLLのパコ・アロンソ代表らもテーブルに座っていた。

ワールドカップは、いい雰囲気で始まった。この大会でアルゼンチンのディエゴ・マラドーナと出会えたことが、その後の私の人生を変えていくことになる。

昼はサッカー、夜はルチャ・リブレ。毎日、私はメキシコという国を満喫していた。ペセロと呼ばれた安価な乗り合いタクシーを乗り継いで、メキシコシティからソチミルコまでルチャ・リブレの撮影に行くという術も学んだ。

サッカーでは、伝説になっているマラドーナの〝5人抜き〟や〝神の手〟も私の目の前で起きた。そして、アルゼンチンが優勝した。

当時、日曜日はエル・トレオ・デ・クアトロ・カミノスでUWAの定期戦が組まれていた。EMLLの方は火曜日がアレナ・コリセオ、金曜日がアレナ・メヒコで定期戦が行われていて、見ようと思えば毎日試合を見ることができた。他にメキシコシティの会場では、ピスタ・レボルシオンもあった。

かなりハードなスケジュールだったが、私は疲れを感じることなく毎日を過ごしていた。レイ・メンドーサの息子のビジャノ3号とは、試合の帰りによく食事もした。

ビジャノとは1981年にタイガーマスクと対戦するために来日した時に「東京の街をバックに俺の写真を撮ってくれないか？」と頼まれ、その写真のプリントをプレゼントしたことで仲良くなった。

ビジャノが連れて行ってくれたチャプルテペック公園近くのタコス屋のタコスは絶品だった。甘いスイカジュースとともに忘れられない味である。

私は当初は行く予定だった南米旅行をすることなく7月に日本に戻ったが、9月に再びメキシコへと向かった。理由は単純、この国が気に入ったからだ。

現地の専門誌『ボクス・イ・ルチャ』のリカルド・モラレス記者は英語を話せるので、彼にもいろいろと世話になり、EMLLを経営するルテロ・ファミリーの盛大なパーティーにも招待してもらった。

10月には、イタリアのナポリにマラドーナを撮りに行った。イタリアに出発する前には、後楽園ホールで猪木に結婚式の招待状を手渡した。猪木は11月の式に出席してくれ、「プロレスでは反則はカウント4まで許される。結婚生活もそれと同じです」という得意の祝辞を贈ってくれた。これはプロレスも夫婦生活も「許容」が大事という意味である。

私の人生で、この1986年は大きなターニングポイントだった。翌1987年もイタリアやメキシコに行っている。私はメキシコシティを自分の庭のように感じていたが、やがてイタリアにもこれでもかというほど通うようになる。

「猪木さんが坊主になっちゃいましたよ」

もちろん、日本にいる時は猪木を追いかけていた。1986年の大きなトピックの一つは、かつての弟子であるUWF勢との再会である。

新日本プロレスを追われた新間さんが音頭を取り、誕生した新団体が旧UWF（ユニバーサル・プロレス）だった。参加メンバーには猪木の名前もまことしやかに囁かれていたが、後年、本人に確かめると「俺は知らないよ」と笑っていた。

新間さんは団体設立を前にテレビ朝日やフジテレビと交渉したと言われたが、結局テレビ中継は付かなかった。テレビ朝日がもし2つの団体の放送を始めていたら、面白かったと思う。過去には日本プロレスのように、一つの団体を2局が放送することはあったが、一つのテレビ局が2団体を放送することはなかったからだ。もし実現していたら、同じ局内で競争が生まれ、プロレスの歴史も大きく変わっていただろう。

私は1984年4月11日、旧UWFの旗揚げ戦が開催される大宮スケートセンターに足を運んだ。この日、会場に誰が来るのか選手たちも知らなかった。レスラーが報道陣を捕まえて、逆取材していたくらいである。選手の誰もが東京スポーツの記事をのぞき込んでいる姿が印象的だった。

旗揚げシリーズ最終戦の4月17日、蔵前国技館でエースの前田日明と新日本プロレスからゲスト的に参戦した藤原喜明が殺伐とした試合を行っても団体の方向性は見えてこなかった。カメラマン的には、異常に暗いライティングの蔵前国技館だった。

旧UWFが関節技やキック中心の試合に変わっていくのは、カムバックした佐山がスーパー・タイガーとして加わってからだ。

「見ていて、どう？　道場でやっていることを見せられて、客はどうなの？」

ある日、新日本の会場で星野勘太郎が私に感想を求めてきたことがある。

前田vsタイガー、前田vs藤原、タイガーvs藤原は旧UWFの目玉カードだったが、地方の会場へ取材に行くと空席が目立った。その後、前田と佐山の関係は終焉へと向かい、団体としては1年半しか持たなかった。

そんなUWF勢が新日本に戻って来る。新日本内では出戻りに対する反発も多くあったが、前田、藤原、木戸修、高田伸彦（延彦）、山崎一夫の5人は1985年12月6日、両国国技館に姿を見せ、控室で猪木らと一緒に写真に収まった。

猪木にとって関節の取り合いは、目新しいものではない。ブラジルのバーリツーズ（バーリトゥード）も知っているし、キムラロックもアクラム・ペールワン戦で使っているように折ることが必要なら、そこまでやった。

当時、猪木自身はUWF勢の参戦について、こう言っていた。

「戦いは生き物だからね。オレは遺恨なんかないよ。相手が藤原でも、前田でも、その差はない」

私はUWF勢が初参戦した1986年の最初のシリーズなどはそれなり撮影しているが、前述のように5月からサッカーのワールドカップを取材するためにメキシコへ行ったので、その時期の対抗戦やIWGP公式戦で猪木がアンドレ・ザ・ジャイアントからギブアップを奪った一戦は残念ながら撮影していない。

ただし、東京スポーツ新聞社が刊行していたタブロイド紙『ザ・プロレス』に原稿を書いていた関係で、東スポの記者とは連絡を取り合っていた。

「猪木さんがフライデーされて、坊主になっちゃいましたよ」

「えっ、そうなんですか！　撮りたかったですねえ」

この年は、秋にもメキシコへ行った。『ボクス・イ・ルチャ』誌のリカルド・モラレス記者に、「アニベルサリオは絶対に生で見た方がいい」と誘われたからだ。アニベルサリオはEMLLの創立記念大会で、年間最大興行である。

帰国後、猪木にビッグカードが用意されていた。元ボクシング世界ヘビー級王者、レオン・スピンクス。試合はラウンド制で、しかも猪木はグローブを着用するという。

1978年2月にスピンクスがモハメド・アリに勝利して世界王座を奪取した一戦は、日本でも大きな話題となった。猪木がボクサーと異種格闘技戦を行うのは、同年11月9日のカール・ミルデンバーガー戦以来、8年ぶりである。この試合でも猪木はグローブを着用した。

ただし、そのミルデンバーガー戦が行われたのはドイツのフランクフルトだった。猪木は日本のファンにも一度、

グローブ姿を見せたかったのか。いずれにしても自分にハンデを与える形をチョイスしたのは、いかにも猪木らしい。

『INOKI闘魂LIVE Part1』と銘打たれた10月9日、両国国技館。この日は、前田vsドン・中矢・ニールセンの異種格闘技戦も組まれた。当然、猪木vsスピンクス戦と比べられるだろう。

言い換えれば、形を変えた猪木vs前田という構図である。個人的には、前田vsニールセン戦は言われるほど凄い試合だと思わない。しかし、この日の猪木が迫力に欠けていたことも事実である。さらにグローブを着用してプロボクサーにボクシングを挑むというのはセオリー的にファンも受け入れにくかったはずで、ラウンド制の導入も裏目に出た印象だ。

ここまで猪木を撮り続けてきて、私はあることを感じていた。糖尿病になっても、83年くらいまでは体に張りがあった。しかし、この時期は体全体、特に胸と太ももの筋肉の張りがなくなってきていた。これはトレーニング不足というわけではなく、年齢によるものだろう。

ただし、動きが遅くなったと感じたことはない。普段の試合で、延髄斬りを放つ時のジャンプ力も衰えていなかった。

ここから猪木はどこへ向かうのか。翌年、私は夜空の下で至極の一戦を撮影することになる。場所は関門海峡に浮かぶ伝説の決闘場、巌流島だった。

「2人とも武蔵になろうとしているのか?」

1987年3月26日、猪木はマサ斎藤と大阪城ホールで戦ったが、海賊男の乱入で再び暴動になってしまう。

私は試合が終わって、すぐにタクシーで舟橋慶一さんと会場を出た。当時、舟橋さんはアナウンス部を離れて大阪に転勤しており、ABC朝日放送で営業の仕事をしていた。

会場が大変なことになっている頃、私は舟橋さんとキタの居酒屋にいた。その店にはテレビが置いてあり、NHKのニュースが大阪城ホールに消防車が駆け付けたことを伝えている。どうやら、ファンが放火したようだ。

「戻らなくていいのか?」

舟橋さんにそう言われたが、私は「もう戻っても仕方ないだろう」と思い、再びビールに口をつけた。

4月27日、猪木と斎藤は両国国技館で再戦を行った。この日の「ノーロープの戦い」も私の中で強く印象に残っている。

「外せ!」

試合の途中で猪木がそう叫んだ。その言葉に従ってセコンドの選手たちがロープを全部外すと、2人はノーロープ状態のリングで試合を続けた。

セコンドの馳浩から手錠を受け取った斎藤は、それを左手首につないだ。その場は、まさにカオス状態。場外フェンスの外にはジャパンプロレスを離脱し、新日本に戻って来た長州力がいた。

ノーロープと手錠によるデスマッチ。猪木は鬼のような表情で、斎藤を殴り続けた。金網デスマッチは、リングを囲うことで戦いに制限が生まれる。チェーンデスマッチは両選手の手首がつながれることで動きが制限されるが、手錠となると相手との距離が極端に狭まる。この逆転の発想が猪木プロレスだ。

翌年の初夏、私はオーストリアに飛んだ。当時、新日本の若手だった船木優治（誠勝）がオットー・ワンツ主宰のCWAで武者修行をしていて、船木の試合を撮影した後、イタリアに移動してサッカーを取材するというスケジュールだった。

グラーツの会場でCWAのレフェリーに「ノーロープの戦い」が掲載された週刊ゴングを見せると、何度も指でロープがあるはずの部分を触りながら笑っていた。彼は頭の中で、どういう試合を想像していたのだろうか。

猪木と斎藤の付き合いは東京プロレスから始まるので、かなり長い。だからというわけではないが、私には猪木が斎藤とプロレスをすることをいつも楽しんでいたように見える。


話を1987年に戻そう。この後、短期間に終わった新旧世代闘争を経て、再び猪木と斎藤は大一番で対峙することになった。

この年の9月、あれは後楽園ホールの控室だったと思う。いつものように、猪木が記者たちに囲まれて話をしていた。最初は「ライオンと戦う」とか「瀬戸大橋や関門橋の上で戦って、相手を海に突き落とす」というような話だった。しかし、私にとってそのプランは非現実的すぎて魅力が感じられなかった。

そうこうしているうちに、巌流島での試合が決まり、テレビ朝日は特番を組むことになった。

巌流島は山口県下関市の関門海峡にある小さな島で、正式には船島と呼ばれる。言わずと知れた宮本武蔵と佐々木小次郎がかつて決闘を行ったという無人島だ。

だが、島に上陸する人数を極力減らし、取材も制限されるという。この時期、お世話になっていた専門誌の週刊ゴングもカメラの枠が「1」しかなかった。

そこで私は東京スポーツの写真部長だった鈴木皓三さんに相談した。

「どうすれば、巌流島へ取材に行けますかね？」

「ウチは枠を〝2〟にしてもらったよ。便宜上、モノクロとカラーということでね。だから、原もそうすればいい。ゴングの編集部に頼んで、モノクロでもう1枠もらえば？」

こうして私は週刊ゴングのスタッフだったドクトル・ルチャこと清水勉さんに頼んで追加の「1」を取ってもらい、なんとか巌流島決戦の目撃者の一人になることができた。

「プロレスの原点がどういうものだったか。エド・ストラングラー・ルイスとかジョー・ステッカーの時代は、ヘッドロックや胴絞めといった絞め技だけで決着をつけていた。今度の巌流島でも、そんな戦いをやりたい。ルールは、いらない。お互いの格闘技者としてのプライドがすべてだ」

猪木は試合の1週間前に、そんなことを言っていた。

確かに、いわゆるガス灯時代、ルイスとステッカーが絞め技だけで何時間も戦ったという伝説がある。しかし、そんなことがこの時代に可能なのだろうか。

試合に向けて、東京スポーツと週刊ゴングはヘリコプターをチャーターした。週刊ゴングは、さらに遊覧船からの撮影も試みた。

前日の夕方、日が暮れる前に島の下見に行った。小さな渡し舟に4～5人乗り、マスコミ各社が順繰りに巌流島へ向かう。

着いてみると、思っていたほど無人島っぽくない。その頃はまだ宮本武蔵と佐々木小次郎の銅像はなく、2人が決闘している場面が描かれた船の彫像があるだけだった。

海に面した武蔵と小次郎が戦ったとされる場所は細かい砂地だと勝手に想像していたが、少し大きめの石ころが転がっている。

そこから草地に入ると、島の中央にリングが設置されていた。前日に組み上げられたリングのマットはセルリアンブルーではなく、真っ白だった。マットばかりか、鉄柱にも白い布が巻きつけられている。リングの中央には榊《さかき》、盛り塩、酒が置いてあった。

それは大相撲の「土俵祭」を想起させた。縁起物を埋めた土俵に神酒を捧げ、五穀豊穣などを祈願する儀式である。リングを真っ白にしたのは、そうした神道をイメージしたのか。あるいは、「白装束」「死」をイメージしたのか。私の頭の中には、割腹する際に腹に巻く晒《さらし》も思い浮かんだ。いずれにしても、このリングによって猪木と斎藤以外は誰も入り込めない〝決闘〟のムードがさらに強まった。

日が暮れて、薄暗くなってきた。気付くと、周りをコウモリが飛んでいる。無人島だけに我々の会話以外は、波の音、そして新日本が懸賞金代わりに考案した有料の幟《のぼり》が海風ではためく音が時折、聞こえてくるだけだ。

「明日の朝、乗り遅れたらダメですからね」

島の下見を済ませた後、新日本の広報の倉掛欣也さんから念を押された。

試合の前夜は、船着き場近くの旅館に泊まった。当初、この試合は「日の出が戦いの始まり」という話だったので、

必勝
巌流島
マサ斉藤
対 アントニオ猪木
昭和六十二年十月四日
林土木

起きたらすぐ船に乗れるようにするためである。

10月4日、朝6時に唐戸桟橋から50人の報道陣を乗せた船が出た。立会人の坂口征二や山本小鉄も同じ船に乗り込んだ。

巌流島で、アントニオ猪木とマサ斎藤が戦う。

観客はいない。

レフェリーもいない。

ルールは「お互いのレスラーとしてのプライド」。

テレビ朝日のカメラさえリングに近づくことは許されなかった。リングから離れたところに1本のロープが張られ、取材陣はそこから中に入れない。

青空と白いリングが猪木と斎藤を待つ。

だが、昼を過ぎても姿を見せなかった。

「2人とも武蔵になろうとしているのか？」

試合がいつ始まるかわからない状況の中、いつしか島にはのんびりムードが漂っていた。

坂口は草地に寝ころんで、秋のさわやかな日差しを浴びている。若手の船木らはトカゲやバッタを捕まえ、それらを戦わせたりして遊んでいた。

時間は、ゆっくりと過ぎていった。上空を行き来する取材用にチャーターしたヘリコプターのプロペラ音が時々大きく響く。

午後2時半過ぎ、先に渡し船に乗って現れたのは猪木だった。

それから遅れること1時間半、午後4時に斎藤が上陸した。

「双方に16時半に試合開始を確認しました」

立会人の山本小鉄がその場にいる取材陣に対して、正式な開始時間を告げた。

しかし、試合はすぐには始まらなかった。我々マスコミが待機していた場所から見て、リングの向こう側に控室代わりの黄色いテントが2つ設置されている。猪木と斎藤はその中に入ってしまうと、再び時間が経過していくだけだった。実際に試合が始まったのは、午後5時を過ぎてからである。

遂に猪木と斎藤が白いリングに上がる。勝手を十分に知っている2人だが、静かな立ち上がりだった。

この巌流島決戦より前、いつだったかは思い出せないが、観客の前で猪木と斎藤は関節を取り合って、極めては放す、また極めては放すということをまるで楽しみのように繰り返したことがあった。それは2人にしかわからない「勝ち負け」がある試合だった。

しかし、ここは無観客の巌流島。意味合いとしては、果たし合いである。勝者と敗者は明確に分かれなくてはいけない。夕刻の太陽がリング上の2人をオレンジ色に照らしていた。

戦いは、やがて草地で組み合う〝野試合〟になった。

そのレスリングの原点のような風景は、私の中で「ヤールギュレシ」呼ばれ、草原の上で試合が行われるトルコのオイルレスリングと重なり合った。

昨夜は夕暮れとともに飛び交っていたコウモリたちもただならない2人の殺気を感じたのか、どこかにひっそりと隠れてしまったようだ。

緑の草と枯れかかった草が汗に吸い寄せられるように、2人の体に張り付いていた。リングまで草地を隔てて20メートルくらい離れていたが、2人の息遣いが聞こえてくる。

そのうちに陽は沈んで、夕闇が迫っていた。海を隔てた街の明かりが見える。

用意されていた〝かがり火〟が焚かれた。刻々と変化する光に、私はロマンを感じた。

火の粉が巌流島の夜空に舞う。かがり火が崩れるように倒れた。

大きなまきを手にした猪木は、それで斎藤に殴りかかった。さらに猪木は斎藤を勢いよく燃えていたかがり火にぶつけた。

それでも斎藤は立ち上がった。リング内でのバックドロップ。スプリングを抜いたというマットの下に敷かれた板が鈍い音を立てた。

「リング上と草地のどちらのバックドロップが効果的なのかな？」

私はカメラを構えながら、ふとそんなことを思った。

繰り出された技は、一つ一つに重みがあった。

猪木が斎藤を残してリングを降り、テントに戻ろうとしている。

「猪木、まだだあ」

斎藤が腹の底から絞り出したような声で猪木を呼び止めた。猪木がそれに反応して、ゆっくりとリングに引き返す。

戦いは、まだ終わっていなかった。

もう2人が戦い始めて2時間が過ぎている。スタミナの消耗は計り知れないだろう。

最後は猪木が草地で斎藤を捕らえて、スリーパーホールドで締め落とした。猪木はゆっくりと立ち上がると、戦場の仕切りのロープの外に出た。

2時間5分14秒。

立会人の山本小鉄が斎藤のTKO負けを宣告した。勝った猪木は額から血を流したまま、朦朧と島の草地をさまよっていた。

その後、猪木は我々より先に血だらけでタイツ姿のまま小さな渡し舟に乗り、島を離れた。

猪木を下ろした船頭さんが同じ船で戻ってくる。何往復か目に、私の順番が来て船に乗り込んだ。

闇の中、潮の流れが恐ろしいくらい急になっていた。

猪木は巌流島決戦の2日前に離婚届を提出し、倍賞美津

子さんと別れていた。

「自分の奥にあるものとの戦いだった。極限の戦いをやれる選手は僅かしかいない。斎藤を巌流島に誘い込んだのは間違っていなかった。でも、プロというのかな、天性のものなのか無意識のうちに見せるということを自分の中で完全に消し去ることはできなかったね。全体から見ると、僅かだったと思うけれど」

後日、猪木はそんなことを言っていた。

先ほども書いたように、猪木の一時期の結婚式の挨拶に「プロレスでは反則はカウント4まで許される」というものがある。お互いの寛容と許容を訴えているわけだが、結婚に関して猪木は反則の5カウントを数えられてしまう宿命にあったのか。

この時期、何度も「離婚危機」と週刊誌に書かれたが、猪木自身は「俺たちには離婚話は無縁だ」と思っていたようだ。だが、突然「別れましょう。あなたは、いつも自分のことしか考えていない」と言われてしまう。その後、娘の寛子ちゃんをアメリカに訪ねて説明しようとしたが、話を切り出さなかったという。こういうことに猪木は弱い。

私はこの巌流島決戦に闘いのロマンと男の切なさ、その両方を見た。

「あんなのは、切ったうちに入んねぇよ」

1987年12月27日、マサ斎藤に連れられたビッグバン・ベイダーは『たけし軍団』と両国国技館に現れた。ビートたけしがコートのポケットに両手を突っ込んで、リングの中央に立っている。

試合開始前、記者室で「たけし、どこにいるの?」という会話が交わされていた。どこかに特別な部屋でも用意されていたのか、少なくとも私は姿を見かけなかった。

リング上のたけしは、事情はよく飲み込んでいないように見える。そんな中、観客たちの「帰れコール」が場内を包んでいた。

この日、猪木は長州とシングルマッチを行うことになっていた。長州が新日本に戻って来てから、初の一騎打ちである。しかし、たけし軍団の挑発を受けて長州との試合をキャンセルし、急遽ベイダーを迎え撃つことになった。

ご存じのように、ここから場内は修羅場と化す。カードを変更された長州は斎藤と組んで藤波辰巳&木村健吾と戦ったが、納得しないファンがリングに物を投げ込み始めた。

この日、私は2階席ではなく、リングサイドにいた。周りのカメラマンたちも身の危険を感じていたが、その一方で職業柄、このゴミだらけのリングで選手たちが戦っている姿を撮りたいという欲求もある。

JAPAN

しかし、ある程度撮った後、私は危険な状況だったのでリングの中ではなく、客席の方を注視していた。リングに投げ込まれる弁当箱、みかん、飲料水の紙コップ、空き缶、ゴミ袋。長州は、「やってられない」という表情を浮かべていた。私は前に蔵前国技館で誰かが怒って大きな乾電池をリングに向けて投げ、それがリングサイド最前列の観客に当たって顔が腫れた時のことを思い出していた。

この後、長州は猪木を引っ張り出してシングルマッチを行ったが、わずか6分6秒のあっけない反則決着。さらにメインでは猪木がベイダーに3分弱でフォール負けを喫し、さらに観客は怒り狂い、最後は再び暴動に発展する。

だが、私の知る猪木はそんなことを気にも留めない。こういう事件が起きても、「発想が早過ぎたかな」と考えるタイプだ。

猪木と長州の戦いは、1988年に入って本格化する。この年の7月22日、札幌中島体育センターで猪木は長州にシングルマッチで初めてフォール負けを喫した。

それまで長州とは10回シングルで戦ってきたが、一度も負けたことがなかった。それなのに、その前日の小樽大会でも6人タッグながら初のフォール負け。そして、札幌大会では7分55秒、長州の背後からラリアットに沈んだ。時代は急速に〝猪木引退〟へと進んでいるように思えた。

「いつかは来るものだろう。もちろん、来るとは思っていなかった。あれで負けたとは思っていない」

猪木は、すぐに引退の噂を否定した。

8月8日、横浜文化体育館。藤波の持つIWGP王座に猪木が挑戦する。この年の4月に沖縄で藤波が起こした「飛龍革命」と呼ばれる反乱が、このシングルマッチを実現させた。

「この試合を最後に猪木が引退するかもしれない」

そんな話がまことしやかに囁かれた。猪木の生まれは横浜市鶴見区だから、ゆかりのある横浜が最後の地になるというのは、ある意味で説得力があった。

テレビ朝日がこの一戦のためにプロレスの実況を遠ざかっていた古舘伊知郎アナをリングサイドの放送席に呼び戻したことで、「もしかしたら…」というムードがさらに色濃くなった。

私は前座の試合が始まる午後6時半には、所用でまだ東京にいた。早く行かないと、メインイベントに間に合わない。車に乗って横浜に向かうと、なんとかセミファイナル前に会場に着いた。セミのカードは、ビッグバン・ベイダーvsクラッシャー・バンバン・ビガロだった。

「猪木が引退するはずがない」

そう思いながらも、「負けたら引退するかもしれない」という思いも頭をよぎる。

ファンの様々な思いが交差する中、試合時間は60分に達

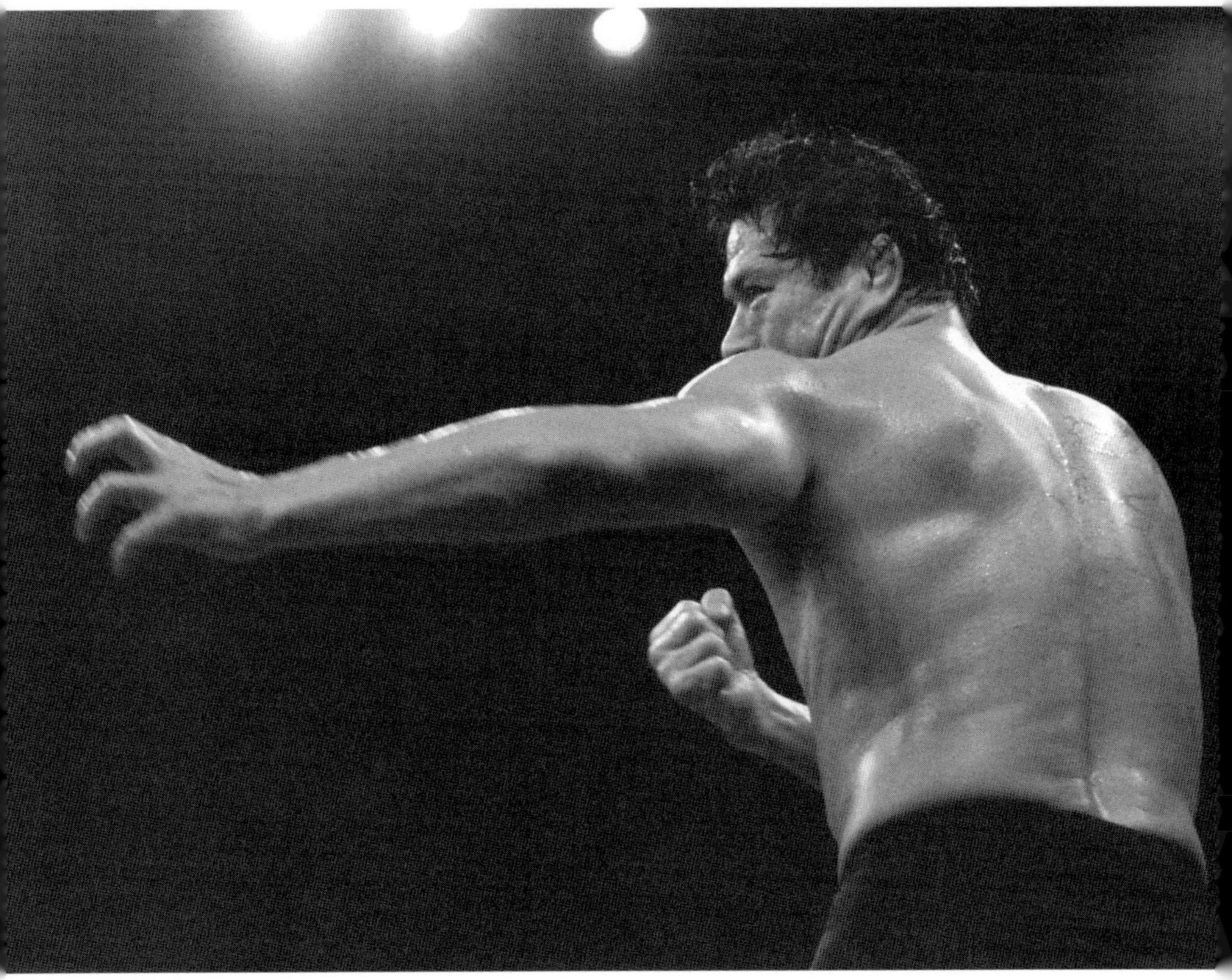

してしまった。内容は今でも語り継がれる名勝負となったが、私は自分が見た猪木vs藤波の師弟対決から一つ挙げろと言われたら、1985年9月19日、東京体育館での一戦を選ぶ。

話を戻そう。藤波にもっと思いっきりさがあれば、時代を変えることができたはずだと私は思う。もし藤波の〝本気〟を感じていたら、猪木はそれを受け入れたかもしれない。後年、猪木と沖縄での髪切りの話になった。

「あんなのは、切ったうちに入んねえよ」

猪木は、この藤波の中途半端さが気に入らなかったのだろう。

年齢的なこともあり、すでに体力では藤波が猪木を上回っていたのは明らかだ。私は強引に猪木を押さえに行く藤波を見たかった。しかし、藤波はそれをしなかった。逆の見方をすれば、藤波は猪木にさらなる10年という「プロレスラーとしての命」を与えたことになる。

この後、猪木には「闘魂復活七番勝負」というカードが用意された。

10月19日、静岡産業館。相手が長州だったので私は現地に向かった。試合は大流血戦になり、猪木は狂ったように長州を攻めた。もう相手が誰であるかは関係ないかのようだった。猪木はスリーパーで長州を締め続けて反則負けとなったが、誰が見ても勝者は猪木だった。

試合後、帰京するため静岡駅に向かうとスーツ姿の猪木が待合室に一人座っていた。

他の選手はバス移動だったが、猪木だけは所用があるのか電車で東京に戻るようだ。

かなり異様な光景だった。頭には白い包帯がぐるぐる巻いてある。包帯に血はにじんでいなかった。猪木は目をつぶって静かに頭に右手をかざしていた。目を開けていれば、そして目が合えば近寄って話をしただろうが、そこには近寄りがたいバリアが張りめぐらされていた。

私は待合室の外から、ガラス越しに猪木を見ていた。写真を撮ることもできたはずだが、カメラも撮り出さずに、じっと猪木を見ていた。その間、猪木は一度も目を開けなかった。

撮らなかった。いや、撮れなかった。

3分ほどして私は猪木から離れた。今でも、あの時の猪木の姿が目に焼き付いている。リング上の喧噪と待合室の静寂、そのコントラストに圧倒された。

東京行き。ひかりの最終。おそらく同じ列車に乗ったはずだ。私は普通席、猪木はグリーン車の方に。だが、東京駅では猪木の姿を見かけなかった。

この時のことを猪木に話したことがある。

「一度だけ、猪木さんを撮れなかったことがあるんですよ」

猪木は黙って聞いているだけで、何も言わなかった。

年が明けて1989年2月22日、両国国技館。この日も猪木は長州のラリアット乱れ打ちに沈んだ。

「まるで〝殺してくれ〟とリング上で言っているみたいで恐ろしかった。でも、何回ピンフォールを奪っても超えられないんだ」

試合後、長州は猪木をこう形容した。

これで長州はシングル3連勝。そのうち、2試合はピンフォール勝ちだ。どうせ、また「猪木引退」の文字が新聞をにぎわすのだろう。

数年後、都内のホテルで猪木と会った際に「負けた試合」の話になった。

過去の試合について話をしていたが、私の他にも人がいたので猪木は聞いているだけだ。

「猪木さん、私は負けた試合の方が記憶に残っていますよ」

そう言うと、本人は「ふ〜ん」と笑っている。

話の流れから、3度目のフォール負けを喫した前述の長州戦の話題になった。

「猪木さん、あの時に泣いていましたよね?」

「ああ、なぜあんなに涙が出たのかはわからない。ただ、大きなターニングポイントだったのかもしれないな」

この猪木の言葉は本心とは思わない。その場に他の人間もいたからのコメントだったはずである。藤波と横浜で引き分けた時は、自然に出てきた涙だったと私は思う。だが、この長州戦の時は本当に泣いていたのか。セコンドのブラック・キャットにもたれていた猪木は泣き顔ではあったが、少なくとも私の写真には涙は写っていない。

しかし、ターニングポイントになったという部分は本心であり、事実だろう。この後、猪木は意外な行動に出る。

それは自身の肉体が衰えていく半面、アントニオ猪木なしでは興行的に不安定な新日本プロレスに対して示したアピールでもあった。猪木は次のシリーズで、前座の第1試合に登場した。

「第1試合は、たぶん初めてだと思う。デビュー戦の時でも2つ目か3つ目だったから」

なぜ猪木は第1試合出場という突飛なことを考えたのか。それについて猪木は「刺激」という言葉は使ったが、多くは語らなかった。

何も知らずに遅れて会場に来た観客は、猪木の試合がもう終わってしまったことを嘆いた。逆に猪木の第1試合が見られた観客にとっては強く印象に残っているはずだ。

まだ観客が移動していて落ち着かない体育館の中で、練習ではなく、試合を見せている猪木がいた。いや、見せていたのではないかもしれない。ただ試合をしていた。

自分の心の中で忘れかけていた何かを第1試合で戦い続けることで見つけ出そうとしていたのか。

「オレが第1試合というのはニュースでしょう。観客も珍しいから見ておこうとなるかもしれない」

猪木はこんなことも言っていたが、本心は違ったのではないか。

「俺が前座を戦った後に、お前らは何を見せるんだ？」

「お前ら、俺の第1試合より凄い試合をしてみろ！」

そんな、あまりにも強烈なメッセージだったのではないか。

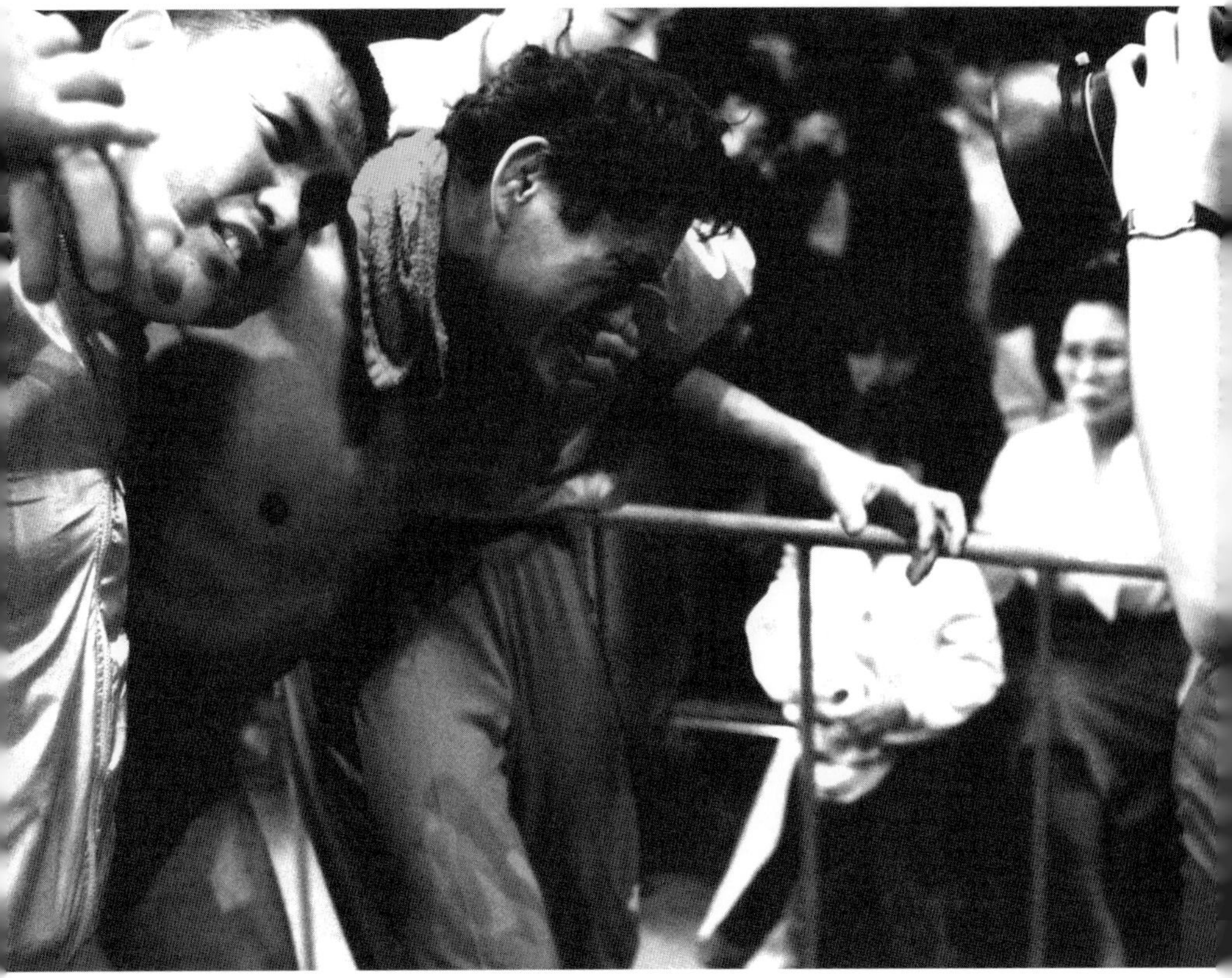

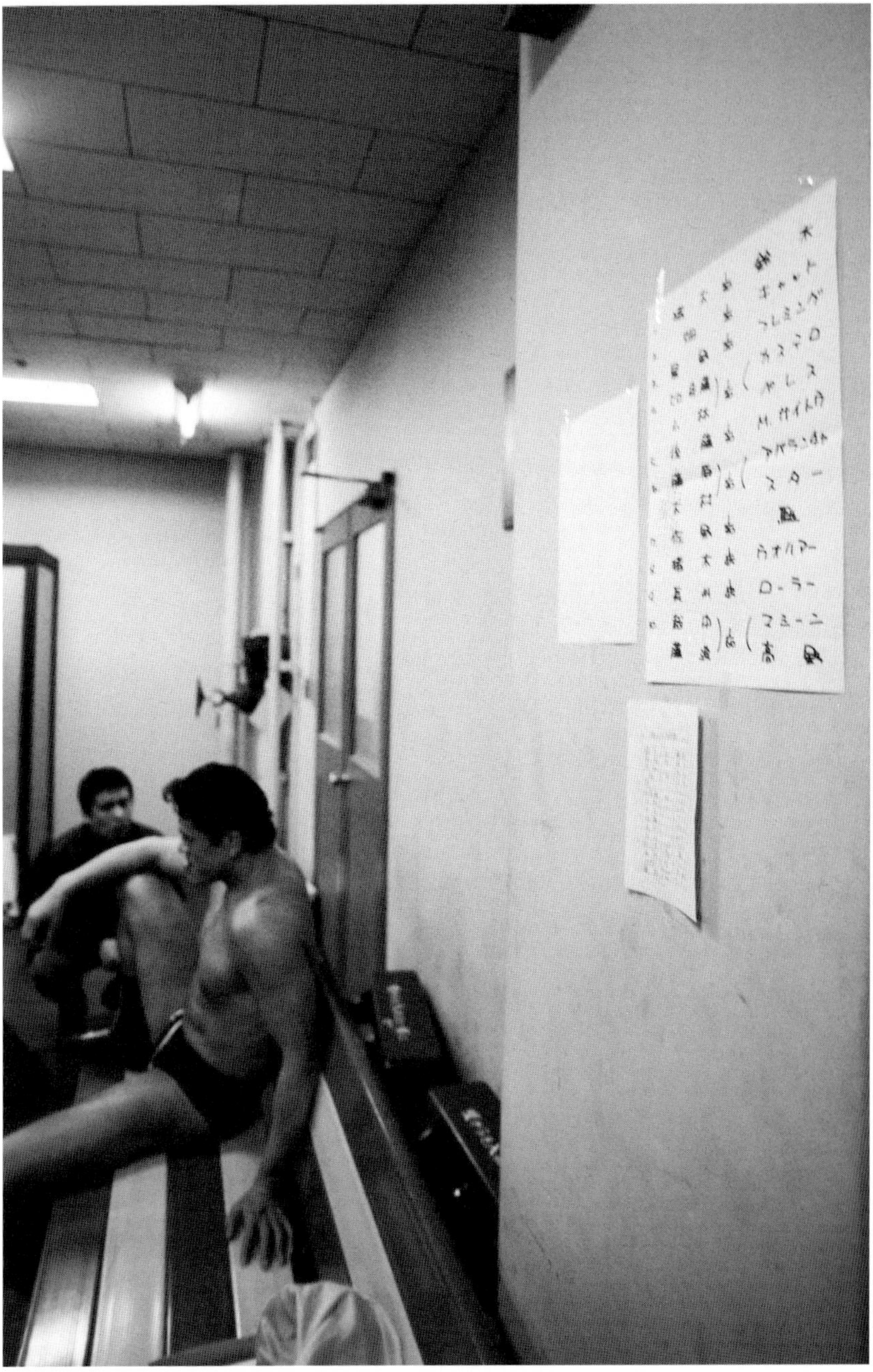

第7章
英語で話しかけてきたイタリアのパキスタン人

私はフリーランスになってから、何度かプロレスラー・猪木の海外遠征に同行取材している。猪木がイタリアで試合をしたのは1988年1月。1980年代後半から1990年代前半まで、イタリアで一番有名な日本人は猪木だった。

向こうでは土曜日の夜9時から「イタリア1」というチャンネルで、数年遅れの『ワールドプロレスリング』が放送されており、高視聴率を上げていた。つまり、この国で土曜のゴールデンタイムの娯楽は猪木の新日本プロレスだったのだ。

サッカーのセリエAも人気だったが、多くの試合は日曜日の午後に行われ、現地の人間にとってはスタジアムへ行って見るものだった。ラジオ放送の実況中継はあったものの、テレビでの中継はなく、土曜日の夜8時半から1試合だけ有料のテレビ放映が始まった頃である。しかし、選手が入場してくるまでは無料で見せておいて、契約していなければ、その後は映像が見えなくなる仕組みだった。そんな理由もあって、『ワールドプロレスリング』は人気を得た。

アンドレ・ザ・ジャイアントやハルク・ホーガンを相手に絶妙のパフォーマンスを見せる猪木に、イタリア人は吸い寄せられた。詳細は別章に譲るが、北部のウディネーゼに所属していたサッカーのジーコの息子もこの番組を見ていた。後にユベントスで活躍したアレサンドロ・デル・ピエーロも子どもの頃、タイガーマスクや藤波辰巳らとともに猪木に釘づけだったという。

「アントーニオ・イノッキ」

この響きがイタリア人に親近感を与えたのかもしれない。

「サッカー以外に何を撮っているんだ？」

2000年代になってから、イタリア人のカメラマンに聞かれた私が「ルッタ。キャッチ。プロレスだよ。アントニオ猪木を知っているか？」と返すと、「あのアントーニオ・イノッキか？　本当に友人なのか？」と驚いていた。

イタリアに向かった猪木は、ローマ郊外のパラエウルという約1万人収容の会場で週末に2試合を戦った。相手は、いずれもバッドニュース・アレンだった。

土曜日の興行はイタリア人が慣れ親しんだテレビの時間に合わせて、夜9時に試合を開始。日曜日は午後にセリエAの試合があったので、それが終わってから、そのまま見に来られるように試合開始は夕方の6時だった。

私もスタジオ・オリンピコでサッカーの試合を取材した後に、ASローマのスカーフを巻いたファンとともにパラエウルに移動した。猪木はアレンに延髄斬りや卍固めを繰り出して、「ブラボー」の喝采を浴びた。

すべての道はローマに通ず――。ローマには巨大な円形競技場コロッセオがある。大昔、ここでは5万人の市民が熱狂していた。イタリアで一番の観光名所でもあるが、私はいつか猪木とコロッセオに行きたいと思っていた。

M

「猪木さん、コロッセオに行きましょう」

誘ってみたが、「今日は行かないよ」と、つれない返事が返ってきた。猪木はすでに行ったことがある場所に誘われたり、気分が乗らずに行きたくない時は「行ってくれば？」という言葉を返してくる。私は「行くなら明日だな」と心の中で思った。

翌日、猪木と一緒にコロッセオへと向かった。猪木はカーキ色の上着を着ていたが、それがやたらとコロッセオに溶け込んでいた。

猪木はコロッセオ用に前日、このジャケットをアルマーニの店で買い求めていた。

「あなたのサイズは知っていますよ」

ローマの中心地の小路にあるアルマーニの店のオーナーが猪木に言った。

この日、猪木はたっぷりしたスーツを何着か買い求めた。すると、店主は黒いパンツの下着を示す。スーツの時は値段を聞かなかったのに、猪木は「いくら？」と尋ねた。オーナーは「50万リラ（約5万円）です。これは絹でできていまして…」と付け加えたが、猪木は「それはいらないよ」と笑顔で返した。

前日はスーツを着ていたが、「今日は行かないよ」という言葉は、「この格好はコロッセオには似合わないから行かない」という意味だったのかもしれない。

「血の匂いがする」

猪木はかつて剣闘士や猛獣たちが戦っていた空間を見下すと、ポツリと口にした。

ここで誰かと戦ってみたい、と感じたのだろうか。その相手はハルク・ホーガンか、アンドレ・ザ・ジャイアントか。

「それとも…」と、私はさらなる想像をめぐらせた。

「やっぱり、モハメド・アリか」

だが、時計の針を戻すことはできない。

とはいえ、倫理的な問題は別としても、どこかに猪木のクローンとアリのクローンが存在していて、このコロッセオで戦うというのはどうだろうか。それを猪木がプロデュースする。闘いのロマンが詰まった場所にいたせいか、私はそんな途方もないことを考えてしまった。ちなみに、今ではコロッセオは映画の撮影などで商業的に利用できるが、当時は使用許可を取ることは至難の業だった。

滞在中、猪木とローマの街中を何度か一緒に歩いた。ローマの街と猪木には絶妙なフィット感があった。

イタリアでは、こんなこともあった。猪木の2回目のイラク訪問の帰途、アンマンでのちょっとしたチェックインミスでローマに1泊することになってしまった。

フランクフルトに行くはずが、なぜか大使館の係の人が間違えて荷物はローマ行きにチェックインされてしまった

WRESTLING
Per la prima volta a Roma
ANTONIO INOKI
E LE ALTRE STELLE
DEL CATCH
23 gennaio h.21
PALAEUR
24 gennaio h.18
PREVENDITA PRESSO org. ORBIS P.zza ESQUILINO 37 TEL.4744776 INFORMAZIONI TEL.533745
GRENADE
news & design
MEL D'EPIRO
ROCK COMPILATION
PATROCINIO
COMUNE DI ROMA
assessorato allo sport

のだ。

「ああ、そうですか」

こういう時、猪木はまったく怒らない。なるようにしかならない、という感覚なのだろう。乗るはずだったフランクフルト行きの飛行機は、もう出発済みだ。

「ローマに着いたら、なんか美味いものでも食おうか？坂口の姉さんの連絡先は知ってる？」

アンマンからローマに向かう機内で、猪木は思い出したように尋ねてきた。猪木の頭は、もうローマでのディナーに切り替わっていた。

坂口征二の姉の木村朋子さんはローマに住んでいて、テレビのコーディネーターなどの仕事をしていた。私はサッカーのワールドカップの取材で3ヵ月ほど前に会ったばかりだったから、ホテルに着くとすぐ電話を入れて、夕刻にカフェ・グレコの前で待ち合わせることになった。

カフェ・グレコは、あのオードリー・ヘップバーンの映画『ローマの休日』で有名なスペイン階段の下にある古い店だ。壁には重厚な絵画がかかっている。猪木とは前に一度、一緒に来たことがあり、その時はオーナーが非常に喜んでくれて、記念写真も求めてきた。

そのカフェ・グレコの前に立っていると、花売りの青年が猪木に近づいてきた。花を買ってくれと言うのかと思ったら、予想外のことを口にした。


「イノキ・ペールワンだよね」

青年は英語を話すパキスタン人だった。

ペールワンという言葉を耳にして、猪木は青年の顔をジッと見つめた。思いもよらない響きに、あの日の試合を思い出したのか。

青年は子どもの頃、あのアクラム・ペールワンと猪木の試合をカラチのナショナル・スタジアムで遠くから見たという。遠くからというのは、スタジアム内ではなく、おそらく近くの丘の上からだろう。

「あの試合を見ていたよ」

さすがの猪木も少々驚いたようで、黙って青年の話を聞いている。海外に行くと、「あのモハメド・アリ戦を見た」とよく言われる猪木だが、ヨーロッパでペールワン戦の話をされるのはレアケースのはずである。

「オレたちの英雄のアクラム・ペールワンがあなたに腕を折られて負けてしまったので、悲しくて泣いたんだ」

そんな話を聞いていると、猪木の存在に気付いたローマっ子たちが集まってきた。

「アントーニオ！」

感激したように声をかけてきて、猪木にサインを求める。人垣は50人、60人と増えていった。

予期せぬサイン会は、途切れることなく続く。猪木は、いつものように丁寧にサインを書いている。さらにアントニオの大きな「ア」の文字の上に、外国人にも読めるように「Ａｎｔｏｎｉｏ Ｉｎｏｋｉ」とアルファベットを書き加えていた。

青いライトを点滅させたパトカーがすぐ脇を通り過ぎたが、バックして戻って来た。警官は窓から猪木の姿を確認すると、身を乗り出して「アントーニオ！」と嬉しそうに叫んで手を振った。サッカーの中田英寿がローマでプレーするようになるまで、猪木はイタリアで一番有名な日本人であり続けた。

ところで、私はパキスタン人の青年が生で観戦したアクラム・ペールワン戦について一度、猪木に「ああいう結末になった理由は理解しているつもりですけど、でも、折るというのは嫌でしょう?」と尋ねたことがある。だが、猪木は「いや、そうじゃなくて」としか答えなかった。

この試合はパキスタン以外のアラブ諸国にもテレビ中継されたので、猪木は現地でさらに有名になった。サウジアラビアの国王からは、猪木宛に祝福のメッセージが届いたという。

「イノキ・ペールワン」、これがパキスタンでの猪木の新しい呼称になった。その後、政権が変わってもイノキ・ペールワンは国賓待遇で何度もパキスタンを訪問している。一度、誘われたことはあったが、私は日程が合わなくて断念した。パキスタンは猪木と一緒に一度は行っておくべきところだったと、今更ながら思っている。でも、行くなら、やはりペールワン戦の時だったろう。

1988年10月には、新日本の台湾遠征に同行した。

プロレスラーは、よく食べる。「そんなに食べないよ」と猪木は言うが、ここぞとなるとかなり食べる。近くにいると、そんな姿を何度も見てきた。

この時、台北の大きなレストランで昼食は台湾料理の食べ放題に近いフルコースが用意された。その場に集まったのは、遠征に参加したほとんどのレスラーと同行したマスコミ各社。次から次へと料理が運ばれてくる。私の隣は木村健吾だったが、ゆで海老の殻が山のように積まれていった。

猪木も食べていた。しばらくして猪木とマサ斎藤の紹興酒の飲み比べが始まった。2人は立ち上がって次々に飲み干し、譲らない。

普通の人なら、ぶっ倒れるくらい飲んだだろう。最終的に、勝負は付かなかった。満腹で、いい気分。猪木はバスに乗って、ホテルに戻った。

バスを降りると、この時期の側近だった新日本の倍賞鉄夫さんが来て、猪木に告げた。

「ちょっと昼食に行ってほしいんですが」

当然ながら、猪木は「もう食ってきたよ」と素っ気なく答えたが、その誘いを断ることはなかった。

國
KING of SPORTS
NEW JAPAN PRO-WRESTLING
675-5478
746-9831
745-0921
642-9438

3時間後、ロビーにいると猪木が戻って来た。

「参ったよ。同じ店で同じメニューだったよ（笑）」

つまり、猪木は食べ放題に近いフルコースを連続で平らげたことになる。

「語源は〝四角〟ではなく、〝円〟でしょう」

この頃、ソビエト連邦のミハイル・ゴルバチョフ書記長はペレストロイカやグラスノスチといった政策を掲げて、民主主義への移行、情報公開を推し進めていた。

そんな中、1988年に猪木はソ連にプロレスラーを誕生させて、日・米・ソで戦うというプランを思いつく。また、映画『ロッキー』のストーリーのようにソ連人へビー級ボクサーを誕生させて、アメリカの世界へビー級王者と対戦させるというプランもあった。

猪木は「観客を掌に乗せる」という表現で、プロレスという資本主義世界のエンターテインメントスポーツをただ勝つことしか知らない選手たちに説明した。

グルジア（現在の表記はジョージア）で行われたトレーニングにはマサ斎藤や馳浩らがコーチ役で参加し、現地の選手たちも徐々にそれを理解し始めていた。

猪木は帰国後、マスコミに囲まれた際に現地の選手たちに何を教えたのかを聞かれ、プロレスについて次のような説明をしたと答えていた。

「受け身は自分を守るだけのものではない。優れた受け身は、かけられた技が綺麗に見える。攻撃は観客に勇気と力を与える。相手にケガをさせないのもプロフェッショナルとしての技術だ。プロレスの最大の魅力は、人間が元来持っている怒りや苦しみといった感情を表現することにある。漢字の〝人〟という字は、互いに支え合っている。感動的な試合や激しい試合は、戦うレスラー同士の信頼関係から生まれる」

当時、ソ連は自国のスポーツ選手を海外に〝輸出〟するにあたって、SOVインタースポーツなるエージェントを立ち上げて、相手側に高額のギャランティを要求していた。猪木と新日本プロレスに対しても、それと同様に高額のギャラを要求していて、さらにはゲート収入のパーセンテージまで上乗せしようとしてきた。

本人の話によると、猪木はスポーツ交流でソ連の鉄のカーテンを少しでも押し開きたいと考えていたが、会話の中に「交流」とか「友好」といった言葉はなく、すべてが金の話だったそうだ。

その後も我慢強く交渉したが、進展しない話し合いが続き、最終的に「交渉決裂」を伝えるためSOVインタースポーツの担当者にこんなことを言った。

「こちらは民間人だから東京ドームの興行の中止は3億円

くらいの赤字になるが、それだけで済む。でも、あなたたちは国家の代表だ。このままではあなたたちの顔は潰れ、ただでは済まないと思いますよ」

さらに猪木はサインされることがなかった契約書を破り捨てて、ホテルに戻ったという。

これはギャンブルだった。相手がどう出てくるかは、わからない。でも、呑めないものは呑めない、ということである。

しばらくして、SOVインタースポーツの関係者が猪木の部屋を訪ねてきた。

「バグダーノフ将軍があなたに会いたいと言っている」

バグダーノフ将軍は内務省のナンバー2で、ソ連柔道連盟の会長でもあった。

「私はプロモーターである以上、お金は稼ぎたい。でも、彼らを日本に招聘する理由はそれだけではない。残念ですが、日本人はソ連に対して悪い印象を持っています。私はこの機会にソ連にはこんな素晴らしい格闘家がいるということを日本はもちろん、世界にアピールしたい。それなのに、あなたたちはお金の話しかしない」

静かに猪木の話を聞いてきたバグダーノフ将軍が口を開いた。

「わかりました。私の権限で選手たちを日本に送ります。お金の話はイベントが成功した後にしましょう」

こうして、レッドブル軍団は日本にやって来ることになる。

1989年4月24日、『格闘衛星闘強導夢』と銘打たれた初めての東京ドーム大会は5万3800人の大観衆を集め、ここから日本で「ドームプロレス」が始まる。それと同時に、この大会は猪木の「環状線理論」を証明するイベントになった。

「プロレスファンだけだと、ドームは埋まらない。それは環状線の内側にいる既存のファンしか見えていないからだ。その輪を外に広げれば、そこには多くの観客がいる。それをどう引き込むかを考えろ」

朝刊スポーツ紙も、この東京ドーム大会を大きく報じた。当日、猪木はノーロープの円形リングで72年ミュンヘン五輪の柔道93キロ級金メダリスト、ショータ・チョチョシビリと対戦した。

これには、ちょっとした逸話がある。偶然だが、私はアエロフロート機内でモスクワまで猪木と一緒になった。猪木はグルジアに向かう途中で、私はイタリアでサッカーの取材だった。

幸いファーストクラスにいる猪木の隣の席が空いていたので、私はそこに座り食事の後に雑談をしていると、プロレスのリングの話になった。

「リングだから、語源は元々は〝円〟でしょう。大昔のボクシングだって、街のケンカだって、丸い人垣の中で戦っ

日・ソ プロレス協定調印式
新日本プロレスリング㈱
ソ連国家スポーツ委員会
USSR-JAPAN PROWRESTLING AGREEMENT SIGNING
GOSKOMSPORT
NEW JAPAN PROWRESTLING
LTD.

ていた。その後、見せるためにロープを張る必要があってリングは四角になった。6角形や8角形のリングは作れても、ロープを円状に張ることはできないですよね」

私は猪木に、そんなことを言った。

アマチュアレスリングも戦いのスペースは円で、相撲の土俵も円だ。

「円状にロープを張ることができないなら、取ってしまえばいい」というのは猪木の発想だったのだろう。

こうして、ノーロープの円形リングは出来上がった。4本の鉄柱はカバーで覆われていた。ロープのないリングは、プロレスよりも柔道の試合場に近い。猪木はあえてチョチョシビリに有利な条件を提供したことになる。

そこには戦いの原点があるようにも思えた。後にUFCでオクタゴンと呼ばれる8角形の金網を張ったリングも生まれたが、猪木は金網だけは受け入れなかった。「金網は表情がお客さんから見えないから」というのが理由だった。

この日、チョチョシビリに腕を攻められた猪木は柔道着に噛みついた。手が使えなければ、口がある。試合のルールに柔道着に噛みついてはいけないという項目はなかった。というより、事前にそんな〝攻撃〟を想定する人間はいないだろう。この発想力が猪木の魅力だ。そのシーンは、まるでストップモーションのように私の脳裏に焼き付いている。

そして、最後は猪木がチョチョシビリの裏投げ3連発を浴びて、格闘技戦で初めて黒星を喫した。

かつてウイリエム・ルスカをバックドロップ3連発で倒した男は、十分に歳を重ねていた。私は、このチョチョシビリ戦が1回目の猪木の引退試合だと今でも思っている。

ところで、猪木はソ連に行った際、KGB（秘密警察）のホテルに泊まったことがあるそうだ。

このKGBでもアントニオ猪木は伝説の男だった。やはりモハメド・アリと戦ったことは、ここでも威力を発揮していた。格闘技はKGBの中では絶対なもので、彼らの猪木に対する憧れは増幅していたようだ。猪木がKGBの養成学校を訪ねた時も、選ばれた人間である生徒たちは神様でも見るような目で猪木の質問に答えていたという。

1989年11月9日、ドイツを東西に分けていたベルリンの壁が崩壊する。

そんな中、猪木は大阪城ホールでのチョチョシビリとの再戦を経て、12月にモスクワのレーニン運動公園内にあるルジニキ室内競技場でソ連初のプロレス興行を開催した。

「トイレットペーパーは日本から持って行った方がいいですよ。向こうに、ピンクの固いのはありますけれどね」

同行取材に出発する前に、馳浩からそう言われた。グルジアに行った時に難儀したのだろう。

モスクワのシェレメーチエボ空港に着くと、パトカーの先導付きでホテルに案内された。市内の移動も、会場への

JAPAN

移動も、すべて同じように先導してくれる。

選手たちと一緒に街中に出ると、ルーブルが価値のない時代で土産物店ではUSドルしか受け取らなかった。

橋本真也は零下10度でもカメラを意識してか上半身裸になってポーズを取り、モスクワっ子を驚かせていた。長州力はクレムリンのある赤の広場に着くと、やたらとビデオカメラを回していたが、寒すぎてバッテリーが低下してしまい困り顔になっていた。

12月31日、試合会場を埋めたモスクワっ子は初めて見ることになる生のプロレスに興味津々だった。

メインイベントで猪木&チョチョシビリがマサ斎藤&ブラッド・レイガンスに勝利すると、観客はリングに上がって来て猪木にサインを求めていた。モスクワ大会は大成功に終わった。

大会終了後、レーニン運動公園内のレストランでは年越しの宴が催された。レスラーやイベント関係者も参加して、国家スポーツ委員会の面々も笑顔だった。

バグダーノフ将軍夫妻も猪木のところに近づいてきて、大会の成功を祝った。ウォッカでの乾杯が繰り返され、それは年が明けても続いた。さすがに酔ったのか、コサックダンスを踊る猪木の足が少しもつれている。その場では、誰もが陽気だった。

議員時代の猪木のアテンドを任されていたのは、後に作家として活躍するモスクワの日本大使館で3等書記官をしていた佐藤優さんだった。ある日、猪木は佐藤さんにこう言ったという。

「役に立てるならば、俺を使ってくれ。あなたはロシアの地べたを這いつくばって情報を集めているようだから、きっと俺を上手に使うことができるよ」

佐藤さんは、この猪木の言葉を実行に移した。佐藤さんには、会いたい人物がいた。

ボリス・エリツィン大統領の側近に、シャミール・タルピシチェフ・スポーツ担当大統領顧問がいた。佐藤さんが「アントニオ猪木があなたに会いたいと言っている」と伝えると、タルピシチェフはすぐにOKを出した。

エリツィン大統領の執務室の隣が彼の部屋で、それから佐藤さんは〝クレムリンに出入りができる日本人〟になったという。「猪木」という名前の効力だった。

これが猪木ルートである。猪木ルートというのは漠然としていて、知らない人にとっては奇異に映るかもしれない。だが、本当はこのルートを使わない手はないのだ。

北朝鮮も同じである。「俺を使ってくれ」と猪木自身が言っているのだから。

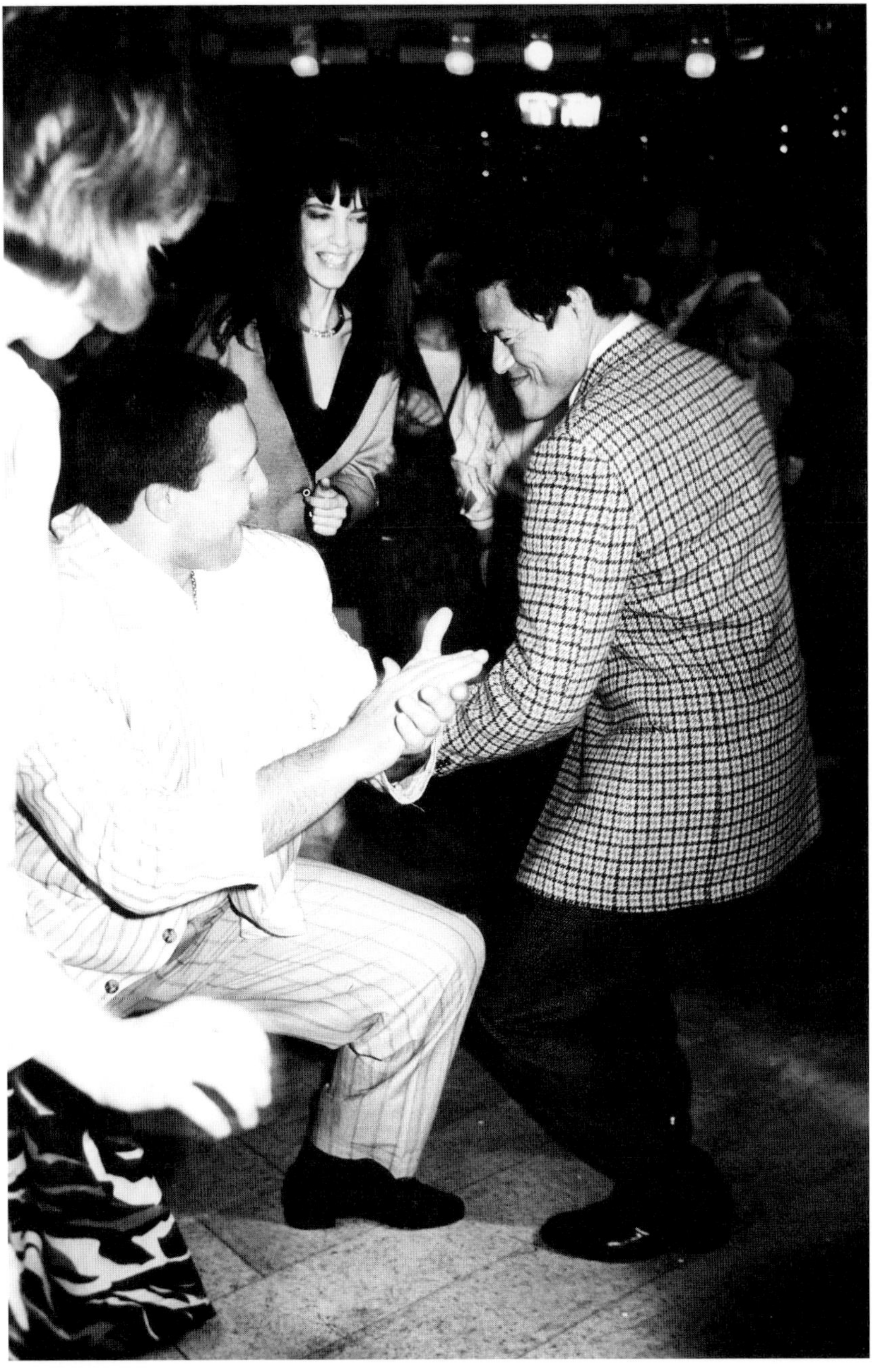

第8章
”伝説の革命家“フィデル・カストロ議長が流した涙

1989年6月15日、私は全日空ホテルにいた。猪木にとって3人目の夫人となる尚美さんとの結婚発表記者会見を取材するためである。

この時点で、猪木はすでに政治家への転身をほのめかしていた。

そのニュースを聞いて、私は力道山の姿を思い浮かべた。猪木から、こんな話を聞いたことがあったからだ。

「力道山は死んでいなければ、参議院選挙に出ていたんだ。俺も政治には興味があるんだよ」

そして、本当にかつて力道山が夢見た世界を猪木が受け継ぐ形になった。

出馬を決めた猪木は新日本プロレスの社長を辞任し、6月20日にスポーツ平和党の事務所開きを行った。キャッチフレーズは「国会に卍固め、消費税に延髄斬り」。事務所の場所は、東京タワーの真下にあった。

猪木には当選してほしい。しかし、議員になった暁には必然的にリングから遠ざかることになる。この時期、猪木は体力が落ちてきていたから、それも仕方ないことなのかもしれない。私はそんな思いを抱きながら、スポーツ平和党の事務所に向かった。

この時、私は事務所にプロレスの写真を飾れるように、自ら何枚かのモノクロのパネルを提供した。リング上の笑顔や「ダァーッ!」をしている姿、ラッシャー木村にインディアン・デスロックをかけているシーン、選挙のキャッチフレーズだった卍固め、延髄切りの写真もチョイスした。

公示の前日、私は事務所を再び訪れ、猪木に写真撮影を頼んだ。

「猪木さん、前祝いに一つやりますか?」

「おお、いいよ」

笑顔で応える猪木と一緒に外へ出て、事務所の脇にある公園に向かった。事務所の前で撮ると、東京タワーが写らないのだ。

「ダァーッ!」

猪木は周りに誰もいないが、声を出しながら東京タワーをバックに右手を掲げた。こういう時、猪木は実際に声を出す。そうしないと、口の感じが不自然になり、リアリティが出ないのだろう。この写真は週刊ゴングに掲載された。

1989年7月5日、選挙戦の初日。猪木は出陣式を終えると、池上本門寺を訪れて力道山の墓に手を合わせた。私がここに来るのは、力道山の銅像の除幕式以来だった。あの日、猪木はいなかった。確か海外にいたと記憶している。

多くの報道陣が囲む中、今は亡き師匠に出馬の報告を終えた猪木は選挙カーに乗り込む。最初の街頭演説には、人の多い渋谷を選んだ。

この選挙活動で、猪木は「全国100万人握手作戦」を始めた。猪木の手は1週間もしないうちに腫れ上がった。

大光院力道日源居士

SONY
三千里薬品

スポー

あきらめないことから
スタートします!!
スポーツ平和党
Limited

「行けば、わかるよ」

そう言って、猪木は選挙期間中に全国を回った。演説中に言葉が詰まり、涙があふれたこともあった。

最終日の夕刻、銀座へ行って猪木の写真を撮った。新日本プロレスから飯塚孝之（高史）など数人のレスラーを引き連れて、猪木が東京タワーまで走ると聞いたからだ。

私はさすがに一緒に走りながら撮影するわけにはいかないので、タクシーで東京タワーの前に移動し、猪木が来るのを待っていた。選挙演説は夜の8時までしか許可されていない。ここで最後の演説をすることは聞いていたので、7時半までにいれば大丈夫だろう。

猪木が戻って来た。そして、最後の演説を始めた。

この時、猪木は泣いていた。そして、みんなに感謝の言葉を述べていた。

「やるべきことはやった」

選挙活動を終えて、そう猪木が口にしたことを憶えている。初めての選挙だが、本人なりに手応えを感じていたのだろう。

投票日、私は自宅近くの投票所に足を運び、スポーツ平和党に1票を投じた。当時は投票用紙に政党名を記入しなければならず、「アントニオ猪木」と書くと無効になるというルールだった。これも後で話題になったが、猪木の名前が書かれた無効票がかなりの数あったようだ。

比例の開票は翌日だった。私はスポーツ平和党の事務所に向かった。

誰もが猪木の当確情報を待っている。私は早々に当選が決まると思っていたが、前記の理由で票が思いのほか伸びていないようだ。午後になっても当確はつかない。残りの議席は「1」になっていた。だが、猪木の表情は変わらない。

そうこうしているうちに民放の局が一度、猪木に当確を出した。しかし、テレビの画面を眺めていた猪木は、「NHKで出るまで待つか」と慎重な姿勢を崩さなかった。

それから、どのくらい経っただろうか。NHKの当確情報が出た。比例区の最後の1議席を猪木が獲得した。

沸き上がる歓喜の声。だが、猪木は座ったままだ。周りの人たちが順番に駆け寄り、「おめでとうございます」、「良かったですね」と猪木に握手を求めた。

猪木はカメラのフラッシュと関係者・支援者たちの歓声の中で、勝利の雄叫びを挙げた。だが、私はそれよりも印象に残っている光景がある。

事務所には橋本真也が来ていた。橋本は猪木当選の報を受けて、泣いていた。喜怒哀楽が激しく、猪木信者の橋本らしい。涙が止まらない橋本。その姿を見て、猪木は「かっこ悪いな」と笑っていた。

最終的に猪木は99万3989票を獲得して、国会議員になった。当選が決まった後、猪木は「必要な時に必要な分

だけ与えられた」と言っていた。おそらく、これはギリギリの得票数のことを言っていたのだろう。

この時、私は政治家・猪木と何度も海外を旅することになるとはまったく思っていなかった。

私が仕掛けた猪木の「議場内セルフ撮影事件」

私の中で、どうしても撮りたい写真があった。

猪木はまだ初登院前だったが、国会議事堂の前でガウンとリングシューズを身につけた猪木が「スポーツ平和党」の看板を持って立っているというものだった。

このプランは集英社の編集者・田中知二さんには伝えてあったが、さすがにできるかどうか不安はあった。そのために保険として、当日はスタジオも押さえておいた。

当日、月刊プレイボーイの取材を兼ねた食事が終わったものの、私はなかなか言い出せないでいた。そこで代わりに田中さんが切り出してくれた。

「猪木さん、原さんがどうしても撮りたいというのですが、これから国会前に行ってガウンとリングシューズで写真を一枚お願いします」

ガウンとリングシューズの手配はすでに新日本プロレスに連絡済みで、会社から頼まれた飯塚がトランクを持ってきてくれた。真面目な飯塚だけに、なんでこんな食事をしているところにガウンとシューズが必要なのか不思議に思ったことだろう。スポーツ平和党の看板も、すでに事務所から外して車に積んであった。

猪木は意外な申し出にちょっと面倒くさそうな表情を見せたが、了承してくれた。天気は曇っていて、時間も午後4時半になっていたから、急がなくてはいけない。

ハイヤーで急いで国会議事堂方面に向かう。車中、猪木は疲れていたのか眠ってしまったので、到着すると再び少し面倒くさそうな顔になった。

国会議事堂の正面の道路の真ん中で、ガウン姿の猪木にスポーツ平和党の看板を持って立ってもらう。

当然、許可など取っていないから、ゲリラ的な撮影である。行きかう車が応援のクラクションを鳴らして走っていく。観光バスからは、「猪木！」と声援が飛んだ。これで猪木にスイッチが入った。

時間にして、数分の撮影だった。警察や国会議事堂の警備員が飛んでくることもなかった。

私はすぐに現像所に向かい、2本のフィルムを入れた。現像が上がるのが待ち遠しかった。

50ミリと105ミリのレンズを付けた2台のカメラで撮影したが、105ミリで振り返ってもらったカットが気に入った。

「合成じゃないよ」

スポーツ平和党

田中さんはそう言いながら、嬉しそうに編集部内でこの写真を見せまくった。

これは月刊プレイボーイの猪木特集のトビラ写真になった。その後もいろいろなところで使われたから、猪木ファンならきっと見たことがあると思う。

さらに、この写真を見て旧知の古館伊知郎さんが「俺も同じような写真を撮りたい」とオファーをくれた。それについては、巻末の対談を参照していただきたい。

国会がらみでは、もっと無謀な撮影を試みたことがある。猪木の初登院の前日、私は議員会館を訪れて小さな白い箱を机に置いた。

「猪木さん、開けてみてください」

猪木が箱のふたを開けると、モータードライブを外した『NIKON F3』のボディに魚眼レンズが付いたカメラが入っている。猪木は興味深そうな目をした。

「これは何？」

このカメラはセルフタイマーになっていて、シャッターボタンを押せば、10秒後に写真が撮れる。レンズの角度も調整済みだった。

「猪木さん、このボタンを1回押してください」

猪木は嬉しそうに、「これ、面白えな（笑）」と言ってくれた。

私がこんなことを企てたのには理由がある。私は日本国民として国会内の傍聴はできるが、国会記者クラブに入っていないので傍聴席からの撮影はできない。そこで初登院の記念すべき写真は、猪木本人に撮ってもらうことにしたのだ。

当日、私は傍聴席にいた。猪木は白い箱を手に持って議場に入って来た。猪木が持っていると、箱は厚手の本くらいにしか見えない。

今は知らないが、当時は国会内において議員の写真撮影を禁じる約束事はなかった。誰もそんなことをしようとした人間がいなかったのだろう。

果たして――。

私は議員会館に戻って、玄関口で議場から帰ってくる猪木を待った。

猪木が戻って来たのでエレベーターに一緒に乗ると、「どうかな？　念写しておいたよ」と言いながら白い箱を手渡してくれた。

現像された写真を見て、驚いた。猪木は1回シャッターボタンを押した後、さらに自分で2回フィルムを巻き上げて、合計3枚も撮影していたのだ。猪木はすましていたが、後方には自撮りしていることに気付いた中曽根弘文議員が笑っている姿が映っていた。

この写真は「撮影・アントニオ猪木（プランナー・原悦生）」とクレジットを入れて、月刊プレイボーイに掲載さ

勝木健
中曽根
鈴木

【議員日記スタート!】
国会議員●アントニオ猪木
海部総理の考え方は、私より
10年遅れている。
撮影・アントニオ猪木(プランナー・原悦生)
「海部総理の所信表明?
正直いって、こんな程度な
のかなってことに尽きるね」
登院

れた。その時点では、どこからも何のお咎めもなかった。

それからしばらくして、猪木から連絡が来た。

「議員の写真展があるんだ。あの写真を出したいんだよ」

私は元のポジフィルムから引き伸ばし用のネガを作って、猪木に渡した。

その写真に、猪木は「私は優等生」という洒落たタイトルを付けて写真展に出品した。

しかし、これがトラブルになる。この写真展で猪木の写真を見つけた共同通信の記者が問題視したのだ。

言いつけられた猪木は、国会の規律委員会のようなところから注意を受けた。これは日本の記者クラブ制度の悪い体質だ。自分たちにできないことは、何でも禁止しようとする。

しかし、当時の国会内における議員の禁止事項に「議場で写真を撮ってはいけない」とは書かれていなかったため懲罰の対象にはならず、「今後はやらないように」と口頭で言われただけで済んだようだ。

スポーツ平和党の事務所からは「原さん、あまりやり過ぎないでくださいよ」と釘を刺されたが、これは私にとって楽しい仕掛けだった。

それから約2ヵ月後の10月14日、私の自宅の電話が鳴った。スポーツニッポンの文化社会部の記者からだった。古巣の先輩である。

「猪木が福島で刺された」

私は即座に、かつて社会党の浅沼稲次郎党首が日比谷公会堂で演説中、右翼の少年に刺殺された事件が頭に浮かんだ。

福島県会津若松市で講演中に暴漢に襲われた猪木は、ナイフで頭を切りつけられた。かなり出血したそうだが、運良く傷は動脈には達していなかった。猪木は襲われた後も数分間講演を続けたという。左耳の後ろから首筋にかけて、10針を縫うことになった。

猪木は翌日、東京の夢の島で行われた留学生イベントに包帯姿でやって来た。元々、私はこのイベントを取材する予定で、当日は新日本プロレスがリングを組み、試合を提供。私は若手の片山明を捕まえて、青空をバックにファイティングポーズを撮ったりしていた。

挨拶のために猪木が来場すると、早速マスコミが囲んだ。

「大変でしたねえ、猪木さん。痛みますか？」

「そりゃ痛いよ。でも、少し箇所がズレてくれたから良かったよ」

その姿は痛々しかったが、思いのほか元気な様子で、挨拶のスピーチも特に問題なく行った。

後日、猪木と一緒にいた時に、この事件の話になった。

「ちょっとズレていたら、危なかったよ」

もし猪木が暴漢に襲われた時、その場にいたら私はどう

しただろうか。カメラマンの習性として、まずシャッターを押していただろう。人道的におかしいと思われるかもしれない。しかし、新聞社では「モラルやルールは守らなければいけないが、事件が起きた時は例外」と教わる。とはいえ、もし舞台のソデなど近くに陣取っていたら、そのまま猪木のところに駆け寄っていただろう。

「きんぴらごぼう」と「ホットドッグ」

「何か美味い物を食べに行きましょう」

一緒に行動していると、よく猪木はそう言ってくる。店の場所は憶えていないが、この政治家時代に飲食店で出された〝きんぴらごぼう〟を見て猪木が言った。

「これとは違うんだよな」

そこにあったのは、普通の惣菜店で売られているような規則正しく機械で細く切られたきんぴらだった。

私は猪木の頭にあったのは、母親が作ってくれたような不規則に切られた田舎っぽい濃い目の味付のきんぴらだったのではないか、と勝手に想像した。炒め方も、味付けも、猪木が望むきんぴらごぼうではなかったのだろう。

それ以降、きんぴらごぼうを目にすると、逆に私は「猪木」の顔が思い浮かぶようになった。昨年、猪木が退院した後、一緒にすき焼きを食べていた時に、きんぴらごぼうのことを思い出したので聞いてみた。

「ああ、もっと太くて、歯ごたえがある方がいいんだよ」

猪木は美食家の食いしん坊だ。

時には、とびっきりの旨い肉に舌鼓を打つ。

しかし、しらすと海苔のご飯を懐かしむ面もある。単純な日本的な美味さも猪木は好んだ。猪木は白いご飯を真剣に、美味しそうに食した。

猪木の「美味い」という言葉は、その店の主人や自分の家族、あるいは一緒に食べる友人たちが気持ちで作り上げる美味さのようにも思える。

最上級の肉を一人で食べても孤独を感じるだけだ。偽善のポスピタリティではなく、真のホスピタリティを猪木は欲した。心の通った家族や仲間との食事に勝るものはない。

政治家時代に中南米を旅していた頃、まず日本からニューヨークに入り、ダウンタウンに泊ったことがある。あの時の食事の場には、久しぶりに会う娘の寛子ちゃんがいた。当時、彼女はニューヨークに住んでいた。

ニューヨークに着くとリムジンが迎えに来たが、「ランチは、何か美味いものを食べたいなあ。シーフードにしようか？　いや、中華がいいかな」と猪木は思案していた。

その後、猪木は何かを思いついたかのように、リムジンのドライバーに「…知っています？」と尋ねた。

リムジンはしばらく走ると、ある建物の前に止まった。

グだった。
猪木は自然体で若者たちの列に並ぶ。目的はホットドッ
階段を上がると、その店は若者で賑わっていた。
「ここの2階なんだけどね」

「ここ、美味いんだよ」
これが私の知る猪木だ。猪木が食べたくなったのは、
「ホットドッグ発祥の店のホットドッグ」だった。
私も食べたが、味が特別変わっていたわけではない。私
からすると、ごく普通のホットドッグだ。
それでも猪木は嬉しそうに、そのホットドッグを齧って
いた。寛子ちゃんも嬉しそうに、それを頬張った。猪木に
とっては、いい思い出のあるホットドッグだったのだろう。
最近、ホットドッグの話題になった時、猪木は「ああ、
あれね」と笑みを浮かべ、「ロスのオリンピック・オー
ディトリアムのホットドッグも凄かったなあ」と言ってい
た。私が「サイズが大きかったんですか？」と聞き返した
ら、「いやあ、とにかく美味いんだよ」と再び笑顔を見せ
た。
オリンピック・オーディトリアムという懐かしい響きは、
私のような世代のプロレスファンには日本とアメリカをつ
なぐフレーズだった。古くは力道山vsフレッド・ブラッ
シー、馬場vsジン・キニスキー、そして猪木vsジョン・ト
ロスのUNヘビー級戦。そんなことも、つい思い出してし
まった。
その後、「アイダホのアップルパイも美味かったなあ」
と猪木は付け加えた。何かいい思い出でもあるのだろうか。

猪木と向かったブラジルの〝燃え続ける島〟

1990年3月、政治家・猪木のブラジル、パラグアイ、
ニカラグア、メキシコ、キューバといった中南米の旅に同
行することになった。
この時期、集英社が猪木の本を作っていたが、それとは
まったく関係ない話で、ある日、前述の田中知二さんから
誘いを受けた。
「猪木さんが各国の首脳と会って、キューバのカストロに
も会えるみたい。付いて行く？」
「期間は、どのくらい？」
「3週間かな」
「えっ、3週間でそんなに会えるの？」
結果から先に書くと、これはすべて実現した。
この時、猪木はブラジルのフェルナンド・コロール・
デ・メロ新大統領の就任式に招待されていた。それに合わ
せて、行く先々の国で首脳と会うというのである。
ブラジル以外はどの程度、アポイントメントを取ってい
るのか不明のままというか、おそらくアポなしの旅だった

が、私は1～2人でも会えればいいと思っていた。

猪木と顔を合わせた時に「南米に付いて行きますので、よろしくお願いします」と告げると、「えっ、一緒に行ってくれるの？」と驚いている。

間に入って、この話をしていたのは猪木本人ではなく、スポーツ平和党で猪木の第1秘書をしていた実兄の猪木快守さんだった。猪木自身は、誰が同行するか知らなかったようだ。

この旅に同行したのは、私とライターの中村敬三さんの2人。日本を経ってニューヨークに入り、娘の寛子ちゃんと合流した後、ブラジルへと向かった。

首都ブラジリアで行われたコロール大統領の就任式は私の取材パスが用意されていたが、夜に行われる大統領府での就任パーティーは会場に入れるかどうか不安だった。私は何のパスもなかったが、猪木の同行者ということで無事に中に入ることができ、近くでの撮影も許可されたのでホッとした。

リオ・デ・ジャネイロに滞在中、「昼は大統領と食べるから」と猪木が言ってきた。

この大統領とは現職のコロール氏ではなく、政治家を引退していたジョアン・フィゲレイド元大統領のことで、猪木とは昔からの友人だ。

私は失礼のないようにスーツに着替えたが、ロビーに降りると猪木はラフな格好をしている。

「あれっ、確か大統領と食事をすると言っていたよな…」

車は約2時間、郊外から山へと走った。山奥の別荘に到着すると、フィゲレイド氏は半ズボン姿で我々を出迎えてくれた。

私がフィゲレイド氏に会うのは、これが2回目だった。現役の大統領として国賓扱いで来日した1984年6月、フィゲレイド氏は猪木が経営していた六本木のブラジル料理店『アントン』を訪れた。スポーツニッポンの写真記者だった私は仕事を休んで、猪木と大統領の写真を撮るために店へと向かった。

この時、猪木は日本政府ではなく独自のルートで大統領とコンタクトを取っており、来日した折には自分の店に招きたいとオファーを出していた。猪木が1976年に2度目のブラジル遠征を敢行した時は、フィゲレイド政権下だった。現地での大会にはリングサイドに大統領の姿もあり、2人はこの頃からの顔見知りなのだ。

個人的な目的で『アントン』を訪問した大統領だが、実際は国賓なので警備が厳重で、我々マスコミは入り口で撮影した後は外で待機していた。

本来、国賓は政府側が用意したスケジュールに乗っ取り、決められた場所にしか行ってはいけないという暗黙のルールがあるそうだ。それも当然だろう。何かアクシデントが

起きたら、国際問題に発展する可能性もある。だが、この『アントン』訪問は大統領側の強い要請があったようだ。

しばらくすると、店からスタッフが出てきて、「大統領が中に入ってくださいと言っています」と私も含めて残っていたカメラマン数人が店内に招き入れられた。

そこにあったのはテーブルを囲んで談笑している猪木、倍賞美津子さん、寛子ちゃん、大統領の姿。大統領側が何を思ったのかはわからないが、猪木と久々に対面して嬉しかったのだろう。驚くことに、そのまま15分くらい自由に撮影させてくれただけでなく、コーヒーまで振る舞ってくれた。

もちろん、猪木も上機嫌で、やはりブラジルは第二の故郷であり、格段の思い入れがあるのだと実感した瞬間でもあった。

フィゲレイド氏の別荘でのランチは、シュラスコだった。ブラジルを代表する肉料理である。

串に刺さった肉は次々に焼かれて、我々はタロイモの白い粉を付けて食べた。絶品のシュラスコだった。甘いカイピリャーナが酔いを誘い、さらに肉の味を引き立てる。

満腹感と心地良い酔いの中、大統領は馬小屋やワインセラーを案内してくれた。その後、猪木は2時間ほど木陰のハンモックで揺られていた。

大統領は遠くの山の上を指差すと、「いまだにあそこから、ここを見ている奴らがいるんだよ」と笑った。奴らとは新聞の記者やカメラマンたちのことだ。日本で自由に写真を撮らせてくれたのは、やはり特別なことだったのか。本来はマスコミが嫌いなようだ。どこの国でもそうだが、大きく書かれるのは悪いことばかりだからだろう。

猪木が目を覚ましたので、夕刻、フィゲレイド氏に別れを告げて車に乗った。帰り際、フィゲレイド氏は自分の肖像写真に「戦え！」というメッセージを添えて私に渡してくれた。

また2時間、車に揺られてリオのホテルに戻ったが、猪木に伝言が入っていた。日本領事館からのもので、「夕食を用意しています」とのこと。再び食事の誘いである。

私はこのまま何もしないで寝てしまいたい気分だったので、猪木の顔を見た。だが、もう迎えの車がホテルに来ているという。結局、領事館に行くことになった。

ここには、お抱えの日本食のコックがいる。到着すると、天ぷらや日本食がふんだんに用意されていた。私はシュラスコとカイピリャーナで満腹だったから、すでにギブアップ寸前である。

領事に「あまり食べないんですね」と言われると、猪木は答えた。

「若い時は食べましたが、今はそんなに食べないんですよ」

こういう時、猪木は招待者への気遣いを忘れない。しか

TROPICAL

も、そう言いながら料理を次々と食べ続けている。猪木の胃袋は一体どうなっているのか。以前、川崎の焼肉店の主人に聞いた話だが、若い頃の猪木は丼に入ったユッケをスプーンで食べていたという。

リオではコロール政権のスポーツ庁長官に就任したジーコとも会った。イタリア・セリアAのウディネーゼでプレーしていたジーコだったが、すでに引退して母国に戻っていた。

「日本に来て、サッカーを教えてください」

猪木はジーコにそう言ったが、この時は監督かコーチをしてほしい、という意味だったはずだ。その後、まさかジーコが現役に復帰し、鹿島アントラーズに入団してJリーグでプレーするなんて夢にも思わなかった頃の話である。

猪木は、それほどサッカーに詳しくない。ペレについては知っていたが、ジーコについてはそれほど知らなかったはずだ。そこは会談の前に周囲の人間がいろいろ経歴などを教えてくれるから問題ないのだが、この時はむしろジーコの方が猪木に会えて嬉しそうにしていた。

別章で触れたが、猪木の新日本プロレス時代の映像はイタリアで放送されていた。つまり、ジーコはセリアAにいた頃、現地で猪木の試合を見ていたのだ。同じく新日本の中継を見ていたジーコの息子が「タイガーマスクのマスクが欲しい」というので、猪木は帰国後、虎のマスクをブラジルに送ったそうだ。

この滞在中、フィゲレイド元大統領の側近から小さな黄金の猿ライオン・タマリンが〝燃え続ける島〟で危機に瀕しているという話を聞いた。すると、猪木は消防署に出向いた後、すぐにヘリコプターで、その島に向かった。当初の予定にはなかった行動だ。

リオ・デ・ジャネイロの海は汚染が進み、油で汚れていた。どれだけ汚れているかは上空からでも、はっきりとわかった。黒い油で海面が光っている。私から見ても悲劇的な状況だった。これでは有名な「イパネマの娘」もかわいそうだ。しかし、これが現実なのだ。

問題の島の方は、火山灰が積み重なったような状態だった。ヘリが着陸を試みたが、その灰を巻き上げてしまう。パイロットは首を横に振った。

「灰の下は、たぶん燃えている。着陸したら、燃料に引火してしまうかもしれない」

着陸を断念した我々は、その日はライオン・タマリンを目撃することができなかった。

それから数年が経って、猪木がライオン・タマリンを救出し、どこかの施設に入れたという話を耳にした。この時、私は同行していない。その功績を称えられて、猪木はブラジル政府から表彰されたようだ。

昔も今も猪木の掲げるテーマは大きい。地球環境ととも

に「世界の食糧危機を救う」、「地球規模のエネルギー問題を考える」といった壮大なスケールだ。

非難を浴びたブラジルの事業『アントン・ハイセル』はうまく行かなかったが、あれはそうしたテーマに向けた猪木の膨大な投資だった。理論的には大丈夫でも、自然の条件下では理論通りには進まないということを高い授業料を払って猪木は学んだ。

「悪い意味じゃないけれど（笑）、俺は山師なのかもしれないな」

猪木はそう言う。猪木の祖父が金山やブラジルなどに夢を馳せたように、猪木はそんな血をさらにスケールを大きくして引き継いだのかもしれない。

「そんな臭いを嗅ぎつけるんだろうな。俺の周りには山師たちが集まってくるんだよ」

猪木は笑いながら、そんなことも口にする。

1990年にブラジルに行った時は、猪木と環境をテーマにアマゾンに飛んだ。サンパウロの空港を6人乗りのセスナで飛び立ったが、しばらくしてパイロットがエンジンの音がおかしいと言い出した。「このままでは危ない。すぐに戻ろう」と青い顔をしていたので、サンパウロ空港まで引き返した。

猪木は「俺たち、凄い旅をしてるなあ」と言っていたが、修理に3時間ほどかかり、エンジンが直ったとはいえ、「この機体でまた飛ぶのか…」というのが私の偽らざる気持ちだった。しかし、猪木が行くというのなら付いていくしかない。セスナはアマゾンを目指して、再び離陸した。

しばらくすると、ジャングルが見えてきた。その中の切り広げられた草原に赤土がむき出しになっている場所がある。それが滑走路だった。

こんなところまで来て、猪木は何を見ようというのだろうか。滑走路に着陸すると、村人たちが集まってきた。村と呼ぶにも粗末な集落を抜けると、そこには鉱山があった。ガリンペーロと呼ばれる鉱夫たちが何人もいる。

一攫千金、黄金に魅せられた男たちだ。

彼らの中で、取り分は明確に決まっている。一時のゴールドラッシュは遠のいたと言われるが、黄金伝説に夢を馳せた男たちが今でもここにやって来る。密林の中、社会からはみ出した男たちが金を求めて穴を掘る。当然、その中には荒くれ者もいる。

金の鉱山では高圧ホースを使って採掘するのだが、大量の水銀も使われて、そのまま垂れ流されるから環境汚染は進み、村には指の曲がった子どもたちがいた。

猪木は、その現場を目の当たりにした。実際に、その光景を自分の目に焼き付けるため猪木はセスナを飛ばしてアマゾンまでやって来たのだ。

当初はマナウスにある環境大学に行くという話だった。

マナウスは、後に猪木が『ジャングルファイト』を開催した場所である。

しかし、猪木は現場主義だ。気になることがあったら実際に訪問し、自分の目で確かめるのが猪木スタイルなのだ。

時間を1990年に戻そう。我々一行はパラグアイでアンドレス・ロドリゲス大統領と会った後、ニカラグアに移動した。

当時、ニカラグアではビオレタ・チャモロ女史の新大統領就任が決まっていた。チャモロ女史の夫は反体制派の新聞社の社主だったが、1978年に当時のソモサ政権によって暗殺され、彼女は政治家になった。自宅にチャモロ女史を訪ねると、足を骨折していて松葉杖をついていた。

「ここを子どもの頃に通ったことがあるんです」

会談の途中、猪木がチャモロ女史に言った。

猪木が中学生の時に一家でブラジルに渡ったことは、私がここで詳しく説明する必要はないだろう。猪木の母方の祖父・相良寿郎さんは金山を持っていて裕福だったが、一代ですべてを失ってしまった。

寿郎さんは貧困から抜け出すために、一大決心をする。一家を乗せたサントス丸という名の大きな移民船は横浜からブラジルを目指したが、それは2ヵ月にわたる長い旅路。この時、パナマ運河の3段式のプールをサントス丸は機関車に引っ張られて進んだ。

祖父には以前、このパナマ運河鉄道の利権獲得の話があったようだが、それが実現することはなかった。祖父はどんな思いで、このパナマ運河を見たのだろう。ここを通ったことで猪木の世界観が広がったことは間違いない。

新しいパナマ運河を作れば、海上交通がよりスムーズになり、貿易などが盛んになる。経済発展に向けて、そういう構想は以前からあったが、進展していなかった。猪木が国会議員になって、ニカラグアで次期大統領のチャモロ女史を訪ねた時にこのパナマ運河の話題になったのは必然だった。

このニカラグアでは、現職のダニエル・オルテガ大統領とも会っている。「よく、こんなに大統領と続けて会うことができるなあ」というのが私の正直な感想だった。

続けて、メキシコでは競歩の五輪メダリストのスポーツ大臣と会談した。

メキシコシティでは国立人類科学博物館に無理やり猪木を誘って、太陽のカレンダーやマヤの遺跡物の前で撮影した。その後、日航ホテル近くのタコス店で夕食をとっていると、JALのスチュワーデスたちに見つかり、彼女たちは「わーっ、猪木さんだ！」とはしゃいでいた。

こうして各国の要人たちと会談しながら中南米の旅は続いたが、結果的に私にとってメインイベントとなるのはキューバだった。

PT-LM

「カストロさん、もう来ていますよ」

ご存じの通り、キューバは社会主義国家である。当然、私は初めての来訪だ。

ハバナの空港に到着すると、スペイン語が飛び交っている。ここは国際空港だが、印象は地方の空港のようで、どことなく殺風景に映った。

我々が着くと、すでに政府から迎えの車が来ていた。飛行機に預けた荷物は政府関係者が運んでくれたようで、ホテルに着くと確かに部屋に置いてあった。

私は猪木もキューバに来るのは初めてだと思っていたが、実は前年にソ連に行く前にキューバに寄ってフィデル・カストロ国家評議会議長と会っているという。

「今回もカストロ大統領には会えるかもしれない」

猪木の口ぶりを聞くと、会えると確信しているように見えた。キューバにいる日本の総領事が猪木と親しくしていて、その人の根回しもあったようだ。

日本食が好きだというカストロ議長は時々、日本総領事館を訪問して夕食を楽しんでいるという。その際に、「猪木さんが日本から来る」と伝えていたのではないだろうか。

街に出てみると、住人たちの生活は思っていたよりも質素だった。空港と同じく、街並みは殺風景。ホテルの部屋の中にも最低限のものしかなかった。走っている車も古いタイプが多く、明らかに新型ではない。イメージとしては1960年代のアメリカの車がそのままタイムスリップして、キューバの道を走っているような感じだ。

総領事は猪木に「もうそろそろ、カストロさんが来そうですよ」と伝えていた。

翌日、私がホテルにいると電話が鳴った。受話器を取ると、日本総領事館からだった。

「カストロさん、もう来ていますよ。猪木さんと話をしています。早く来てください」

私は急いでタクシーに乗り、大使館に向かった。大使館の周りには、武装した兵士が何人も立っていた。

中に入ると、カストロ議長と猪木がソファーに座って話している。私は、すぐに写真を撮り始めた。

フィデル・カストロは伝説の男だ。私が子どもの頃、アメリカのケネディ大統領との「キューバ危機」があった。1962年、ソ連がキューバにミサイル基地を作っていることがわかり、アメリカはカリブ海を海上封鎖。米ソは核戦争寸前まで緊張が高まった。

その時、アメリカと対峙した男が1メートル半くらいの距離にいる。私は興奮を隠せなかった。「挨拶もせずに勝手に撮って大丈夫かな」と思いながら、私は床に座り込んで2人の会話の邪魔にならないようにシャッターを押し続けた。

しばらくして、カストロ議長が声をかけてきた。

「オマエは誰なんだ？　オレは新聞記者は嫌いなんだ」

やはり、どの国でも政治家はみんな新聞記者が嫌いなのだ。

「前は新聞記者だったけれど、今はフォトグラフォ（写真家）です」

私は質問に答えた。ぶっきらぼうだが、メキシコで覚えたスペイン語が少し役に立った。

「そうか、好きに撮れ」

そう言うと、カストロ議長は再び猪木と会話を始めた。

2人の会食は、別室で猪木がカストロ議長にお酌をする形で始まった。その光景を撮り終えると、私は部屋を出た。

2時間半以上は経っただろうか。ドアが開くと、赤ら顔の2人が肩を組んで出てきた。まるで旧友のように。カストロ議長はトレードマークの帽子を脱ぐと、猪木に渡した。それを猪木が被った。

2人はかなり酔っていたが、2度目の対面でここまで意気投合できるものだろうか。

後日、盃を傾けながら2人でどんな話をしたのか猪木に聞くと、日本酒を重ねたカストロは革命の盟友チェ・ゲバラとの思い出を語り出したという。

「俺は、つい死んだ娘の話までしてしまった。そうしたら、あのカストロさんが涙を流してくれたよ」

1964年、アメリカ武者修行中の猪木は孤独な時間を過ごしていた。そんな時、友人のホームパーティーに呼ばれた。

その中にダイアナ・タックさんがいた。出会った瞬間から感じるものがあったようで、猪木はポートランドに家を借りて一緒に暮らし始めた。

翌年、女の子が生まれた。猪木の母親の名前をもらって、デブラ・文子と名付けた。

1966年、猪木は豊登と東京プロレスを旗揚げし、ダイアナさんと文子ちゃんも日本に来てくれたが、籍は入れなかった。この時、猪木は「国際結婚というものの難しさを感じた」という。

第1章で私が群馬県高崎市で初めて新日本の打ち上げに参加し、猪木に挨拶した時のことを書いた。この席で猪木の後援者の一人だった群馬県で自動車業を営んでいる絹川昭二さんとも知り合ったのだが、別の機会に絹川さんと会った時、ダイアナさんの話題になった。

「昔、猪木が巡業に出ていた時、ダイアナは娘を連れて俺の家に来ていたんだよ」

つまり猪木が東京に不在の間、奥さんと娘を絹川さんに預け、面倒を見てもらっていたということだ。

猪木によると、日本での生活にダイアナさんは戸惑っていたようだ。「生活習慣や文化の違いが彼女には理解できなかったのだろう」と猪木は回想する。

ダイアナさんは家族で食事をしている時に、サインを求めてくるファンに猪木が応対することも不満だったようだ。サインがほしいならコーヒータイムまで待つべきだと思ったのかもしれない。それがアメリカでは常識だからだ。

しかし、それが日本では通用しない。さらに猪木は巡業の旅に出ると、なかなか帰ってこない。

結果、ダイアナさんは猪木の元を離れる。本土には戻らなかったが、娘を連れてハワイに行ってしまった。

「パパ、なんでここに来てくれないの」

ハワイで会った6歳の娘は、両親が別れたことを理解できていない。猪木はこの娘の言葉のいじらしさに戸惑ったというが、それ以来2人が顔を合わせることはなかった。

8歳になった文子ちゃんは祖父(ダイアナさんの父)に本土で最期の別れを告げた後、母親とポートランドからハワイに戻る飛行機に乗ったが、機内で腹痛を訴えた。機長は近くのサンフランシスコ空港に緊急着陸を試みたが、文子ちゃんはそのまま機内で急死してしまう。

猪木は娘が亡くなったという知らせを受けて悲しみに暮れ、自分の若さを恥じたという。夢を追いかけるのに夢中で、家庭を顧みる余裕がなかったからだ。

猪木は、そんな話をカストロ議長にしたのかもしれない。こうして、2人の関係は友人として長く続くことになる。

それからは入国する際に、猪木はビザもいらなくなった。翌年、再び猪木と一緒にキューバへ行ったのだが、向こうの外務省に連絡しておけば、空港に迎えに来てくれてホテルまで案内してくれた。この時は私もその恩恵にあずかって、ビザなしで付いて行った。

その際、「カリブの海賊」ではないが、キューバ沖に沈んだ船をサルベージ船で引き上げるという計画を政府関係者から具体的に図解を交えながら聞かされた。財宝が沈没船とともに海底に眠っていて、実際に引き上げに成功した例もある。しかし、多くは砂の層が厚く、簡単には引き上げられないことがわかった。

「これからは観光にも力を入れていきたい」

そんな新しいキューバの姿勢が見て取れた。

この国には、アーネスト・ヘミングウェイの小説『老人と海』の舞台もある。キューバ危機の時に世界が恐れた弾道ミサイルも観光客に向けて海岸に誇らしげに置いてある。

「キューバも変わってきているんだなあ」

そう感じた。夕刻には恋人たちが海岸で愛をささやき合っている。

ところで、いきなり話は変わるが、私はサッカーのディエゴ・マラドーナも追いかけていた。前述のように1986年のワールドカップ・メキシコ大会で「神の手」や「5人抜き」を見て、私はマラドーナのとりこになった。

「もっとマラドーナを撮りたい」

そして、1986年10月からイタリアのナポリでマラドーナを本格的に撮り始める。

マラドーナは魅力的だった。試合中はマラドーナだけを見ていれば、充分だった。練習場にも毎日のように足を運んだ。当時のチームの監督からは「ピッチのラインより中には入らないでくれ」と言われたが、後は近づこうが、離れようが自由に撮影できた。

ある日、マラドーナに手招きされ、ピッチのど真ん中で自分の子どもと遊んでいるプライベートショットも撮らせてもらった。その後、私が撮影済みのフィルムを練習場で落としてしまったら、マラドーナは「これは大事な物だろう」と拾って届けてくれた。

私は1986年11月に、東京で1日限りの写真展を開いた。タイトルは、『アントニオ猪木とディエゴ・マラドーナ』。その名の通り、2人の写真だけを展示し、猪木も多忙の中、来場してくれた。

私は猪木と雑談をしている時に、よくマラドーナの話をしていた。そのせいか、後には猪木の方がマラドーナのことを気にかけるようになり、「最近はどうしてるの?」と質問されることもあった。

1990年のワールドカップ・イタリア大会が終わると、そのマラドーナにスキャンダルが発生する。薬物をめぐるマフィアとのトラブルも報じられた。私が「スキャンダラスなところは猪木さんとそっくりですよね?」と言うと、猪木は無言で笑っていた。

1994年のワールドカップ・アメリカ大会が終わった後には、いつの間にか、ぶくぶく太ってしまったマラドーナがいた。それに手を差し伸べたのがキューバのカストロ議長だった。

「いつかキューバで、カストロ、猪木、マラドーナという凄い組み合わせの3ショットを撮りたいな」

私の中には、そんな夢があった。この写真はキューバでしか撮れない。マラドーナも猪木も自由に撮影させてくれるタイプなので、もし3人がキューバで揃うことがあれば絶対に撮れるはずだ。

しかし、カストロ議長は2016年11月に死去。そして、マラドーナも残念ながら2020年11月に亡くなってしまった。

話が脱線してしまった。1990年は猪木と中南米を旅した後、9月には新日本プロレスが中国の黒竜江省ハルビンに遠征し、私も同行した。

ちなみに、その前月にはイラクがクウェートに侵攻している。国連は緊急安全保障理事会を開き、イラクの即時撤退を要求する決議案を採択したが、逆にイラクはクウェートに残留していた外国人を自国に強制連行。その〝人質〟の中には日本人も含まれていた。

猪木はこの湾岸危機の解決策として、一番良いのは中国が仲介役になり、アメリカ、イギリス、ソ連、イラクと話をしてくれることで光明が見えるのではないかと考えていた。

さらに第2案として、一人の人物を思い浮かべていた。

「カストロさんでは、どうだろう」

カストロ議長は、国連のイラク経済制裁決議を棄権した。「かつてキューバが経済制裁を受けた苦い経験から、大国が経済封鎖をして追い詰めるやり方は容認できなかったのではないか」というのが猪木の考えだった。

猪木は中国側要人との会談を申し入れていたが、日本からは自民党の金丸信率いる訪中団、ソ連からはシュワルナゼ外務大臣も来たので、会談の日程はなかなか決まらなかった。

ハルビンでの試合を終えて北京に戻った猪木は、いつも通りに早朝のランニングに出かけて天安門前の大通りを走ったり、万里の長城を訪れたりもした。遠征に同行した長州力ら新日本プロレスのレスラーたちが天安門広場で記念撮影をしているのを見ると、私は「近い将来、この場所でプロレスの試合ができる日が来るかもしれない」と思うようになっていた。

この時、猪木はまず中国のイラク大使と会談を持った。アリ・ジャフ大使は、日本に7年間もいたことがある。

猪木は「今回の日本政府の措置は、日本とイラクの友好関係にヒビを入れるものです。国連安保理の決議では、経済封鎖の中に食料、医薬品は含まれていないはずです。これはイラク国民に死ねと言っているようなものです。日本政府はこれに加わるべきではないと私は思っている。中国政府は安保理決議と経済制裁には賛成したが、食料や医薬品の封鎖には賛成していない」とジャフ大使に伝え、その際にカストロ議長の名前も出した。

しかし、ジャフ大使は「キューバは、アラブ諸国と強いパイプを持っているわけではない。カストロ議長がイラクを訪問すれば、世界的なニュースにはなって個人的には貴重な提案だとは思うけれど」と猪木のプランに否定的だった。

大使は、言葉を続けた。

「決定的な影響力を考えれば、ソ連、中国といった大国が中東の安定に貢献する力を持っていると思います。それよりも猪木さん、あなたがイラクに行くというのはどうでしょうか？　日本のイラク大使は、私の友人です。連絡しておきますから、彼に会ってください」

こうして猪木は、イラク問題解決の糸口を見出そうと動き出した。

その後、中国の呉学謙副首相との会談は釣魚台の大きな迎賓館で始まった。私も同行したが、大きなソファーに座って後方にそれぞれ通訳が付くという中国スタイルだった。

「イラクがクウェートから、まず撤退することだ。そうすれば、アメリカがサウジアラビアに駐留する理由はなくなり、中東の緊張は解消される」

外交のプロと言われていた呉学謙副首相は、そんな建前しか言わなかった。この時点で、中国はイラク問題に対して積極的ではなかった。

だが、猪木の中ではジャフ大使から言われた「あなたがイラクに行くべき」という言葉がもう歩き出していた。

イラク大使館に行っても国会議員にはビザは出ないと言われていたが、それは事実ではなかった。申請した人がいなかっただけだった。

アントニオ猪木がイラクに行く。当時、イラクは日本で悪役として認識されていたから、猪木はその味方と取られかねない。そのため側近からも反対されたようだ。

「イメージなんかどうでもいい。国会議員になった時、この世界で命を懸けようと思った。イラクには人質を含めて300人以上の日本人がいる。行ってみなければ、始まらないよ。結果が悪ければ、バッジを返す」

「俺だって怖いよ。結婚して、子どもも生まれたばかりだ。行くか行かないかの話でなく、イラクに行って何ができるか、何をすべきかなんだ」

そして、猪木は通訳とコーディネーターを兼ねたU・Dカーンさん、秘書の福田芳久さんと3人でバグダッドを目指した。

第９章
感動的だった「人質解放のダァーッ!!」

1990年10月23日、私は猪木とバグダッドにいた。

この時期、前章でも触れたようにイラク問題は「湾岸危機」と呼ばれて緊迫していた。戦争前だったものの、戦争状態と同じ扱いでイラクは通常の海外旅行保険の適用外だった。

私は戦場カメラマンでもないのに高額の戦争保険に入って、猪木と一緒にバグダッドへ行った。猪木は、これが2度目の訪問である。当時、報道ではイラクに入れなかったから、用意した肩書は「猪木のフォト・セクレタリー」だった。

いつ空爆が始まるのか。その緊張感は今でも忘れられない。宿泊先はイラク政府に用意された高層のアル・ラシード・ホテルだった。部屋の窓から外を見ると、ミサイル攻撃に備えてコンクリートの防護壁が突き出ていた。窓側は危険だ。ベッドは2つあったが、私は窓側は避けてドアに近い方で寝ることにした。

この年の8月、イラク軍がクウェートに侵攻して湾岸危機は始まった。イラクのサダム・フセイン政権は、日本人やアメリカ人など現地で働いていた商社マンらを「ゲスト」として人質に取った。

彼ら「人間の楯」はアメリカ軍からの攻撃を避けるために、バスラなどイラクの軍事施設に連れていかれた。しかし、日本政府はなかなか重い腰を上げない。

日本に残された人質の家族たちは、猪木を頼って議員会館を訪れた。当時の海部俊樹総理にも要望書を提出したが、政府側は受け取っただけでアクションを起こしてくれなかった。

猪木の行動は早かった。9月18日、独自のルートでイラクに乗り込むと、片倉邦雄イラク大使は訪問を心から歓迎してくれたという。そして、早くもマハディ・サレハ国会議長らと会談を持った。

サレハ議長は日本政府の姿勢に抗議の言葉を続けていたが、すべて聞いてから猪木はこう言ったそうだ。

「私は日本政府の代表ではなく、一人の議員に過ぎない。だが、私はできる限りのことはします。私があなた方のために何かできることはありますか？」

猪木のこの言葉に、サレハ議長は表情を和ませた。

「イスラムの教えに、どんな戦闘状態であれ、戦場にいる婦女子、病人、年寄りを先に救えというものがあります。イスラムの精神に基づいて、人道的な対処をお願いします」

この時、猪木は片倉イラク大使から預かっていた16人の人質解放優先リストをサレハ議長に渡した。

その後、猪木はカルバラのモスクで白と黒の2頭の羊を生贄に捧げ、イスラム教への改宗の儀式を行って、「モハメド・イノキ・フセイン」を名乗った。猪木は、その国や地域の文化、歴史を大切にする。

イスラム教に入信した翌日には、ターハー・ヤシン・ラマダン第1副首相とも会った。ラマダン副首相も最初は日本への非難を続けていたが、サレハ議長と同じように猪木を受け入れた。

この時のことを猪木に尋ねると、こう言っていた。

「サダム・フセインに半歩下がる勇気を伝えたかった」

最初の訪問時、AP通信やロイター通信は早朝のバグダッドを走る猪木の姿を世界に配信した。

帰国した猪木は、成田空港で記者会見に応じた。会見場は身動きができないほど、ぎっしりとマスコミの人間で埋まっていた。

「日本国内での戦争だの武力行使だのといった無責任な発言は、すべて日本人人質や在留邦人に降りかかってくるんです。総理であろうと、人間の心を忘れた政治家はぶっ殺してやる」

言葉は適切ではなかったかもしれない。だが、猪木は激しい怒りをこう表現した。言葉だけを取り上げて問題視する人もいたが、猪木は発言を取り消すようなことはしなかった。

猪木は人質解放に向けたイラクでの平和のための祭典開催を進めていた。

猪木が会見場を出た後、猪木が座っていたソファーには黒い財布が残されていた。私はそれを預かって、議員会館に届けた。これがイラクへの同行取材の始まりだった。

「アントニオとバグダッドに行きませんか?」

しばらくして、猪木の兄の快守さんから電話がかかってきた。

「アントニオとバグダッドに行きませんか?」

さすがに一瞬、返事に詰まったが、私は「行きます」と答えた。

場所が場所だけに、不安は大きい。猪木と一緒ではなかったら、断っていたことは間違いない。戦争状態の国に行くとなれば、自分だけの話ではなくなる。私の長男は、まだ幼かった。

こうして、私は猪木の2度目のイラク訪問に同行することになったわけだが、マスコミとしての入国は許可されなかったから、前述のように同行者は全員、猪木の秘書、セクレタリー扱いだった。

この時、猪木には5人が同行した。側近の福田芳久さん、猪木の自伝本『闘魂記』を作った集英社の編集者・田中知二さん、ライターの中村敬三さん、読売新聞国際部記者の高須賀茂文さん、私というメンバーである。

やはり心配なのだろう。私の妻は2歳の息子を連れて成田空港まで来て、猪木に「よろしくお願いします」と言っていた。

ライターの中村さんや私には高額の戦争保険がかけられていたが、集英社の田中さんは会社から許可が下りず、それでも「猪木さんと一緒に行きたい」とイラク行きを決行したから保険には入っていない。

「死んだら、犬死にだな。叔父さんの葬式ということで、会社は休みになっているんだけど」

田中さんは、そう言って笑った。

10月22日に成田を出発した我々は、ドイツのフランクフルトからヨルダンのアンマンを経由して、イラクのバグダッドに入った。バグダッドには、アンマンからのイラク航空以外に入る手段がなかったからだ。

アンマンに出発する朝、フランクフルトのホテルのレストランで偶然、イラクの国会議員2人と会った。

一人はタハ・ダーウッドという名前で、前回も猪木の窓口になってくれたそうで2人は再会を喜んだ。ダーウッド氏はウルグアイ・ラウンド（多国間通商交渉）の帰途で、過去に各国で大使を務めた経験もあり、温厚な人物だった。しかし、もう一人の議員は〝武闘派〟に見えた。

アンマンの空港に到着すると、そこで足止めを食らっているテレビ局や新聞各社の特派員、現地通信員といった人たちが群がってきた。

「猪木さん、私たちもイラクに連れて行ってください」

そう言うと、記者たちは猪木の前に、それぞれのパスポートを積むように置いていく。異様な光景だった。

その夜、空港近くのホテルに泊まった私たちは誰もが多弁だった。明日はバグダッドに入るという緊張感が無駄に喋るという行為を助長していたのだろう。猪木は真面目な話をしていても、時おり得意のダジャレを飛ばしてきた。

翌日、出発の時刻に昨日の記者たちは誰も姿を見せなかった。あのパスポートは何だったのだろう。現実的な話をすると、猪木に付いてきても前述のように「報道」の肩書ではイラクに入国できない。結局、パスポートの束は現地の大使館員に預けた。

バグダッドの空港に降り立つと、やたらと体の大きい男性が出迎えてくれた。名前は忘れてしまったが、彼も温厚で静かな語り口だった。イラク・オリンピック委員会の委員で、アマチュアレスリングをやっていたという経歴のため猪木担当を任されたようだ。

翌日、フランクフルトで会ったタハ・ダーウッド氏と、もう一人の議員もバグダッドのホテルにやって来た。

このホテルはロビーとバーがつながっていて、酒のせいでもないのだろうが、みんなでソファーに座って話をしていると、「猪木さんもレスリングをやっていて強いだろうけど、あなたがいくら強いと言っても、これには勝てないだろう」と言いながら、武闘派議員はむき出しでベルト

9
Abfertigung
Check - in

に挟んでいたピストルを取り出した。これには猪木も苦笑。ダーウッド氏が「ここで、そんなものを出すなよ」と諫めて、その場は収まった。

サレハ議長との2度目の会談は、順調だった。

「私は、前回あなたに約束したことを忘れていません。現在、ゲストのみなさんの解放については進行中です」

「平和のイベントの時に、ゲストの奥さんたちを全員連れてきたい。飛行機も東京からバグダッドに直行便で乗り入れたい」

「飛行機については、こちらは問題ありません。そして、奥さんたちが帰る時にはゲストのみなさんと全員一緒に帰られることを願っています」

猪木はこの2回目のイラク訪問でも、毎朝走っていた。何日目かの早朝、一緒にホテルを出たのだが、写真を撮ろうとすると猪木は笑いながらスピードを上げて、バグダッドの街中の大通りで大きく引き離されてしまった。

すれ違う何台もの車がクラクションを鳴らし、「ガンバレ！」とカメラを手に喘ぎながら走っている私を応援してくれる。

「確か、この先を左に曲がったな…」

私はゆっくり猪木の後を追った。しばらく行くと、サダム・フセインの銅像の前で私を待ってくれている猪木の姿が目に入った。

「遅いぞ。APとロイターのカメラマンは、しっかり付いてきたけどな」

猪木はそう言って、楽しそうに笑っていた。「猪木さん、勘弁してくださいよ」と思ったが、危険な国に行っても猪木のイタズラ心は変わらない。

現地では、手さぐりで『平和の祭典』に向けての交渉と会場探しが始まった。政府側はサダム・フセインの息子のウダイ・フセインが実質的にはトップの窓口だった。

チグリス川、ユーフラテス川、メソポタミア文明、バビロンの遺跡。いずれも小学校の頃に聞いたフレーズである。私は緊張状態のイラクにいながら、どこかでアラビアンナイトの世界、遠い昔のおとぎ話の世界に身を置いているような感覚も覚えていた。

バビロンの遺跡の話になった時、「行ってくれば」と猪木が言った。

「いい会場の候補があるか見てきてよ」

前述のように、猪木は一度行ったことがある場所はよほどのことがないと行きたがらない。ブラジルとアルゼンチンの国境にまたがるイグアスの滝に誘った時も、返答は「行ってくれば」だった。

「今日はずっとホテルにいるから、車を使っていいよ」

結局、猪木以外の4人と政府が用意してくれたイラク人の運転手で外出することになった。ひとときの観光気分。

緊張を忘れてバビロンの有名なライオン像の前で、みんなで記念写真に収まった。

帰りに円形の劇場のような施設を見つけた。プロレスをやるなら、ここがいいんじゃないかと思い、車を降りて2~3枚シャッターを切る。

だが、1分も経たないうちにジープが走り寄って来て、2人の兵士に正面から機関銃を突きつけられた。兵士の指先は引き金にかかっていて、もう一方の開かれた手は「フィルムをよこせ」と言っている。

後でわかったのだが、そこは劇場ではなく軍事施設だった。金網には立ち入り禁止の〝どくろマーク〟が張られていて、この状況はフィルムを兵士に渡す以外、解放される方法はない。

イラクに行く前から、撮影がダメなところを写真に収めたらフィルムを没収されてしまうことは想定していた。そのため写真を撮ったらフィルムは小まめに取り変えるようにしていたが、遺跡観光の後だったから、つい油断してしまったのだ。

私は乗っている車がイラク政府のものであることをアピールしたが、兵士たちには通じなかった。イラク人の運転手は一切関わりたくないようで、一言も発しない。

「原さん、早くフィルムを渡して」

車内から誰かの声が聞こえた。これはもう観念するしかない。

私はカメラからフィルムを抜き取ると、兵士に手渡した。彼らはそのフィルムをポケットに入れると、黙って立ち去った。幸いにもそれだけで無事に済んだが、メソポタミア文明の観光記念写真は兵士たちとともに消えてしまった。

同じようなことは、他の日にもあった。イラク・オリンピック委員会のビルの一室では、ウダイと猪木が英語で話をしていた。当然、私はフォト・セクレタリーとして、その場面を写真に収めた。

ウダイはイラクのオリンピック委員会の会長でもあった。2人はモハメド・アリ戦やサッカーの話をしている。会話は盛り上がっていた。

「私も若い時に、サッカーをやっていたんですよ。その時の傷がこれです」

ウダイはズボンをめくり上げると、右ヒザの下にある古傷を見せた。

もちろん、私は写真を撮った。

「いい写真を撮ったね。記念にくれないかな」

帰りがけ、車に乗ろうとすると、ウダイの側近が声をかけてきた。

「また、やってしまった…」

傷は個人を特定できる重要なポイントである。サダムにもウダイにも影武者が存在すると言われた状況では、撮っ

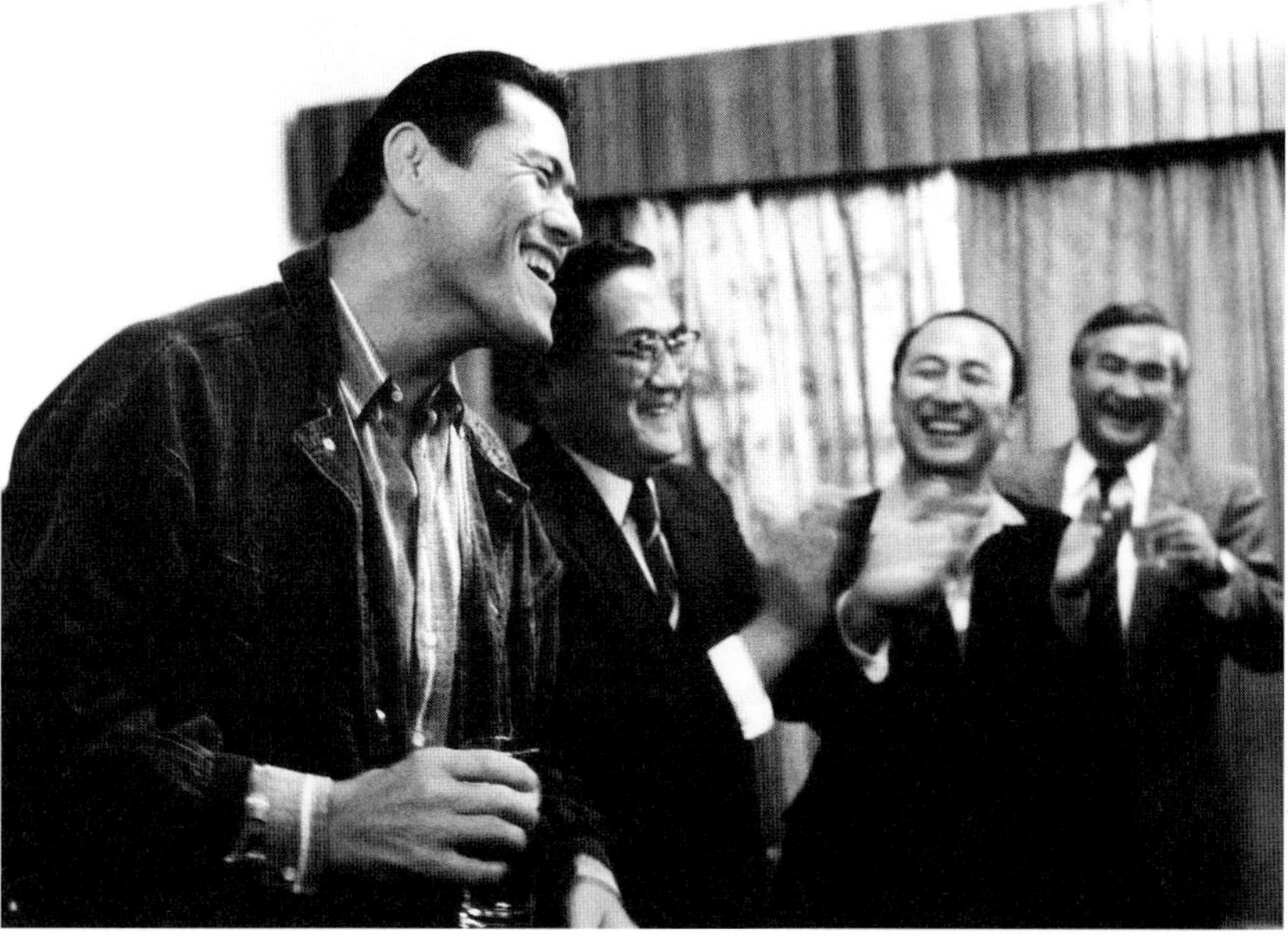

てはいけない写真だったのだ。

私はフィルムを抜き取ると、この写真が現像されることはないだろうと思いながら側近に手渡した。このことは猪木に報告したが、いつものように笑うだけだった。

「足が腫れちゃって、延髄斬りは打てないな」

猪木は『平和の祭典』でプロレス、サッカー、音楽の3つを軸とし、12月の開催を目指していた。だが、まだ何ひとつ決まったことはなかった。

滞在日程も残り少ない。そんな時、「話が進んでいない？それなら芸術省に行ってみればいいよ」と猪木に友好的なダーウッド氏から助言を受けた。

翌日の午後、芸術省を訪ねると、向こうから質問することもなく、猪木の話を聞いていた大臣が突然言った。

「わかりました。やりましょう」

この一言で、すべてにゴーサインが出た。あまりの急な進展に、猪木と私たちは顔を見合わせるしかなかった。

帰国した猪木は、『平和の祭典』の開催に向けて奔走した。

まずはバグダッドに入る飛行機が必要だった。日本の航空会社は、日本航空も全日空も安全性を理由に首を縦に振らなかった。政府も知らん顔である。というよりも、逆に航空会社に圧力をかけていたのだろう。

そんな中、トルコ航空がチャーター機を出して協力してくれることになった。

そのチャーター機には人質の家族、イベントに参加する新日本プロレスのレスラー、歌手、さらにイベントを取材するマスコミが乗る。イラクに入れなかった報道各社にとって、こんなチャンスはないので通信社や一般紙もこれ幸いとエントリーしてきた。もちろん、人質が解放されれば、みんな一緒に帰って来られるように、その人数分の席は空けられていた。

猪木は11月30日出発のチャーター便が用意できたので、「一緒に行きましょう」と人質の家族で構成されていた『あやめ会』に声をかけた。だが、外務省も人質たちが在籍している企業も家族の同行に否定的な考えを示した。

「安全が保障できない」

お役所的な決まり文句だが、何事にも確実なんてものはない。とはいえ、当時のイラクの状況を考えれば、無闇に批判できないのも事実である。

しかし、猪木は2回にわたるサレハ議長との会談で、ある感触をつかんでいた。イラクまで妻が夫を迎えに来れば、相手はそれに応えてくれる。これは日本人にはわかりにくいアラブ的な発想である。

だから、猪木は家族を誘った。さまざまな不安や圧力で同行を断念した人もいたが、それはやむを得なかっただろう。それでも子どもを含めた46人の家族が猪木とともにバグダッドに向かった。

私は片道だけをリクエストして、そのチャーター機に乗せてもらうことにした。バグダッドに入るのは大変だが、出ることはそれほど難しくないと前回の訪問で感じていたからだ。

当然、猪木はイベントが終わっても、少しバグダッドに留まるだろうと予想した。そうしたら、一緒に日本に戻ればいいし、自力でバグダッドからアンマンに出て、ヨーロッパのどこかから東京に戻ることもできる。

『あやめ会』の46人の家族は11月30日、チャーター便に乗り込んだ。それは国連がイラクに対して武力行使を採択した翌日だった。

12月1日、『平和の祭典』は国際会議場での猪木のスピーチで開幕した。壁にはサダム・フセインの肖像がかかっている。サダム・フセイン以外のイラク政府の重鎮たちも顔を揃えていた。

場内は関係者で満席。全員が同時通訳で猪木の話を聞いている。人質の家族、現地の人質ではない日本人商社マン、マサ斎藤や長州力からプロレスラー、日本から来たミュージシャンたちもその場にいた。

セレモニーは1時間くらいだったろうか。最後はウダイ・フセインのスピーチで締めくくられた。

すると、建物の外にいた子どもたちが中に入って来る。彼らは我々が到着した時にも歓迎してくれた。子どもたちは切り花を手にしていて、全員に一本ずつ手渡している。

翌日、バグダッドのアル・シャーブ・スタジアムでは軍の制服を着た子どもたちが参加したオープニングセレモニーの後、サッカーの試合が行われた。イラクの2つの強豪クラブチームが戦い、VIP席にはウダイ・フセインと猪木がいた。

もう一人、ウダイを挟んで猪木と話している人物がいる。よく見ると、ニカラグアのオルテガ大統領だった。2人はこの年の3月にマナグアで会談していたから、不思議な縁である。

その後、国立劇場ではコンサートが開催された。イラクの民族的な音楽に続いて、河内屋菊水丸らがパフォーマンスを見せる。そして、会場にジョニー大倉らのロックロールが激しく響いた。これにはイラクのお偉方は難しい顔を見せていたが、長州はノリノリで、これも成功に終わった。

さあ、明日はプロレスだ。この日の夜、私とライターの中村さんがホテルのロビーから部屋に戻ろうとすると、アラブの白い民族衣装を着た猪木がエレベーターで降りてきた。

「猪木さん、どうしたんですか？」

「足が腫れちゃってね」

猪木は笑いながらポツリ。イラクでは、その白い民族衣

مهرجان
صوت السلام العالمي
من العراق .

装をまとった時に足元はサンダルが正装になる。おそらく靴を履けないのだろう。

話を詳しく聞くと、猪木は右足の先が腫れたという。

「これじゃあ、延髄斬りは打てないな」

この時はカードが当日まで未発表。結局、猪木は試合を欠場した。

12月3日、ホテルに政府の送迎バスが来て、我々はサダム・フセイン・アリーナへ向かった。

この会場は日本で言えば、大田区総合体育館より少し大きく、四方のうち2面は席を作らず現地のテレビカメラを設置。そのためアリーナ部分の席は少ないが、2階席も含めて満席だった。リングはチャーター機で日本から運んだものだ。

私が会場に着いた時、2階席には人質の人たちが招待されていて、日本から来た家族たちと再会を果たしていた。試合前、猪木が2階に上がり、家族たち一人ひとりと握手を交わす。

「もうすぐですから、頑張りましょう」

私はあえて2階に上がらず、アリーナからシャッターを押した。政府が会場に人質を連れてきたことは、かなり柔軟な対応で、私も解放は近いと感じた。一度会わせておいて、また引き離すことはないだろう。

一方、イラク人の観客たちは静かに試合を待っている。この日もウダイが来場。動員数は2000人くらいか。売店などは出ていない。当然、パンフレットもない。

いざ、試合開始のゴング。当日は全4試合で、セミファイナルにはアメリカから来たバッドニュース・アレンが出場した。おそらく、本来は猪木の相手としてブッキングされたのだろう。

ここはイラクだけに、アメリカ人のアレンが登場した時は立ち上がって抗議らしき言葉を浴びせる客もいた。相手は栗栖正伸。イラクの観客は試合中も静かだったが、この試合が一番反応があったように思う。

メインではマサ斎藤と長州力がタッグを組んで馳浩&佐々木健介と対戦し、タイガー服部レフェリーが試合を裁いた。試合が終わると、長州たちは人質たちがいる2階席に向けてアリーナから激励の言葉を送った。

大会終了後、日本から来た『あやめの会』一行は泊まっていたホテルに戻ったが、人質だった人たちは市内の別のホテルに連れて行かれた。後で翌日に両者が再び対面を果たし、ウダイら政府関係者から「もうすぐ帰れますから」と告げられたと聞いた。

解放は着実に前進していた。

12月4日、イベントに参加したレスラーやミュージシャンたちはチャーター機で日本に戻った。

「この後、どうするんですか？」

ワールドプロレス
ワールドプロレス

「すぐに戻る気はないけど、俺がイラクに残ると言ったら、みんな帰らないだろう」

猪木はそう言って、パフォーマンスとして空港に行って荷物をチェックインし、CNNなどのインタビューに応えていた。

私はチャーター便の帰りのリストに名前が入っていないから、ホテルの部屋に荷物を残したままだった。

ほとんど全員のチェックインが済んだ頃、一人の商社マンが猪木に言った。

「猪木さん、ちょっと待ってください。もう少し残ってください。もうじき、政府から発表があるかもしれません」

「わかりました」

世話役として奔走していたその商社マン、野崎和夫さんはベルトコンベアの中に入って行き、猪木が預けた荷物を引き上げてきた。猪木としてもバグダッドに残るつもりだったから、何の問題もない。日本から来た家族たちも「夫と一緒に帰ります」とバグダッドに留まっていた。

前日、猪木は長い手紙をサダム・フセイン宛に書いていた。その手紙も野崎さんがイラク外務省に届けてくれた。そして、今日中にサダム・フセインに渡すと確約してもらったという。

猪木はサルマン世界平和友好協会会長と会い、さらにウダイから「みなさん、帰れますよ」と解放の約束を取り付けた。

12月5日、イラク政府とサダム・フセインは猪木が開催した『平和の祭典』の功績を称えて、まず初めに日本人の人質解放を発表した。続いて、数時間後に他国の人質全員の解放も発表した。

私はホテルの猪木の部屋から日本に電話を入れ、週刊ゴングの清水さんにイベントの模様を連絡した。なぜなら、猪木の部屋だけが日本に電話でつながったからだ。

しばらくして、日本大使館から電話がかかってきた。

「マンスール・メリア・ホテルに、すぐに来てください。猪木さんはもう来ています」

ホテルでは、解放された人質たちが家族と一緒にいる。涙と笑顔が交じり合った幸福な空間だった。

家族の誰かが「猪木さん、あれをやりましょうよ」と言い出した。その場にいる日本人のカメラマンは共同通信と東京スポーツと私の3人だけ。共同通信が配信した「人質解放のダァーッ!!」は日本の全国紙の1面になった。数ある「ダァーッ!!」の中でも、最も感動的なものだった。

この歴史的な人質解放を受けて、日本政府はやっと重い腰を上げ、救援の政府特別機をアンマンまで飛ばすことを決めた。

イラク航空の機体がバグダッドの空港を離陸した時の安堵感を忘れることはできない。イベントとはいっても緊張

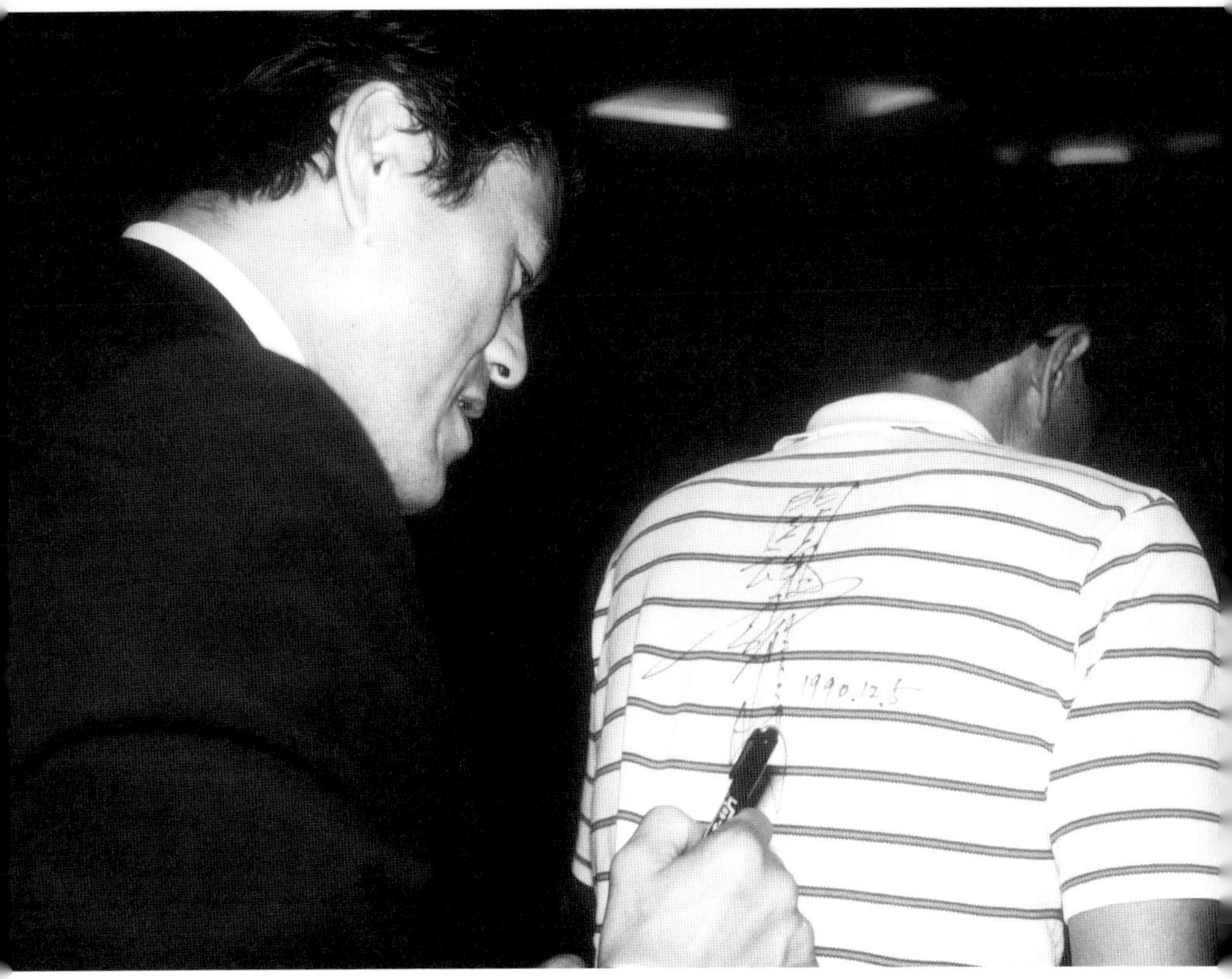
1990.12.5

の連続だったから、全身からスーッと力が抜けていくのを感じた。

アンマンの空港のトランジット・ラウンジでは、人質だった人たちへの猪木サイン会が行われていた。猪木はシャツの背中にもサインしている。

やがて「日の丸」を付けたＪＡＬの機体が見えた。政府特別機が到着したのだ。日の丸がこんなに頼もしく見えた日はなかった。

解放を1面で伝える日本の新聞を手渡されると、みんなが確認するように見入っていた。

全員が特別機に乗り込み、離陸すると自然と拍手が沸き上がった。しばらくして、水平飛行になるとシャンパンで乾杯。猪木は白いトレーニングウェアに着替えて、リラックスしていた。

人質の人たちにはビジネス席が用意されていたが、横になりたいためエコノミーの4つ続きの席を選んだ人もいた。『あやめ会』の人たちはコックピットに招かれ、猪木と記念撮影。疲れたのか、ホッとしたかのか、猪木は途中から寝ていたような気がする。

成田空港に到着すると、最初に開放された人たちが降りて行った。数百人の報道陣がそれを待ち受けている。猪木が最後に降りると、無数のフラッシュが焚かれた。

私は少し遅れて、背後から猪木の背中を撮った。さらにふり返ってもらい、「私だけの凱旋シーン」をカメラに収めた。それが左頁の写真だ。

CONNECTION GUIDE

第10章
素直に、見えたままに猪木を撮る

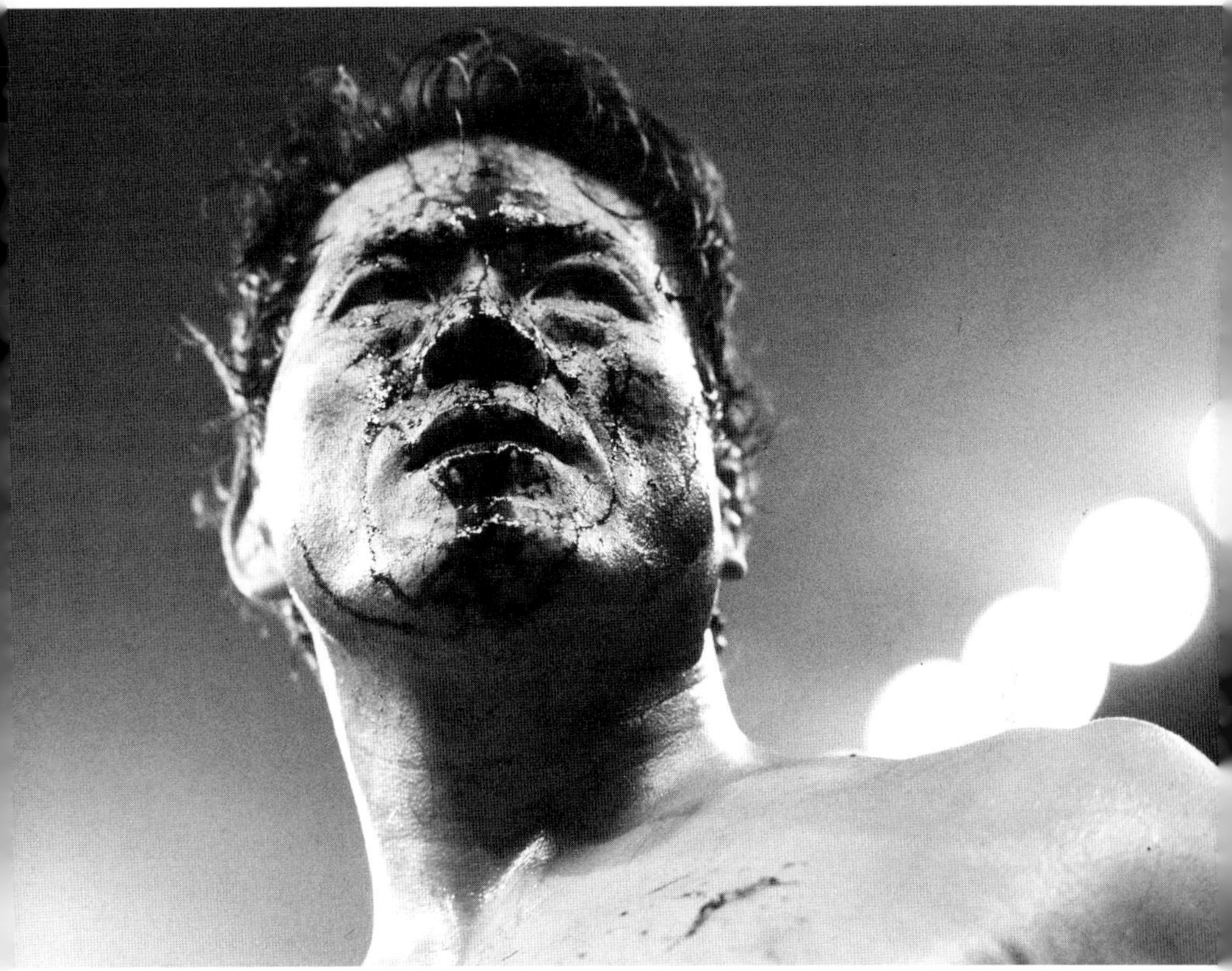

1991年7月、私は猪木とペルー共和国へ向かった。集英社の新雑誌『Ｂａｒｔ』の取材で、ライターの中村敬三さんも一緒だった。

向こうに着いて首都リマのホテルで一緒に食事をしていると、猪木は「急用ができた」と突然、自分の部屋に戻ってしまった。「サインしておいて」とも言われたので、私は食べ終わってからレストランの伝票に自分の部屋の番号と名前をサインした。

翌日、猪木と顔を合わせると「そういう時は、俺の名前でいいんだよ。俺が払うんだから」と言われ、それからは「ＩＮＯＫＩ」と書くようにしている。

この時の猪木の目的は、日系人として初のペルー大統領となったアルベルト・フジモリ氏の就任1周年式典に出席するためだった。入国の翌々日、猪木は朝早くにリマの大統領官邸にいた。

この7月はテロ行為を繰り返していた極左武装組織センデロ・ルミノソによって、ＪＩＣＡ（国際協力機構）から派遣された日本人の農業技術者3人が殺害され、現地在住の日系人の誘拐や射殺といった事件も続いていた。

猪木は式典と記念行事に出席した後、フジモリ大統領を官邸に訪ねた。私も一緒に執務室に入ると、ジャンパー姿の大統領がいた。

フジモリ大統領の両親は移民で、熊本からペルーに来た。「65年前のことです。当時の我々の親たちの気持ちは同じだったんでしょう。苦労はブラジルもペルーも一緒ですから」

フジモリ大統領は、猪木からお土産の球磨焼酎を笑顔で受け取った。球磨焼酎は、熊本県の球磨郡や人吉市で作られている米焼酎である。

「国民が私とともに歩んでくれるためには、ペルーの現実の厳しさを隠してはいけません。現実を冷静に見据えることから、本当のカンビオ（改革）が始まると思っています。今回の事件を受けて、ペルー国民が日本を嫌っていると思わないでいただきたい。ゲリラは日本人、日系人に限らず、無差別にペルーの子どもや婦人に対しても残忍なテロ行為をしています。そんなセンデロ・ルミノソの姿勢こそ糾弾されるべきものなのです」

フジモリ大統領は就任以来、センデロ・ルミノソの撲滅に力を注いできた。それにより組織の規模はかなり縮小されたが、一連のテロ行為は就任1周年を前にしたフジモリ政権への抵抗の表れでもあった。

「大統領、私は軍事パレードでテロ組織に対する自警団の姿を見ました。おもちゃの銃を持った子どもや投石の網棒を構えた女性、クワやナタを持った農民もいました。みんながゲリラから自分の国を守るために立ち上がっていますね」

猪木は続けた。

「私はペルー国民を励ます意見広告をこちらの新聞に出し

ました。最も困難な時にこそ手を差し伸べるのが本当の友情です。ペルー国民に日本人の心を伝えたい。フジモリ政権が過去から引き継いだ多くの問題を解決するために、国民が心を一つにして頑張っている。私はゲリラに訴えた。あなたたちの真の敵は貧困であるはずだ、と。そして、国民が暴力と抑圧から解放されることを望んでいる。勇気を持ち、対話と協調によって問題の解決に当たることを願ってやまない」

猪木の話を聞いていたフジモリ大統領は、こう応えた。

「ＪＩＣＡの引き揚げは残念でしたが、日本がペルーの最大の援助国であることに変わりはありません。テロの温床になっている農村を救わなければなりません」

そんな話をしていると、フジモリ大統領が突然、猪木に尋ねた。

「今日は、これから予定がありますか？　今からアンデスの山村に行くんです。そのため、こんな格好をしているのですが、ご一緒しませんか？　そうしたら、お話しする時間がたっぷり取れますよ」

予期しない展開になった。猪木は大統領の車に同乗して、空港に向かう。しかし、私はその後ろから別の車で付いて行った。口には出さなかったが、こんなことを思った。

「大統領の車は防弾ガラスだから大丈夫だろうけれど、この車はテロ集団に撃たれたら終わりだろうな…」

イラクほどではないが、現地で日本人が３人殺害されているだけに身の危険を感じないわけではない。

フジモリ大統領と猪木は、軍用輸送機Ｃ－１３０ハーキュリーズに乗り込んだ。詳しくはないが、機体の窓を背にして長イスに向かい合わせに座るスタイルで、おそらくパラシュート部隊が使うものだろう。機内は広い。前方には机をはさんで向かい合って座れるスペースがあり、２人はそこに座った。エンジンの音はうるさかったが、予想もしていなかった形で猪木はフジモリ大統領と会話を続けることになった。

機体が目的地のカハマルカに着陸すると、小型トラックが待っていて、その荷台にフジモリ大統領が乗る。カハマルカはペルー北部の標高２７５０メートルの盆地だ。インカ帝国最後の皇帝と言われたアタワルパは、スペイン人によってここで幽閉の末に処刑された。

荷台に立ったフジモリ大統領は、沿道の村人に手を振りながら村の中心に向かった。村での歓迎会は、テントが張られた小さな運動場のような広場で行われた。

猪木は日本からの特別ゲストとしてフジモリ大統領から紹介され、歓迎会の後に野外ランチが始まった。

これがペルースタイルの遊説なのだろうか。私は何度も猪木と海外を旅したが、これも特殊な経験だった。

「私の任期は５年ありますが、その５年間でどうにかしよ

ZA AEREA DEL PERU
PELIGRO

LOS ANGELES
ATHLETIC CLUB

うなどと悠長なことは言っていられないのです。今、2年目になりますが、この国の方向性を決めなくてはならない」

貨幣の価値がなくなったアラン・ガルシア政権時代のスーパーインフレをフジモリ大統領は30％にまで抑えたが、国民はまだまだ困窮していた。

カハルマカの農民たちの歓迎は続いた。彼らが振舞ってくれたのは、羊の肉や豆を使ったペルー独自の料理だった。

農業はフジモリ大統領の専門分野である。ペルーの国立農科大学を卒業後、アメリカに留学し、国立農科大学学長を経て大統領になった。

「南米大陸に来ると、新鮮さを感じる」

猪木はそう言ったが、フジモリ大統領は「私はここで生まれたので、それは感じませんが、ペルーに戻って来ると乾いた空気を懐かしく感じることはある」と答えた。

「必要な時に、必要なものを必要なだけ提供するのが外交の基本だと考えている」

猪木は、政治家としての自分の理念をそう語る。

2人はペルーとブラジルの横断道路を完成させて、南米全体の経済を発展させる話もしていた。猪木の世界観は、日本の政治家の持っているものとはまったく違う。猪木がフジモリ大統領と過ごした濃密な1日だった。

「闘魂三銃士？ 3人で俺一人分かな（笑）」

猪木が政界に進出して以降、私は海外に同行し、取材・撮影を続けてきたが、当然ながらリング上の猪木も同時進行で追いかけてきた。時系列は前後してしまうが、ここで私の中で印象に残っている試合などを列記してみたい。

1990年2月10日、新日本プロレスの東京ドーム第2弾興行のメインイベントはアントニオ猪木&坂口征二vs蝶野正洋&橋本真也というカードだった。団体として、リング上の主役を新しい世代へと引き継ぐようなマッチメークである。

リングサイドでカメラを構えていて、久しぶりの試合が猪木の体にかなりの痛みを残したことは十分に伝わってきた。当日、試合後のコメントで「こんなにダメージが残るものなのか」と猪木本人も語っていた。

私は慣れ親しんだはずのセルリアンブルーのリングが別の世界のものにも見えた。時代が明らかに変わりつつある。年齢に加え、試合の間隔が開いたことで猪木はリングの厳しさを予想以上に感じたはずだ。左目の下は腫れていて、青いアザが痛々しかった。

「明日は歩けないかもしれないな」

結果的に、この試合は1990年代を象徴する一戦となった。この後、新日本は橋本、蝶野に武藤敬司を加えた

闘魂三銃士を中心に、「猪木がいないプロレス」を見せていくことになる。

私も、もう猪木や坂口の時代でないことはわかっていた。まだアントニオ猪木というレスラーが存在しているにもかかわらず、「猪木がいないプロレス」が始まったのだ。

「三銃士？　ああ、3バカね。3人で俺一人分かな（笑）」

ある日、猪木はそんなニュアンスのことを言っていた。

この年の9月30日、横浜アリーナでは猪木のデビュー30周年記念大会が開催された。台風で大荒れの天候だったが、セレモニーでは懐かしい顔がリングに並んだ。

ルー・テーズ、ジョニー・バレンタイン、ニック・ボックウィンクル、ビル・ロビンソン、アンドレ・ザ・ジャイアント、スタン・ハンセン、タイガー・ジェット・シン、ウイリエム・ルスカ、ジョニー・パワーズ、ヒロ・マツダ。

「プロレスを通じて終生大衆に尽くすこと。雄弁な言葉ではなく、私に神様が与えてくれたこの超人的な肉体で、この30年間、幾多の戦いをやって参りました。その一つ一つの戦いが私の言葉です。そして、その一つ一つが私に人生を教えてくれました」

猪木は「感無量」という言葉とともに、リング上でかつてのライバルたちに囲まれていた。

この日、猪木はシンとタッグを組んで、ビッグバン・ベイダー＆アニマル浜口と戦った。この記念試合のパンフレットの表紙に、私は銀色の闘魂ガウンを着込んでリングに上がる猪木の後ろ姿の写真を提供した。

アンドレとハンセンはセレモニーが終わると、ジャイアント馬場が待つ後楽園ホールに向かった。私も試合が終わると、車で移動。新横浜駅は浸水して大変だったというが、首都高速は幸い順調に流れていた。

この夜、馬場はアブドーラ・ザ・ブッチャーと組み、アンドレ＆ハンセンと後楽園ホールで30周年記念試合を行った。BIが揃って30周年。プロレスファンにとっては、平和なメモリアルデーだった。

1992年1月4日、東京ドーム。今では恒例となった新日本の「1・4」は、この日からスタートした。猪木の相手は二番煎じだが、前年12月にシンを巌流島で破った馳浩だった。

この一戦は評価が高い。しかし、私の中では「普通の試合」という印象だ。馳との対戦なら、1988年1月5日に後楽園ホールで行われた猪木＆越中詩郎vs長州力＆馳のタッグマッチの方が断然好きである。

この試合で猪木は馳に鉄拳制裁を加え、血だるまにした。前章で触れた静岡での長州戦や、1986年11月3日のタッグマッチで武藤敬司を同じく鉄拳制裁で流血に追い込んだ試合など私としては「狂ったアントニオ猪木」の方が好きというか、撮りがいを感じる。試合内容が予想と違う

と、カメラを構えながら気持ちが入り込めるのだ。

東京ドームでのシングルマッチは、馳に鎌固めをかけられた猪木が下から逆鎌固めに行ったシーンは見物だったが、全体的にはそれほど意外性がなかった。

とはいえ、馳は若手の頃から好きなレスラーである。彼がカナダ・カルガリーのミスター・ヒトこと安達勝治さんの家に住み込みながらスタンピード・レスリングで武者修行をしている時、撮影するために2度訪ねたくらいだ。

デビューせずに海外へと旅立った馳は、この時点で日本では試合をしていない。それもあって、私はどういうレスラーになっているか興味があった。最初はアメリカ取材のついでにカルガリーに寄ったのだが、馳はヒールのマスクマン、ベトコン・エクスプレス2号（1号は新倉史祐）に変身し、いいキャラクターを出していた。2度目はヒロ・ハセとして素顔でファイトしていて、理論的に技を組み立てている姿を見て、「これは行ける」と思った。

滞在中、馳がこんなことを言ってきた。

「新しいスープレックスを考えているんですよ」

話を聞くと、受け身を取りにくいスープレックスにすると言うだけで、その技自体は試合で使っていなかった。私自身、カルガリー滞在中は一度も見ていない。

現地で馳から試合を終えて帰る際に雪道で車が止まってしまい、周囲の雪かきをしている間、夜空にオーロラを見たという話を聞いた。

「オーロラが綺麗だから、一緒に見られたらいいですね。運が良ければ、見られますよ」

滞在中、馳が盛んに「ノーザンライト（英語でオーロラの意味）」という言葉を口にしていたので、私は帰国してから週刊ゴングでカルガリー取材の記事を書いた時、「馳は現地でノーザンライト・スープレックスという新技を開発中だ」とレポートした。

その後、馳は凱旋帰国し、第1戦となる1987年12月27日、両国国技館で小林邦昭を破り、いきなりＩＷＧＰジュニアヘビー級王座を奪取。フィニッシュの技は、ノーザンライト・スープレックス・ホールドと発表された。

「ああ、馳が言っていた新技がこれなのか！」

私は命名者にもかかわらずヒザを打ったが、カメラマン的に言うと、ジャーマン・スープレックスなどに比べて撮る角度が難しく、写真写りはイマイチの技だった…。

馳は、「邂逅」という言葉が好きだとも言っていた。思いがけない出会い。馳は猪木の選挙期間中、ボディガードとして常に同行していたが、彼にとってプロレスも政治も邂逅だったのだろうか。

「オレ、日本でまた試合ができるかな?」

1994年1月4日、東京ドーム。7ヵ月もリングから遠ざかっていた猪木が天龍源一郎とシングルマッチで激突した。

天龍は全日本プロレス時代から、猪木の得意技である延髄斬りと卍固めを意識的に使用していた。「猪木の物マネ」と揶揄されても、天龍は使うことをやめなかった。

一方、猪木がかつて新日本の若手や社員に対して、「全日本なんかに負けるな!」と言っていたのは事実である。ただし、表向きは馬場の試合を批判していたが、本心では「プロレスは同じだ」とも思っているはずだ。

馬場にしろ、猪木にしろ、基本となっているのは「日本プロレス」である。若手として同じ時期に同じ道場で教わったことに、それほど差異はない。

馬場の全日本プロレスは、日本プロレスのスタイルをそのまま継承したイメージが強い。片や新日本プロレスを立ち上げた猪木は、「おかしく見えないプロレス」を意識していたと私は思っている。つまり、本質は一緒だが、見せ方が違うのだ。

私自身、新日本と全日本を区別することに、あまり意味を見出せない。プロレスの場合、試合内容がどうなるかは相手によるところが大きいからだ。猪木にしろ、誰と戦うかで試合内容は変わってくる。

余談ながら、「猪木は相撲上がりが嫌い」という言説がある。しかし、私はそうは思わない。昔はどこへ行くにも相撲出身の永源遙を連れて歩いていたし、後年には安田忠夫も可愛がっていた。相撲取りが嫌いなわけではなく、猪木は「プロレスラーとして腹が出ている体形はカッコ悪い」というだけで、私は現役の力士に関して悪く言っているのを聞いたことがないし、横綱の朝青龍や白鵬とも懇意にしていた。

力道山は猪木を売り出すために、高砂部屋に入れて何年か相撲を取らせようと考えていたと言われる。もし力道山があの時に亡くならず、猪木が相撲取りになっていたとしたら、どんなタイプだったろうか。おそらく、腹は出ていないだろう。北の湖と戦っていた先代の貴ノ花のような体格で、柔軟な相撲を取っていたのではないかと想像してしまう。

閑話休題。その猪木が相撲出身の天龍と対峙している。私はルールや勝敗云々よりも、猪木の衰えを感じていた。明らかに体が細くなっていた。

この時期の猪木は割り切っていたというか、「カードが組まれれば、試合をやる」というスタンスでプロレスに取り組んでいたように思う。おそらく、すでに心の中では引退というものを考えていたのではないだろうか。

「格闘技戦は負けたら終わり」

そんな本人の言葉も思い返していた。そうなると、実質的には最初のチョチョシビリ戦で引退ということになる。だから、私の中では、その後の猪木の試合は「付録」でしかない。今でもチョチョシビリに負けたまま引退するのが良かったかなという思いがある。

数年ほど前だっただろうか。天龍の話題になった時、「そういえば、天龍には一つ貸しがあったな」と猪木が思い出したように笑った。これはジョーク半分、本音半分の言葉だろう。私はそこにプロレスラーとしての矜持を見てしまう。

天龍に敗れた後、猪木は引退への「カウントダウン」を始めた。しかし、当初は明確なラストが示されていなかった。引退試合は1年後なのか、それとも2年後なのか。

猪木のことだから、サプライズ的な終焉もあるかもしれないとも思った。私は「猪木の最後」がいつなのか常に気になっていた。なぜなら、この頃はサッカーの取材で日本にいないことが多かったからだ。もちろん、世界のどこにいようが、特別な日なのだから、その日は猪木がいる場所にいなくてはならない。

ファイナル・カウントダウンは1994年5月1日、福岡ドームで始まった。相手は武藤敬司ではなく、グレート・ムタだった。

猪木がムタと対戦するのは、これが最初で最後になるはずだ。私の中で、これは絶対に見逃せないカードだった。

普段ならリング上はムタ・ワールドになるはずだが、それを猪木は許さないだろう。そこには怖いもの見たさとワクワク感が混在していた。

ムタの緑の毒霧が猪木の顔を染めたことで、猪木は「緑の鬼」になった。私の中では、70年代に慣れ親しんだ『ワールドプロレスリング』のタイトルバックで「カマン!」とやっている猪木の姿とダブっていた。

同年9月23日、横浜アリーナ。カウントダウン2戦目の相手は、ウイリエム・ルスカだった。

前述のように、猪木がモハメド・アリ戦の前に戦ったのがオランダの〝赤鬼〟ルスカだった。ルスカは1972年のミュンヘン五輪で100キロ級、無差別級と2つの金メダルを獲得していた。

ルスカはアムステルダムの繁華街で、「バウンサー」と呼ばれる店の用心棒を取り仕切る親分でもあった。全日本プロレスのリングに上がったアントン・ヘーシンクがオリンピック委員会という表街道なら、ルスカはヤクザな裏街道を歩いていた。

私は最初の日本武道館の試合には行っていないが、1976年12月9日に蔵前国技館で再戦が組まれた時は会場に行った。しかし、ルスカはもう「プロレスラー」だった。

最初の来日時、ルスカのセコンドとして後にリングス・

オランダの総師となるクリス・ドールマンも来日した。少し話は逸れるが、後年に私はひょんなことからルスカとドールマンをオランダで取材したことがある。

現地取材で時間が空いた際、アムステルダムの郊外、モニュケンダムにあるトレーニングジムも兼ねたドールマンの別荘に招かれた。部屋の中にはルスカと柔道で試合をした時の写真が飾ってあった。聞いてみると、欧州選手権でドールマンがルスカに勝った一戦だという。

もう時効だと思うので書いてしまうが、その写真を見ながらドールマンはこんなニュアンスの話を口にした。

「この1年後、ミュンヘン五輪の出場権が懸かった試合でもミスター・ルスカと対戦したんだ。その時はミスター・ルスカに勝ちを譲ったよ」

オランダの柔道界にも、我々にはわからない先輩後輩のしがらみというものがあるのだろう。

それから数年が経ち、再びオランダに出向いた私はドールマンと再会した。特に用事があったわけではないが、電話を入れると「いいものを見せてやるから、一緒に来ないか?」と誘われ、ドールマンが子どもたちに柔道を教えているという道場に行くと、そこにルスカがやって来た。

おそらくドールマンが呼んだのだろうが、ルスカは私が写真を撮れば日本のどこかのメディアに載ると考えていたようで、2人はその場で乱取りを始めた。

10分以上組み合っただろうか。2人はまったく譲らず、本気だった。

確かにドールマンの言うように、「いいもの」を見せてもらった。乱取りを終えると、ルスカは「アカオーニ!」と叫び、その場でジャンプして派手な受け身を取った。まだ体の中に〝プロレスラー〟の血が残っているのか。

翌日はキックボクシングのヨハン・ボス・ジムに場所を移してサンドバックを叩いたり、打撃技を見せてくれた。

「オレ、日本でまた試合ができるかな?」

ルスカにそう聞かれたが、私は曖昧な答えを返すしかなかった。なぜなら、すでにルスカの年齢は50歳近かったはずである。

しかし、猪木と試合をしていた頃の体も凄かったが、この頃も立っている姿を見ただけで「喧嘩をやったら一番強いんだろうな」と思わせる凄みをルスカは保っていた。

帰国後、2人のフォトセッションは東京スポーツと週刊ゴングに掲載された。もしかしたら、その写真を新日本プロレスの関係者が見て、まだリングに上がれると判断し、猪木の引退カウントダウンの相手としてルスカを招聘したのかもしれない。

ルスカは強かった。だが、強いだけでは大成しないというプロレスの難しさを越えられなかった。猪木も「ルスカは強かったよね」と認めている。

話題をさらった初対決から18年の歳月が過ぎていた。引退ロードを歩み始めた猪木は、ルスカと何かを確かめるように戦った。それは、あの時の「強さ」の確認にも見えた。

カウントダウンの3戦目は、1995年1月4日の東京ドーム。ここで猪木はトーナメントで2試合を戦うことになった。

初戦の相手はジェラルド・ゴルドー。私がゴルドーに初めて会ったのは、1988年の夏だった。

ある日、週刊ゴングの清水さんから電話がかかってきた。年齢が近いこともあり、私が最初に親しくなったゴングの編集者が清水さんだった。

「原さん、ヨーロッパへサッカーの取材に行くんですよね?」

「行きますけど、何かありましたか?」

「ついでにオランダのアムステルダムへ行ってもらえないですか?」

「アムステルダム?」

「今度、UWFの有明大会がありますよね。でも、前田日明の対戦相手がわからないんですよ。オランダの選手らしいので、探してきてもらえないですかね?」

当時、新生UWFは旗揚げされたばかりだった。その最初のビッグマッチとして組まれたのが1988年8月13日の有明コロシアム大会である。

清水さんの話によると、団体側がメインイベントのカードをなかなか教えてくれないようで、フリーランスのフォトグラファーとして、ちょうどヨーロッパへサッカーの撮影に行く予定だった私がオランダに直接乗り込み、前田の対戦相手の情報を探ることになった。

現地に入った私は、まずキックボクシングの目白ジムに出向いた。ここはオランダのキック黎明期に創設され、日本でも有名なロブ・カーマンや多くのK－1戦士を輩出した名門である。

初代会長のヤン・プラスがいたので事情を説明すると、「そんな話は知らない」と即答。そこで私はヨハン・ボス・ジムに向かった。このジムも後にK－1グランプリを4度制したアーネスト・ホーストなど数多くの強豪を育てた名門だ。

ボス・ジムに到着すると、なぜかクリス・ドールマンがトレーニングをしていた。まだ彼が新生UWFに参戦する前の話である。

会長のヨハン・ボスとドールマンに日本から取材に来た旨を伝えると、ドンピシャだったようで「明日の10時に、また来てくれ。そいつもジムに来るから」と嬉しい返答。私はホテルに戻り、出直すことにした。

翌日、再びボス・ジムに顔を出すと、姿を現したのは上半身に和彫りの刺青が入った格闘家だった。彼こそが前田

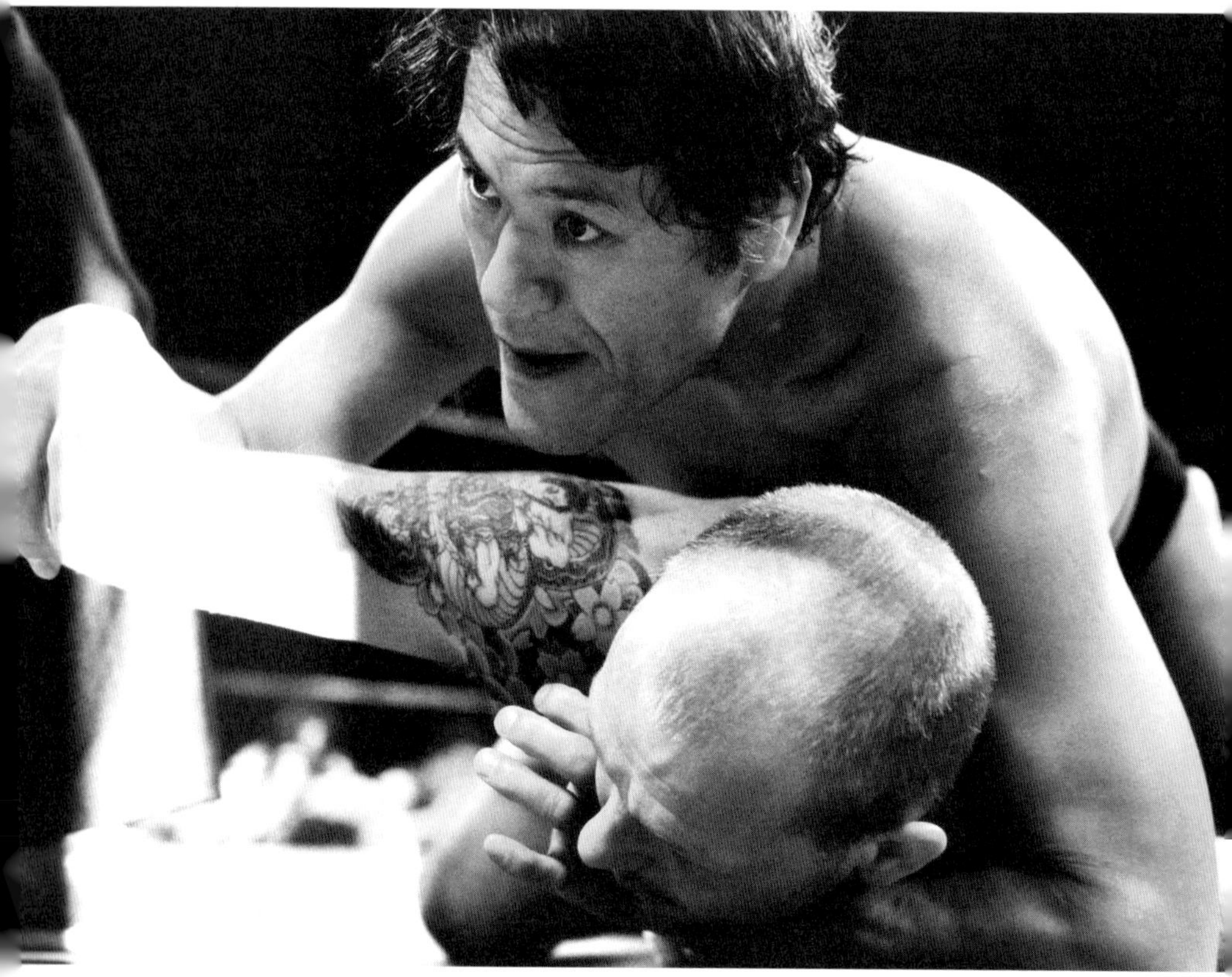

の対戦相手で、ジェラルド・ゴルドー（現地での発音はヘラルド・ホルドー）と名乗った。

ゴルドーは長身で細身だったが、自信にあふれ、不敵な笑みを浮かべながら私の質問に受け答えをしていた。極真空手をやりつつ、サファーデ（サバット）のリングにも上がっているという。

ゴルドーは撮影に協力的で、翌日も街中や運河でポーズを取ってくれたし、インタビューにも丁寧に答えてくれた。そのゴルドーが15年も経ってから、猪木のカウントダウンの相手として日本に来るとは思ってもみなかった。

決勝はＷＣＷのスーパースター、スティングが相手だった。最後は猪木がスリーパーホールドで逆転勝ちしたが、闘魂の残り火はさらに小さくなっていたように感じた。

「戦いのエネルギーがないとね。会場に入っても緊張感が薄いんですよ」

「潮時でしょうね」

試合後の猪木のそんな言葉が耳に残った。

猪木を撮ってきて、その肉体が落ちていくのを感じた。最初はそれを隠すように撮ろうともした。だが、それは間違いだと気付いた。

素直に、見えたままに猪木を撮ろう。年齢を重ねるごとに、人の肉体が衰えていくのはやむを得ないことだ。不老不死の薬などあるはずもない。それを観衆の前でさらけ出す猪木をそのまま撮りたい。そんなことを思いながら、残された試合がもうかなり少ないことも感じ取っていた。

第11章 猪木は北朝鮮で「力道山」になった

精神
根性、忍耐、闘魂
礼儀を正しく
精神一到何事か成らざらん
今日為し得る事を明日に延ばす勿れ

猪木の世界的な規模での活動は、ソ連、中南米、中東に留まらなかった。

1995年4月28日と29日、朝鮮民主主義人民共和国の平壌で行われた『平和のための平壌国際体育・文化祝典』も大きな注目を集めた。

今も変わらないが、日本という国は長年、横田めぐみさんらの「拉致問題」を抱えてきた。北朝鮮で平和の祭典が開催されたのは、まだ小泉純一郎総理が電撃訪朝する前である。

拉致被害者の家族会は歴代の政権に問題解決を訴えていたが、なかなか進展しない。そこで猪木に相談するため議員会館に来ていた。猪木が北朝鮮でプロレスイベントを開催したのは、この国が師匠・力道山の故郷だというだけでなく、拉致問題進展の一つのきっかけになれば、という思いがあった。

平和の祭典の開催が発表された頃、私の取材の中心はプロレスではなく、欧州サッカーだった。しかし、日本でプロレスのビッグマッチやドーム大会がある時は、それに合わせて帰国していた。あの時期は、1年に10回以上はヨーロッパに行っていたように思う。

猪木が北朝鮮でプロレスの大会を開催すると知った時、私は同行することを即決した。ソ連やキューバ、イラクもそうだったが、北朝鮮も「猪木と一緒じゃないといけない国」だからである。

この時は日本の各社マスコミが個別に渡航するのではなく、取材のすべてを新日本プロレス側が取り仕切った。往復の飛行機から宿泊するホテルまで新日本側が手配してくれるので、厄介なことはなく、我々は取材に専念できる。

この北朝鮮興行を裏で仕切っていたのは、当時の新日本プロレスの企画宣伝部長・永島勝司さんだった。永島さんは元々、東京スポーツ運動部のプロレス担当記者で、その頃から顔見知りである。私が北朝鮮行きの取材申請をすると、永島さんにこう忠告された。

「大会が終わるまで、いろんなことを言わないようにな」

永島さんは多くを語らなかったが、私は「いろんなこと」とは「北朝鮮の悪口」と判断した。日本のマスコミが余計なことをメディアに書いて、大会がご破算になることを憂慮していたのだろうか。北朝鮮側と交渉する上で、いろいろとデリケートな問題があることは容易に想像できた。

当時、日本において北朝鮮は「隔離された国」というのが一般的なイメージだったろう。この時点では消されていたが、以前はパスポートの最初の証明写真のページに外務省からお願いのようなものが書かれてあり、そこには英語で「北朝鮮を除く」という一文が添えられていた。国交がないので、このパスポートでは入れないという意味である。

この時も今も日本と北朝鮮を往復する直行便はない。まず中国の北京に行き、現地にある北朝鮮の大使館で渡航の手続きをしてから飛行機で向かうしかない。

それまで猪木は政治家として、そのルートで北朝鮮に何度か渡航していた。猪木の話によると、力道山が現地に残してきた娘の夫が政府の要職に就いていて、そのラインから北朝鮮を訪問していたという。

「向こうに行ったら、力道山の白黒の試合がテレビで流されていたよ」

猪木から、そんな話を聞いたことがある。北朝鮮のテレビは1局だけ、国営の朝鮮中央放送しかない。もしかしたら、猪木の訪問に合わせて力道山の映像を放映していたのだろうか。

猪木と平和の祭典の話になった時、こんなことも言っていた。

「もっと早い時期にやるはずだったんだよ。でも、金日成首席が亡くなったんで延びちゃったんだ。イベントの時期を決めるために平壌へ行こうとしていたんだけど、その直前に亡くなったんだよ」

本来は当時の最高指導者・金日成とのラインができていて、もっと早い時期に北朝鮮でスポーツの祭典をやる予定だったという。しかし、金日成は1994年7月8日に急逝。国として1年間は喪に服すという理由で、延期されていたのだ。

日本から平和の祭典に同行するマスコミは、フリーランスの私を含めて約50人ほどいた。プロレス専門誌やスポーツ新聞の他、物珍しさから一般紙も飛びつき、さらに猪木と旧知の仲である作家の村松友視さんも参加した。テレビ朝日のスタッフも収録のために同行するので、通常の海外遠征と比べるとかなり多い。

大会の3日前、まずは猪木や村松さんを乗せたチャーター便が名古屋から飛び立った。飛行機は、北朝鮮の国営航空会社・高麗空港のものである。

翌日、私は別のチャーター便で新潟から平壌へ向かった。この日、先に現地に入った猪木は力道山の生家を訪問したようだが、残念ながら私はこれには間に合わなかった。

飛行機が平壌に近づくと、高麗空港のスチュワーデスが各席を回り始めた。もうそろそろ着陸態勢に入ることを伝えているのだろうか。私のところにもスチュワーデスが来て、流暢な日本語で話しかけられた。

「窓の日よけを閉めてください」

これはおそらく空港の上空写真を撮らせないための措置だろう。休戦中ではあるが、北朝鮮は隣の韓国と形式上は戦争状態にある。空港は軍事施設でもあるから、大学時代にエジプトへ行った時にも「写真を撮らないでください」と言われたことを思い出した。現在は衛星写真で何でもわかるから、そういう注文はなくなったが、昔はこういうことがよくあった。

平壌空港に到着した私は、いきなり戸惑いを覚えた。

「何をしに来たのですか？」

空港の待合室では、2人の男性ガイドが私を待ち受けていた。

現地で1グループに2人のガイドが付くということは事前に知らされていた。グループ分けは北朝鮮側がしたようで、私は元東京スポーツ運動部記者でフリーライターの渋澤恵介さん、バーニングスタッフという編集プロダクションを主宰して新日本プロレスのパンフレットなどを作っていた元週刊ゴングの小林和朋さんと同じグループになった。おそらく我々は「フリー枠のプロレスマスコミ」という括りで、一緒になったのではないかと思う。

「私は猪木さんの行くところに付いて行って、いろいろ写真を撮影したいんです」

実際に私はそのために北朝鮮に来たわけだし、新日本プロレスに取材申請もしているので、自分の目的をそのまま伝えた。

「それはできません」

「……」

私は「プロのフォトグラファーで、猪木さんの写真を撮るために来た」と何度か説明したが、ガイドからは同じ言葉しか返ってこない。もしかして、マスコミと認識されていないのか。だが、ここでガイドと押し問答をしていても何も解決しないような気がしたので、ひとまず私は引き下がることにした。

そんなやり取りの後、白い紙に入国のスタンプが押されて各自のパスポートに挟まれた。これは北朝鮮のスタンプが押してあると、韓国に入れないという問題を回避するための手段なのだろう。

「これは困ったな。ここまで来て猪木さんの写真が撮れないかもしれない…」

そう思いつつ、みんなでホテルに向かう。もちろん、ガイドは付きっきりだ。我々の宿泊先は、平壌市内の高麗ホテル。高層の建物で見た感じ、それほど古くない。

ホテルに着くと私は渋澤さんと相部屋だったが、ドアの外には常にガイドがいるという状況である。彼らは初めて北朝鮮に来て右も左もわからない私たちにとって文字通りガイドをしてくれる存在ではあるが、やはり〝監視役〟も兼ねているのだろう。

部屋は広く、綺麗だった。しかし、普段はあまり使っていないのか、洗面所の蛇口を捻ると最初のうちは錆びが混じった赤茶色の水が出た。

食事の時間になると、ガイドに呼ばれて専用の部屋に案内された。ビュッフェ形式で朝鮮料理ではなく、普通の洋食である。部屋によって食事の時間が決まっているようで、その場には数人しかいない。日本で北朝鮮は貧しい国と言われていたが、出された料理は意外と普通だった。

だが、そんなことで私の中のモヤモヤが解消されたわけではない。猪木を撮影ができないなら、北朝鮮まで来た意味がないのだ。猪木が同じホテルに泊まっているのはわかっていたが、食事の場所も違うし、まったく接触できない。猪木と直接話ができれば、状況は変わるはずなのだが…。

「そんなに猪木先生と親しかったのですか?」

先行きが見えないまま、一夜が明けた。朝、ロビーに降りると、ラッキーなことに私の姿を見つけた猪木の方から声をかけてきた。

「どう？　何か問題ある？」

「ありますよ！　ガイドに写真を撮っちゃダメだと言われたんです。どうにかなりませんかね？」

私がそう答えると、「そうなの？　ちょっとお茶でも飲もうか」と猪木に誘われ、ロビーのカフェでコーヒーを飲みながら話をした。

「向こうには、ちゃんと事前に話をしてあるよ。話が下まで降りていないかっただけかな。まあ、大丈夫だよ」

私が事情を詳しく説明すると、猪木は軽い口調でそう返してきたが、本当に大丈夫なのだろうか。

猪木がいろいろ話をしている北朝鮮側の責任者は、政府の要人である。あまりに地位が高すぎて、現場レベルまで話が降りてきていないのかもしれない。

コーヒーを飲み終えると、猪木が「悪いけど、今細かいのを持ってないから払っておいてくれる？」と言うので、私が300円くらいのコーヒー代を立て替えた。

ここで、お金の話もしておこう。前日、我々はホテルに着いてから、ドル紙幣を現地の紙幣に両替した。ここまでは普通のことである。

しかし、我々が受け取ったのは北朝鮮で流通している通常の紙幣ではなく、日本から来た人間用に「平和の祭典限定紙幣」というものが用意されていた。これはホテル内だけでなく、街中の郵便局や飲食店、露店などでも使える。

なぜ、こんな紙幣が手渡されたのか。私の勝手な憶測でしかないが、おそらく行動確認の意味もあったのだろう。これを使えば、誰がどこへ行ったのか後からでも確認できる。この紙幣がそのまま〝足跡〟になるのだ。

私が支払いを済ませてカフェを出ると、すかさずガイドが駆け寄って来た。

「そんなに猪木先生と親しかったのですか？」

「……」

私は「だから、昨日からそう言っているでしょう」と言いたかったが、その言葉を飲み込んだ。当然、ガイドは猪木があの力道山の弟子であり、現職の政治家でもあり、今回のイベントの主役であることは熟知しているだろう。実際にそういう肩書はなかったかもしれないが、事実上の〝国賓〟だった。その猪木とまさかお茶をしながら話をするような間柄だったとは夢にも思っていなかったに違いない。

後で聞いた話だが、北朝鮮では一緒に食事をした時、割り勘にせずに、どちらかがまとめて払うのは親しい証拠なのだという。私がコーヒー代を払ったことをガイドはどう受け止めたのだろうか。

それから1時間もしないうちに昨日から付いていたガイドではなく、新しいガイドが2人やって来た。前のガイドは帰国するまでの間、二度と顔を見ることはなかった。

「平壌市内で撮影できないところはありません。どこでも行きたいところがあったら、私たちに言ってください」

どうやら状況が一変したようだ。一緒にお茶を飲んだだけでガイドの対応がここまで変わるとは、さすが猪木である。問題が解消された私は、ガイドの言葉に甘えて街に出た。

ホテルの目の前には大通りがある。しかし、どこか違和感を覚えた。日本に比べると、道路の幅が異様に広いのだ。私はガイドに素朴な疑問をぶつけてみた。

「どうして、こんなに道路が広いんですか？」

「これは緊急時に飛行機が離着陸できるようにしているんです」

説明を聞いて納得。忘れがちだが、やはり北朝鮮はお隣の韓国と戦争中なのだ。

街を歩くと、出歩いている人は少ない。この辺りはオフィス街っぽい感じで、スーツを着た男性が目立つ。路地に一歩入ると、それほど店があるわけではなかった。

まず私は金日成の大きな銅像のある万寿台に行き、献花をした。そこではいまだに涙して献花する婦人たちの姿を目にした。

地下鉄を見学に行くと、かなり深く掘られていて、降りてみたら、かなり涼しい。これはロシアと似ている。

「地下鉄は防空壕の代わりになるんです」

ガイドには、そう説明された。

不思議なことは、他にもあった。2人のガイドは日本語がペラペラだった。外国人にありがちな訛りがまったくないので、相当訓練されているのだろう。学校で習得したと言っていたが、日本に住んでいたわけではないようだ。しかもガイドが職業というわけでなく、普段は学校の先生をしているという。

ガイドがイベントの記念切手も発行されていると言うので平壌市内の郵便局に寄ると、力道山と猪木の記念切手が2種類あり、20枚の大型のシートの他に小型シートも売っていた。これはいいお土産になると思い、多めに買い求めた。

さらにホテルの近くに出ていたテントの露店では、力道山や猪木の置物などが売られていた。石膏でできたものもたくさん置かれており、焼酎のような酒も並んでいる。その中に30センチくらいの木彫りの「猪木の顔」があり、これはよくできていたので思わず買い求めてしまった。

石膏の置物は3体を購入。私は明らかに相手が木戸修でスリーパーホールドをかけている猪木、猪木の上半身像のバージョン違いを2体チョイスした。

その後もガイドと一緒に街中をブラついていて気付いたが、なぜか誰もこちらを見ない。おそらく私が北朝鮮の国民ではないとわかっていると思うのだが…。

マスコミの中には、ホテルの部屋が盗聴されていると感じた人もいたようだ。部屋の中で北朝鮮のことを悪く言っていたら、ガイドにドアを叩かれたという話も聞いた。私は永島さんの「大会が終わるまで、いろんなことを言わないようにな」という言葉を改めて思い出していた。

大会前日、我々マスコミ陣はマスゲームを取材するために金日成スタジアムへと向かった。ここはプロレスの試合が行われるメーデースタジアムを一回り小さくした屋外の競技場だ。

私はスタンドのてっぺんからマスゲームを撮影した。もちろん、ガイドはすぐ近くに張り付いている。この催しは有料の興行ではなく、日本やアメリカから来た我々にマスゲームを見せて歓迎するために行われた。

フィールドとスタンドを利用してマスゲームが繰り広げられたが、演舞をしていたのは5~6万人だろうか。猪木やスペシャルゲストとしてアメリカから招待されたモハメド・アリの他にもレスラーたちがこれを見ていたはずだが、私の位置からは会場のどこにいるかまったくわからなかった。

外に出ると、たまたま猪木と遭遇したので、そこで一枚撮り、すぐに別れた。

このマスゲームの日に、こんなこともあった。ガイドが実際に学校で教えているという女学生が会場に来ていて、紹介されて写真も撮った。マスゲームの一員には見えなかったが、先生に呼ばれて見学に来ていたのだろうか。

「力道山からプロレスを教わったことがないんだよ」

いよいよ平和の祭典初日となる4月28日、私はホテルから政府側が用意したバスで会場に向かった。

会場のメーデースタジアムはホテルから距離が離れていて、車で1時間弱かかった。移動中にバスの窓から街並みを見ても、それほど貧しさは感じない。意図的にそういう場所を通ったと思うのは、うがった見方だろうか。

会場に近づくと、景色が一変した。地下鉄の各駅からメーデースタジアムに向かう人の群れは途切れることなく

평화를 위한 평양국제체육 및 문화축전
1995. 4. 28-30
DPR KOREA
조선우표 1995 40전
조선우표 1995 1원
INTERNATIONAL SPORTS AND CULTURAL FESTIVAL FOR PEACE

続いている。まるで蟻の行列のように誰もが会場を目指している。彼らは、この日のために集められた観客だ。身なりは普通で、いかにも〝一般人〟という感じだった。

メーデースタジアムは、スタンドだけで15万人以上を収容できる世界最大級のスタジアムだ。グラウンド部分に席を作れば、さらに2万人以上を収容できる。バックスタンドは、マスゲームの人文字を作るためにまったく隙間なく演者たちで埋め尽くされていた。

日本から来た記者たちには客席の中に記者席が用意され、カメラマンはリングサイドに入れる人と入れない人に分けられた。私はグラウンドに降りて、試合開始を待っていた。会場の雰囲気は異常なまでに静かである。客席が埋まってきてもザワザワすることなく、喋り声はあまり聞こえない。

グラウンドの後方には、ガイドたちがいる。大会を取材する上で特に注意事項は告げられなかったが、「試合が終わったら、ここに来てください」とは言われていた。

この日は女子も含めて全7試合。マスゲーム側のスタンドでは、試合中も人文字などを作って選手たちを応援している。メインイベントの時間には北朝鮮政府の要職やアリたちも観戦していて、そちらに向けてバックスタンドではマスゲームをやっていた。

なぜか試合後のコメントを出すインタビュースペースが用意されていなかったので、私はメインの橋本真也vsスコット・ノートン戦が終わると、ガイドのところに向かった。

この初日は、ブル中野への歓声が一番大きかったことが印象に残っている。女性にしては大きい体で、さらに染めた髪を立て顔にペイントまで施しているブルの姿は北朝鮮の人たちの目にどう映ったのだろうか。

大会2日目、メインイベントは猪木vsリック・フレアーである。メーデースタジアムでは、金日成の肖像画が2人の戦いを見下ろしていた。

超満員の観客は、それまでとは違った反応を見せている。スタンドからの大歓声が一呼吸置いてから、リングに到達。遅れてやって来るそれは、異様なうねりのようでもあった。声の波が中心のリングに向けて押し寄せてくるのだ。

「ああ、これが猪木の引退試合なのか」

カメラを構えながら、私はそう感じた。それだけのスケールと雰囲気を十分に兼ね備えていた。

力道山に地球の裏側から日本に連れ戻されてプロレスラーになった男は、その力道山の故郷で史上最多の観衆の声援を受けている。主催者の発表は、2日間で38万人だった。

観客席からの歓声の波は続く。相手としてフレアーが選ばれたことに関して、猪木は満足していたのではないだろうか。

力道山が日本に広めたプロレスを今、猪木が北朝鮮の人々に見せている。

リング上では、猪木プロレスとフレアーのアメリカンプロレスが適度なバランスを保って融合していた。

猪木が鉄拳をフレアーに浴びせる。それを金日成の肖像がスタジアムのてっぺんから見下ろしている。

猪木は力道山について、こんなことを言っていた。

「力道山は俺をどうしようと思っていたのか…本心がわからないな」

「力道山が生きていたら、今の時代はどうなっていたのかな」

「俺、力道山からプロレスのことを何にも教わったことがないんだよ」

力道山の生前、猪木は付き人として必要最低限のこと以外、自分から話しかけたことはないはずだ。直弟子とはいえ、普通に会話を交わせるような関係性ではない。

しかし、近くにいたから、その姿を見てはいた。しかし、そこに会話がなかったということだ。

あの日、猪木は北朝鮮でその「力道山」になっていた。日本で力道山がアメリカから来たレスラーを空手チョップでなぎ倒していたのは、40年前のことである。それほど時代が違っていても、あの場には同じ熱狂が生み出されていた。

試合を終えて、猪木の中ではやり遂げた感があったはずだ。イラクの人質解放とともに、北朝鮮での平和の祭典は大きな仕事として永遠に歴史に残る。

大会翌日、高麗ホテルのロビーでリック・フレアーは緊張していた。その場に一緒にいたのは、猪木とアリだった。

この日、猪木たちは金日成の生家に行くためバスを待っていた。せっかく3人揃っているので、声をかけて記念のフォトセッションをすることになった。だが、フレアーにとってもアリは特別な存在だったのだろう。アメリカンプロレスの代表のようなフレアーはアリを「サー」付けで呼び、直立不動だった。その姿が私には微笑ましく見えた。

そんな様子のフレアーを見て、アリがちょっかいを出してきた。いきなりフレアーのカリフラワー状の耳を指でつまむ。まさかのアクションにフレアーは嬉しい悲鳴を上げて、いつもの顔に戻った。

平壌は祝賀ムードだった。野外で民族舞踊が行われ、猪木、アリ、フレアーらが一緒にそれを眺めている。そのうち、猪木はダンスの輪に入ると一緒に踊り始めた。

夜になっても金日成広場では若い男女のダンスが続いていたが、自由解散のようなムードになってきたので私はその場を離れ、ガイドの2人、同じグループの小林さん、渋澤さん、そしてガイドを仕切る親分格の人がいて、この6人で焼肉店に向かった。その親分は以前、外国で大使をしていたそうで、なぜか食事の時だけ現れる。

夜の街中は全体的に暗い。東京に比べると街灯があまりなく、店もポツンポツンとしかないからだろう。

店に着くと、中は真っ暗だった。どうやら到着を確認し

てから、電気をつけるシステムのようだ。事前にガイドが予約の電話を入れていたのだが…。

2階の畳の部屋に通されると、用意されたのは韓国式ではなく、日本式の焼肉だった。食べてみると、かなりの美味である。もしかしたら高級店なのか。しかし、我々3人でガイドの分も払ったが、それほど値段は高くなかった。

帰国の前日、ガイドが教えてくれた。

「もし希望するなら、帰るまでに猪木先生とリック・フレアーの試合のビデオテープを用意できます。VHSとベータが選べます」

確かにリングの少し離れたところに固定のテレビカメラが設置してあったが、あれはテレビ朝日のものではなく、北朝鮮側が用意したものだったのか。私は記念にVHSを1本購入した。3000円くらい払ったように記憶している。

帰国の日、バスで空港に向かい、再びチャーター便に乗り込んで新潟に向かった。帰りも猪木とは別便になってしまったが、これは新日本側のセッティングなので仕方がない。

日本に着くと、お土産に買った木彫り像は大丈夫だったが、石膏の猪木像3体は新聞でくるんだだけだったので壊れたり、ひびが入っていた。

旅の荷物を解きながら、私の脳裏にはメーデースタジアムの試合が浮かんでいた。

あの時、フレアーに勝利し、観衆の拍手に手を挙げて応える猪木を見て、私は本当に「引退試合」だと感じた。リング上にいる猪木の眼はうるんでいた。

「ガウンは平壌に脱いできた」

平和の祭典の後、猪木はしばらくの間、そう言っていた。私が北朝鮮に行ったのは、この一回だけである。食糧不足がどこまで深刻なのかは、この短い5日間の滞在では知ることはできなかった。その後、北朝鮮には何度か猪木から誘われたが、この時期の私はサッカーの取材のためヨーロッパで1年の約半分近くを過ごすようになっていたのでスケジュールが合わなかった。

猪木は、以降も北朝鮮への訪問を頻繁に続けた。思うように歩けなくなってからも、北京経由の訪朝は続いた。映像を見せてもらったが、それは各国の首相級の待遇だった。

「政府が本気なら、俺のルートを使えばいいんだよ」

猪木は建前ではなく、本音でそう言っている。

「あれは形だけマネてもダメなんだよね」

1996年1月4日、猪木は東京ドームでビッグバン・ベイダーと対戦した。

この日、ベイダーの投げっぱなしジャーマンで猪木はキャンバスに首から突き刺さってバウンドした。目の前に

は、まるで屍のように猪木が横たわっていた。サブレフェリーのタイガー服部も心配そうな視線を送っている。リングサイドでは、私を含めてカメラマンたちが「大丈夫か？」と顔を見合わせていた。

猪木は「あれは危なかったね」の一言で、このベイダー戦を振り返る。とはいえ、この試合を猪木は気に入っているようだ。「あの年齢で、ベイダーにあれだけやられても大丈夫な自分」に満足しているのだろう。

1997年1月4日、東京ドーム。猪木はウィリー・ウィリアムスをグラウンドコブラで捕らえたが、この試合の印象は希薄だ。あの蔵前国技館に満ちていた陰湿な空気を知っている人間からすると、やはり明るい東京ドームという会場も似合わないように思えた。

猪木のカウントダウンは進み、この年の4月12日には東京ドームでタイガーキングと対戦した。猪木が最も評価していた男である。1983年にタイガーマスクが突然、虎のマスクを脱ぎ、引退していなかったら、世界のプロレス地図は塗り替わっていたかもしれない。タイガーマスクというより、佐山はそれくらいの潜在能力を持っていた。

あれから時は十数年が過ぎていたが、39歳だった佐山はかなり動けた。それでも、やはり「あの時代にこの2人の試合が見られたら、どんなものになっていたかなあ」と思ってしまった。

気付くと、猪木はタイガーキングをコブラツイストに捕らえていた。

「あれは形だけマネてもダメなんだよね」

ある時、猪木は言った。コブラツイストのことである。

猪木といえば、そのフィニッシュ・ホールドは卍固めであり、延髄斬りだったが、〝若獅子〟と呼ばれた時代にはよくコブラツイストで試合を決めていた。タイガーキング戦もフィニッシュは、この技だった。

プロレスファンなら、この技はプロレスごっこでかけたり、かけられたりした思い出があるだろう。子どもの頃は体が柔らかいから「あまり痛くないな」と思ったかもしれないが、当時としては〝複雑な技〟で、形がそっくりにできると、みんな嬉しかったはずだ。

テレビ番組で、サザンオールスターズの桑田佳祐は猪木にコブラツイストをかけて欲しいと懇願した。あの年代の猪木ファンならではのチョイスである。平成に入ってから、猪木はジャニーズの滝沢秀明にもコブラツイストをサービスした。

コブラツイストは、別名「アバラ折り」、「グレープバイン・ホールド」とも呼ばれた。ブドウの蔓《つる》のように相手に巻き付いて身動きを封じ、複合的に締め上げる技だ。猪木曰く、ここで重要なのが自分の片足のフックだという。

「俺の場合はキュッとね、足先を巻き付けるんだよ」

このコブラツイストは、アマチュアレスリングでもグラウンドでフォールを奪う技として存在した。アマレスの世界では単に「ボディプレス（体固め）」としか呼ばないが、形はプロレスでいうところのグラウンドコブラだ。

いつだったか、ロサンゼルス五輪のレスリング金メダリスト・富山英明にこの「ボディプレス」を実演してもらったことがある。

なるほど、グラウンドでも足のフックがしっかり巻き付いていた。自分の足に、もう一方の足を絡めてもいい。

「実力差があれば、アマレスでもこれでフォールを奪えますよ」

富山は、そう説明してくれた。

「引退試合のポスターの写真をお願いします」

1998年4月4日、ついに猪木に引退の時が来た。

私はこの年の1月に新日本プロレス宣伝部の倉掛欣也さんからリクエストを受けた。

「猪木さんの引退試合のポスターの写真をお願いしますよ。写真選びは原さんに任せますから」

引退試合のポスター用の写真を一枚選んでほしいという。もちろん、長年にわたって猪木を撮ってきた私にとっては嬉しい申し出だったから、即座に引き受けた。

さて、どの写真にするべきか。

私はそれほど迷わずに決めた。チョイスは任せるということなので他の候補を用意せず、一枚だけ倉掛さんに手渡した。それが左頁の写真だ。

私はあえて猪木の顔がはっきり見えない写真を選んだ。それを見た人がそれぞれのイメージの「アントニオ猪木」を思い浮かべてくれればいいだろうと思ったからだ。カラーフィルムで撮ったものだが、アゴだけが緑に光る黒いシルエットの写真だった。

これは引退カウントダウン中のタッグマッチで撮影した写真で、コーナーでタッチロープを握りながらリングに乗り出すようにしている猪木の顔を捉えたカットだ。この時、私は猪木の腕と脇腹の間に入るようにしてカメラを構え、至近距離から顔を狙った。

これは以前から考えていたものではなく、咄嗟に「そういえば、今までこういう角度から撮ったことないな」と思い、試しに撮影した一枚である。撮った後、どこにも発表していなかった写真だった。

当日、入場者に配る「号外」用の朝日新聞にはインディアン・デスロックの写真を提供した。こちらは舌出し失神事件の後、復帰戦となった田園コロシアムでのラッシャー木村戦で撮影したカットである。この号外は7万部刷られたという。

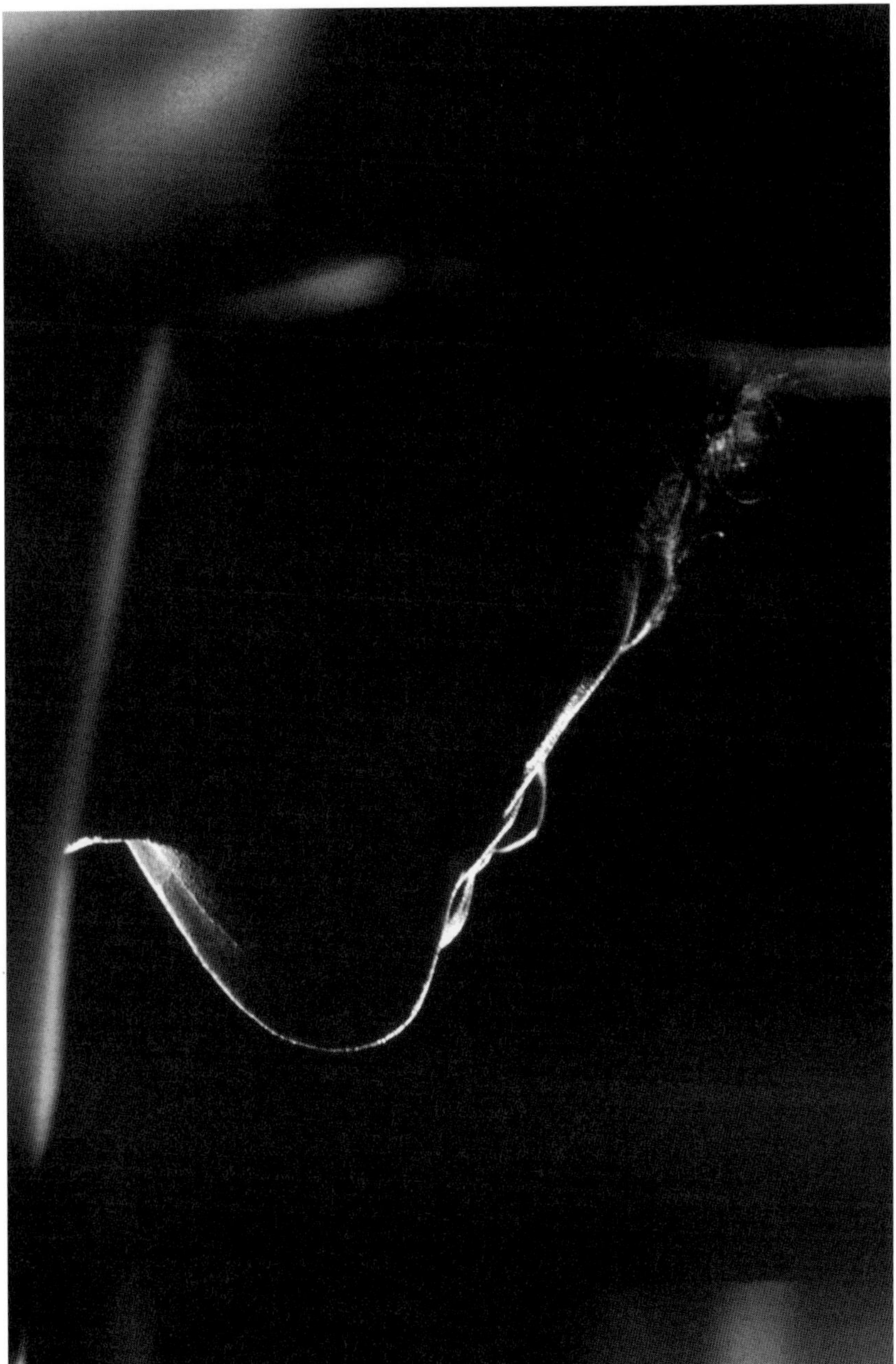

"燃える闘魂"
アントニオ猪木引退試合

７万人。

一枚も切符は残っていなかった。数字上、観客動員数の発表は後にもっと多い大会はあるが、実数の入場者では誰が見てもレコードで、この記録は東京ドームを大改修して客席が増設されない限り破られることはないだろう。

猪木はドン・フライにグラウンドコブラで勝利した。自分が上がっていく時、馬場を追いかけている時、猪木のフィニッシュがコブラツイストだった。

試合を終えると、猪木は白いガウンに着替えて引退セレモニーに入った。当日、モハメド・アリもアメリカから来てくれた。体調はかなり悪くなっていたはずで、お金を積めば来てくれるというわけでもないだろう。私はそこに特別な友情を感じた。

猪木は、ある詩人の「道」を自分流にアレンジして読み上げた。

「この道を行けば、どうなるものか」

「危ぶむなかれ」

「行けばわかるさ」

ついに猪木はリングを降りた。そして、巨大なコロッセオの中に消えて行った。このコロッセオの写真も私が提供したものだ。

いつからだろうか。大きい試合になると、私は猪木と勝手に勝負をしていた。いつか猪木に勝ちたいと思っていた。ありったけの想像をめぐらせて、会場に足を運んだ。リングサイドから、あるいは２階席から猪木にカメラを向けた。勝敗は、猪木がその日の試合を終えた時に決まる。

残念ながら、私が勝ったことは一度もない。いつも、猪木は私の想像や期待を超えていた。あるいは大きく裏切ってくれたからだ。

だから、「アントニオ猪木」なのか。

もし想像通りに試合が終わっていたら、その大会に行った価値は半減するはずだ。そんなのは猪木じゃない。

敗戦でも暴動でもいいじゃないか。いつしか、私はそう思うようになっていた。

この試合を前に、私は猪木引退記念の公式写真集『ＩＮＯＫＩ』を出版した。

「目に見えない重い鎖から、逃れるために必死にあがき続けてきた。鎖の重さ。それは必ずしも苦しみだけを意味していない。繋がれることで得られる安住の場所の心地良さ。でも、その安住からさえ逃れようと思った。それこそが私を息苦しくする呪縛の正体だった。プロレスラーとして生きることは、次から次へと押し寄せる苦しみとの闘いだった。だが、その苦しみが引き潮のように去った後、必ず訪れる静寂、そして、ぬくもりの刻。涙の苦しさと引き換えに、人間の真の癒しとは何かを知った。心の赴くままに生きたい。たとえ、目指す場所が再び苦しみに満ちていたとしても、これからも私は立ち止まることはない」

　これは猪木がその写真集にメッセージとして送ってくれた言葉だ。

　私がその8年前、1990年に出版した『猪木の夢』という写真集は裏表紙が背中のカットだった。この写真集にはモハメド・アリ戦の試合写真もフィデル・カストロ議長とのツーショットも載っている。猪木が海外に行く時に経歴などを言葉で説明するよりも、これを渡した方が簡単なので側近が持ち歩いていた。

『猪木の夢』の裏表紙に載った自分の背中の写真を見たのだろう。引退記念写真集『INOKI』の中に載った猪木の言葉で、次のようなものがある。

「背中の写真がある。両手を突き上げている。自分の肉体から、しなやかさが失われて硬直し始めている現実。ありのままの姿だった」

　その写真は、1983年5月に撮った背中だった。

　男の背中は、様々な顔を見せる。

　猪木の背中もいろいろな表情をしていた。

　強さ。孤独。ガッツ。歓喜。悲しみ。苦しみ。愛情。自信。

　私は猪木の背中が好きだった。

“燃える闘魂”
アントニオ猪木引退試合

道
この道を行けば
どうなるものか
危ぶむなかれ。
危ぶめば道はなし
踏み出せば
その一足が道とな
迷わずにゆけよ
ゆけばわかる。

第12章

印画紙に浮かび上がってきた「猪木」

ここでは「よもやま話」として、前章までに盛り込めなかった話を思いつくままに書いてみたい。

「まだ時間あるかな？　ちょっと声を出す練習しようかと思って。最近は練習しないと、大きな声が出ないんだよ」

行きつけの焼き鳥店で食事が終わった後、猪木が突然言った。

「元気を売り物にしてきたのに、声が出なくちゃね」

猪木の「練習場」は、カラオケ店だった。猪木とはいろいろな場所に行ったが、カラオケ店はこの時が初めてだった。

猪木がカラオケで歌っているという話は聞いたことがあったが、昔は「歌は苦手だよ」、「カラオケは嫌いだ」と言っていた。かつてテレビの人気歌番組に倍賞美津子さんと出演した時も、猪木はまったくと言っていいほど歌えなかった。しかし、それがいつの間にか「自分のペースで歌えばいいんだよ」に変わっていた。

歌にまつわるエピソードは、猪木が通っていた横浜の東台小学校時代まで遡る。体が大きく、すでに声変わりしていた猪木は合唱の時に担任の先生に言われて、みんなとのコーラスに入れてもらえなかった。猪木は仲間はずれにされたような寂しさと劣等感を覚えたという。

その先生は、橋田トキという小柄ながらも情熱あふれる若い女性だった。「だらしないのはダメ」と遅刻してきた猪木は他の級友10人くらいと廊下に立たされて、先生からビンタをされていたと本人から聞いたことがある。闘魂ビンタの原点も、そこにあったのかもしれない。

猪木は、テレビドラマ『水戸黄門』の主題歌から歌い始めた。

このドラマについては、改めて説明するまでもないだろう。プロレスファンの間では、ジャイアント馬場が愛したテレビ番組としても知られている。主題歌の正式な曲名は、「あゝ人生に涙あり」。TBSの『水戸黄門』は人気番組だったから、あの頃は誰もがこの歌も知っていた。

「人生楽ありゃ、苦もあるさ…」

猪木はこの4番まである歌に、自分の人生を重ねながら声を出していた。猪木と馬場は、月曜の夜8時に別の場所で同じテレビ番組を見ていていたのか。

さらに何曲か歌った後、猪木は炭酸水で口を潤すと、今度は三波春夫の「長編歌謡浪曲 元禄名槍譜 俵星玄蕃」をチョイスした。題名の通り、セリフ入りの長い曲である。猪木は、そのセリフを噛みしめるように吟じた。

墨田区の史跡案内板によると、「槍の名手、俵星玄蕃は忠臣蔵に登場する架空の人物、その道場は本所横網町のあったとされている。屋台の夜鳴きそば屋『当たり屋十助』に姿を変えて吉良邸を探っていた赤穂浪士・杉野十平次の前で『のう、そば屋、お前には用のないことじゃが、まさかの時に役に立つかも知れぬぞ、見ておけ』と、槍の

技を披露した」と書かれている。

吉良邸討ち入りの日、玄蕃は大石良雄（内蔵助）に同道の助太刀は断られたが、赤穂浪士たちが吉良上野介を討ち取るまでの間、誰にも邪魔をさせないために両国橋の上で仁王立ちしていたという講談がある。

「槍は錆びても　此の名は錆びぬ　男玄蕃の心意気…」

猪木は、そんな槍の名手の心意気が気に入っていたのだろうか。

「砂漠のように、スーッと風が吹いてきて…」

十数年以上前だが、「話がある」と呼び出されて猪木に会うために虎ノ門の旧ホテルオークラへ向かった。

あそこにはバーがあり、猪木が座る場所は決まっていた。入口から入っても、猪木がいるのがわからない位置である。

私がイスに座ると、いきなり猪木は言った。

「俺の死に際を撮ってもらいたい」

「死に際…ですか？」

「別に自殺するわけじゃないんだ」

いきなり難問をぶつけられた。猪木が言いたかったのはそれだけで、具体的な話は何もなかった。

その後、2時間ほどいつものように取り留めのない話をして、その日は終わった。

猪木は日頃から、「足跡を消したい」と言っていた。

「砂漠が風で地形を変えるように、スーッと風が吹いてきて俺の足跡も消える」

猪木は、自分の終焉として〝砂漠の中に消えていくアントニオ猪木〟を思い描いてきた。「最初に見た砂漠が忘れられない」とも言っていた。

砂漠は時間とともにその色と形を変えて、新しい地形を作り出す。猪木は、そんな美しく神秘的な世界に魅せられていた。

「死に際とは何だろう？」

猪木と別れた後に私は考えたが、解答は得られなかった。

私は、かつて猪木にこんなことを提案したことがある。

「エジプトのギザのピラミッドやメキシコのテオティワカンのピラミッドの前にリングを組んで、試合をしてはどうですか？」

ピラミッドでは、夜になると観光客向けにサウンド&ライト・ショーという音と光による神秘的な演出がされる。

そんなライティングされた幻想的なピラミッドをバックに、アントニオ猪木が戦う。写真的には、絵になると私は思った。

だが、猪木はこの話には乗らなかった。

「でも、ピラミッドって、お墓でしょう」

猪木は２０１７年10月21日、両国国技館でイベントとし

WORLD
HEAVYWEIGHT
WRESTLING
CHAMPION

て『生前葬』を開催したが、私はそれ以前に猪木の生前葬のプランを持っていた。

場所は横浜アリーナ。観客が入場してくると、青白くライティングされたリングにすでに猪木が横たわっている。弱いライトが照らす中、ピクリとも動かない猪木。スクリーンには猪木のデスマスクが大写しになっている。

猪木は当然、死から蘇るのだが、この先は読者のみなさんにそれぞれ想像していただきたい。

私は30年以上前に、「闘魂シルクロード」という闘いのロマンも思い描いていた。ある日、バスの中で猪木にこんな話をした。

リュックサック一つを背負った猪木が戦いの旅に出る。猪木は、その旅路で出会った腕自慢の強者と戦う。戦いの場所は草原の時もあれば、小さい集落の地べたの時もあった。

ルールなどなかった。互いのプライドだけで戦う。

太陽が照りつける暑い日もあれば、月夜のこともあった。青白い月光の中でうごめく戦い模様は、神秘的でさえあった。

汗が光っていた。猪木は相手を締め落とすと、ゆっくりと立ち上がった。

そのまま相手が息を吹き返すのを待つ。

それを確認すると、猪木はまたリュックを背負って歩き始めた。

旅に出た猪木が何を求めていたのかはわからない。そんな戦いを続けることで、自分の「死に場所」を探していたのかもしれない。

そして、猪木の戦い模様も、人生の足跡も、砂漠の砂の中にスーッと消えてしまう。それが猪木の言う「死に際」なのかもしれなかった。

「猪木の死に際って何なんだろうか?」

私は、その正解をいまだに見出していない。どうせ猪木に問いかけたところで、「フフフッ」と笑うだけだろう。

撮った写真のすべてが「猪木」だった

「これまでのベストショットは、どれですか?」

そう聞かれることがあるが、難しい質問だ。毎回、「こう撮ったら良かったな」、「もうちょっと右寄りの方が良かったな」などと思ってしまうからだ。

綺麗に枠に収まっても、「いや、もうちょっと崩れていた方がいいかも」と贅沢な欲求が芽生える。

フィルムに定着したアントニオ猪木というこの上ない被写体。人が猪木にどんな評価を下そうが、それは自由だ。

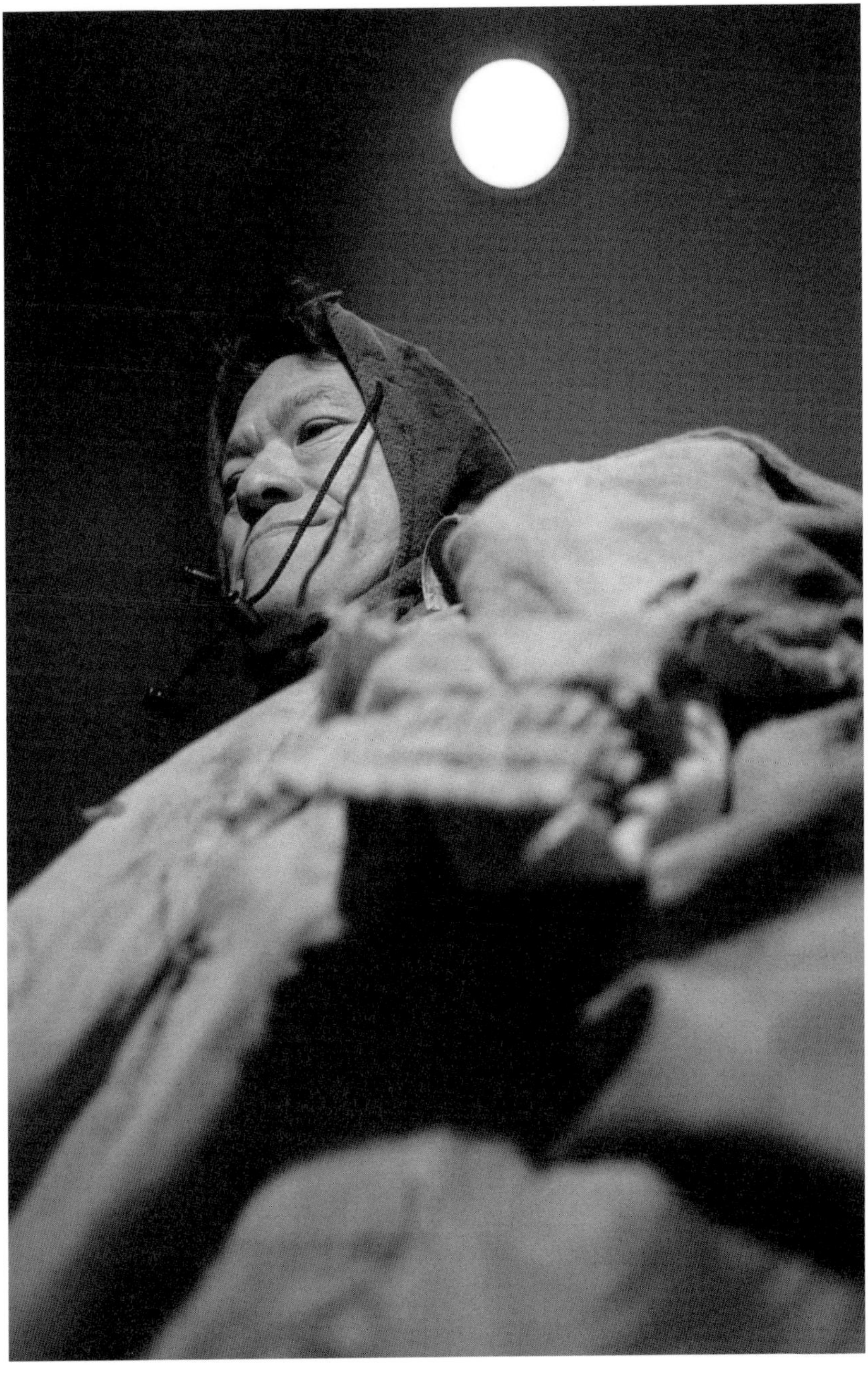

しかし、私には「被写体」と呼ぶことに抵抗を感じるほど崇高で魅力的な存在である。

さまざまな種類のフィルムで猪木を撮った。最初は何だったろうか。ネオパンＳＳＳ、トライＸ、ネオパンＦ、そして、モノクロームからカラーへ。フジカラー４００、エクタクローム、コダクローム、フジクローム。

やがてフィルムの時代は去り、デジタルの時代へと移行する。デジタルカメラは今でこそ進化して画像が綺麗になったが、試行錯誤もあってクオリティに満足できない時代があった。

自分の中で愛着があったり、思い入れのある写真は確かに存在する。

しかし、過去に撮影したすべての写真の中から一枚だけ選べと言われたら、選べないかもしれない。

もし選ぶとしたら、それは日によって違う猪木になるのではないだろうか。どの写真であれ、そこに写っているのは「アントニオ猪木」であり、撮ったのは私なのに変わりはないのだが。

冬の寒い日に暗室で現像液を温めて、猪木が写っているはずのモノクロームのフィルムをその中に落とした。

定着したフィルムを水で洗って、乾かす。そんな単純な作業を続けた。

引き伸ばし機にフィルムを挟んで、光を当てる。下の印画紙に投射されたネガフィルムの画像がまた現像液の中で少しずつ浮き出してくる。

今では、かつて使っていた暗室の扉は閉ざされたままだ。扉には、もう錆が浮いている。

それを見ると、年月というものを感じる。最後に暗室を使ってから、もう20年以上が過ぎた。私はそこを再び開けるのが怖いのか、扉を眺めただけで中に入ることはない。

その暗室の空間で、暗い赤色のセーフライトで見た現像液の中の白い印画紙に、ゆっくりと浮かび上がってくる猪木の画像を思い出す。

印画紙に定着した「アントニオ猪木」に、同じものはなかった。しかし、すべてが「アントニオ猪木」だった。

暗室特有の酢酸の匂いが鼻をつく。どれだけ長くそこに留まっていたのか。

暗室の扉を開けると、もう朝になっていて太陽がまぶしかった。

部屋いっぱいに新聞紙を敷いて、そこにまだ濡れている写真を並べた。

猪木の表情は、人間のすべてを感じさせる。

アントニオ猪木になりたいと思っても、誰もその域に到達することはできない。それは空を突き抜け、宇宙に到達するほどの摩天楼なのか。逆に地球の中心部まで入っていく果てしない洞窟なのか。

「一緒にインドへゴミを見に行こう」

2019年8月27日、猪木の妻・田鶴子さんが亡くなった。愛称は「ズッコさん」で、私も親しくしていただけに残念という言葉しか出ない。

ズッコさんは元々、TBSの番組宣伝のカメラマンで芸能人のポートレイトなどを撮っていた。いつの日か、プロレスの会場に撮影の仕事で来るようになり、私も話をするようになった。猪木がとぼけたように「橋本さん、知っているよね？」などと言ってきたこともある。

ある日、私は猪木に、こんなことを訊ねた。

「なんでズッコさんと結婚したんですか？」

「いやあ、世話になったから（笑）」

2人が知り合ってから結婚するまで、かなり時間があった。この「世話になった」という言葉は、2009年に猪木が腰すべり症で手術して以降のことを指している。ズッコさんが病気になった時は、同時介護のような状態だったそうだ。

2020年2月20日、猪木は喜寿を迎えた。〝燃える闘魂〟が77歳になったのだ。

新しくなったホテルオークラで開催された『アントニオ猪木の喜寿を祝う会』には、多くのゆかりある人たちが集うこととなった。

コロナ禍だったが、猪木は出席者で「満員御礼」となった広い会場を前にして、紫のマフラーを揺らしながら77歳という年齢をまったく感じさせないギラギラとした眼光を放っていた。

『日本プロレス殿堂会』の設立も同日に発表があった。猪木は藤波辰爾、長州力、天龍源一郎らと、にこやかに記念写真に収まった。

「2011年に兄がなくなってから、死というものを意識するようになった」

猪木は、そう話す。兄とは快守さんのことだ。猪木家において、その時点で77歳より長く生きた者はいなかった。

「早くお迎えが来てくれないかなあ」

翌2021年になって猪木が入院中に流されたYouTube『アントニオ猪木 最後の闘魂』の映像はショッキングで、ファンの間でも大きな反響を呼んだ。猪木のリハビリをしている姿は、痛々しささえ感じられた。だが、そこにはすべてをさらけ出す猪木がいた。

アントニオ猪木がアントニオ猪木と戦っている。それは夢とロマンを超えた壮絶な戦いなのかもしれない。

腰の痛みから意識的に体重を落としたことで、猪木はかなり痩せた印象だ。体力を回復させるには逆に食べなくてはならないが、自慢の驚異的だった胃袋も昔のようにはい

かない。

遺伝的な臓器の難病も抱えているが、これは薬を飲んでしのいでいた。アミロイドーシスという名の疾患で、最初に猪木から話を聞いた時は「溶けにくいたんぱく質繊維が心臓にくっ付いてしまう」と言っていた。

アミロイドが心臓に付くと心室の壁が厚くなり、心不全を引き起こすという。それが後に心臓に限らない、すべての臓器と訂正された。厄介なものを抱えていることになる。

「高いんだよ。1日17万円だよ。稼がなくちゃなあ（笑）」

その命の綱のような心臓の薬の値段を私に言いながら、猪木は笑っていた。今では保険が適用されるようになったというが、17万円を365日飲み続けるといくらになるか。

「元気が売り物の猪木がこれではなあ。本当に早くお迎えが来てほしいよ」

本人は会うたびにそう言うが、言葉とは裏腹に戦う姿勢は崩していない。

パジャマ姿の猪木がうつろな目で体を動かしている。それはリング上で「もうダメだ」とファンが思っても、何かに憑かれたようにスーッと立ち上がってきた猪木の姿と重なる。

振り返れば、2020年9月頃に会った時は長く座って話していると、時間をかけて体をほぐさなければ、すぐには歩けなかった。

それでも15分から20分、猪木は寡黙に目を閉じて、手すりを使って屈伸運動を繰り返すと長い階段も自力で降りることができた。

猪木と猪木の静かな戦い。私はそんな猪木を少しだけ距離を置いて見つめていた。かつて、試合前のリングで柔軟運動をしていた猪木の姿を重ねるように思い出した。

2度目の腰の手術からは一度回復したのだが、再び腰の痛みが猪木を襲った。それにより、2021年1月から入院を余儀なくされた。

コロナ禍で面会も許されないから、入院生活は単調で変化がない。それは猪木にとって、腰の痛み以上に退屈で苦痛だったはずだ。

猪木は意外にも電話魔である。今も「元気ですか！」と思いついたように突然、誰かに電話していることだろう。

「水分と塩分のバランスが難しいんだけれど、今何がしたいかというと冷たい水をコップいっぱい一気に飲みたいな。生ビールをいっぺんに飲み干してみたい」

そう語る猪木は、少しずつ元気を取り戻している。

猪木は現在、水プラズマに夢を託している。これは水プラズマを使って「ゴミが消える」という画期的な手法で、九州大学の渡辺隆行教授が導き出した理論だ。

別章でも触れたが、猪木は昔から「世界のエネルギー危機を救う」、「世界の食糧危機を救う」という大きなテーマ

oki Lab

を抱えて生きてきた。地球環境への興味は人一倍高い。

環境とゴミ。その猪木にぴったりのテーマがあった。

猪木はフィリピンのスラム街として知られるスモーキーマウンテンの〝ゴミ捨て山〟の話をよくする。フィリピンでは、法律でゴミを燃やすことができない。新型コロナウィルスがなかったら、フィリピン政府の国家プロジェクトとして水プラズマでのゴミ問題処理がスタートしているはずだった。

「インドに行こうよ」

ある時、いきなり猪木に突然、誘われた。

「インドですか？」

「テレビを見ていたら、ガンジス川の支流にヤムナ川というのがあって凄いゴミなんだ」

そのゴミを一緒に見に行こうというのだ。

海外にゴミを見に行く。

この発想は、猪木ならではのものだ。ブラジルでも、ソ連でも、イラクでも、北朝鮮でも、猪木は何でも自分の目で見てきた。

猪木はひらめくと、すぐに行動に移る。九州大学の渡辺教授も猪木から直接電話があったことに驚いていた。猪木は水プラズマでゴミを消す手法をテレビで見て、翌日に自ら連絡したという。

『アントニオ猪木ラボ』という水プラズマのゴミ処理設備を搭載したトラックがある。

2020年10月31日、猪木は水プラズマの実験をマスコミに公開した。この時も猪木はスモーキーマウンテンの話を語っていた。

この日、私は特別にトラックの中に入れてもらい、実験を近くで撮影した。1万度を超える熱と閃光の中で、鉄パイプが消えていくシーンは魔法の世界のようだった。

「プロレスでやり残したことはないんだよ」

そう語る猪木だが、地球のゴミを綺麗にする水プラズマは〝最後の闘魂〟がそのすべてを傾けるのに十分なテーマのはずだ。

スペシャル対談

古舘伊知郎×原 悦生

原　古舘さん、どうもお久しぶりです！　今日は昔のことを振り返りたいんですけど、私と古舘さんはテレビ朝日の舟橋慶一アナウンサーを介して出会ったんですよね。

古舘　俺が1977年にテレビ朝日に入社して、その直後だよね。

原　私は舟橋さんと高校も大学も一緒の後輩で、まだ学生の頃に新日本プロレスの事務所に行った時に初めてお会いしたんですけど、その後は「全兄弟」なんて言われて、どこへでも無理やり連れて行かれていましたよ（笑）。だから、その頃ですよね、古舘さんと初めてお会いしたのも。

古舘　舟橋さんって面白い人で、人情味が熱くて後輩を凄く可愛がる人だった。原さんは同郷と学校の後輩で、俺は舟橋さんの直属の部下。あの当時、つまり今から40年以上前のスポーツアナウンサーは徒弟制度で絶対服従なんです。今は民主化に成功したけど、その代わりに上の人間があまり熱く育てていないんじゃないかな？　みんな独立独歩のスペシャリストなんだから、売れるか売れないかは自己責任の時代が来ているのかもしれない。でも、あの当時は徒弟制度だったから、俺も毎日、舟橋さんのカバン持ちをしていたし、舟橋さんが新宿に飲みに行くと言えば、朝まで付き合うのが当たり前。「芸は盗むものだ」と言われていた封建制の時代だから。その時代に、原さんとも毎日、顔を合わせていたんだよね。お互いに舟橋さんの後輩同士で、夜中に合流して朝まで付き合わされたりとかね。

原　だから、兄弟弟子みたいなものですよね（笑）。

古舘　ずっと一緒にいたよね。原さんとの第1期は先輩のアナウンサーを通じての兄弟弟子みたいなもので、第2期はリングサイドと放送席サイドという同じ職場空間で、原さんは写真を撮る人。瞬間瞬間を撮る人だったよね。

原　リングサイドで写真を撮っていると、後ろから古舘さんの声が聞こえてくるんですよ（笑）。

古舘　俺は瞬間瞬間を喋る人だったからね。逆にこっちにはシャッター音が聞こえていたから。いやあ、懐かしいなあ。でも、人間ってダメだね。過去を懐かしがって美化し過ぎ。良くない。当時はいろいろあって大変だったから、「あの頃は良かったね」なんてすぐ言っちゃうんだけど、それって戻れないのを前提で言っているからね。

原　その我々の戻れない過去には、やっぱりアントニオ猪木という存在が欠かせないと思うんですよ。今日は猪木さんについて語りたいんですけど、その頃はよくそれぞれ猪木さんと会っていましたよね？

古舘　バラバラで会ってたよね。

原　だけど、猪木さんから宿題を出されて夜中に六本木で会ったのを憶えてないですか？　梶原一騎さんの事件の影響でタイガーマスクの名前を変えなきゃいけないということで、「新しい名前は、どういうものがいいのか？」とか

「どうやってタイガーマスクを一度消して、新しいタイガーマスクとして戻すか？」というのを宿題として出されて、夜中に猪木さんと会って朝まで話しましたよね。

古舘　宿題を出されたのは思い出した。タイガーマスクのマスクを宇宙に持っていって、〝宇宙葬〟という形でマスクを宇宙に投げ込んで永遠のお別れをするとか、猪木さんがやたらといろんなアイディアを語っていた。面白いから、俺らも考えようとなって。結果、答えを出さないで終わっちゃったんだよね。

原　そうそう。そういう話をした後、すぐにタイガーマスクが電撃引退しちゃったので。でも、猪木さんは本気だったんですよ。そういう話し合いを2回くらいしていますから。

古舘　マッチメークに関しては俺は入っていくべきじゃないと思っていたけど、そういうプランニングに関しては話をしていたよね。

原　猪木さんがそういう話の中から、面白いアイディアを拾おうとしていたんじゃないですかね。

古舘　だから、俺も言う。原さんも言う。そういう雰囲気は一時期ありましたよ。

原　1989年4月24日に新日本プロレスが最初の東京ドーム大会をやったじゃないですか。猪木さんはショータ・チョチョシビリと異種格闘技戦を戦ったけど、円形のリングで試合をして。あれ、猪木さんと飛行機の中で話をしていたんですよ。「リングって元々丸いものですから」みたいなことを私が言って。

古舘　古代のパンクラチオンみたいな。

原　そう。「昔、喧嘩の時はみんなで囲んで、輪になっていたみたいですよ」とか話をしていたんだけど、もしかしたら猪木さんはその話を聞いて円形リングを使ったのかなと思ったんですけどね。ちょうどロシア、当時のソビエト連邦に行く飛行機の中で一緒になったんですよ。私はエコノミークラスだったんですけど、ファーストクラスの猪木さんの席の隣が空いていたから、そこに座って。

古舘　そのパターンはやってたね。俺もニューヨークのマディソン・スクエア・ガーデンで中継があると、局アナだからエコノミーに乗るのは当たり前なんですよ。でも、猪木さんはファーストクラス。もう楽しくてしょうがない。猪木さんのところに行っちゃうから（笑）。ニューヨークのケネディ・エアポートまでずっとファーストクラスで、フルコースの飯まで食ってるんだもん（笑）。だから、話をしようと思えば、いくらでもできたんだよね。

原　猪木さんが寝ない限りは大丈夫。まあ、今はダメなんでしょうけど、あの当時は猪木さんの席に行っても「ファーストクラスの乗客のお客さん」という感じに見られて、自分の席に戻ってくださいなんて注意されなかったですし。

古舘　あの頃の飛行機は親方日の丸で、いい加減なところがあったよね。ずっと猪木さんの横で飲んだり食ったりしながら、真面目な打ち合わせをしていたんだよ。猪木さんといえば、確か前田日明さんが著書の中で「猪木という病」という言い方をしていたんだけど、俺は「猪木磁場」という言い方をずっとしているんですよ。猪木さんの磁場に入ると、みんな〝闘いのロマン〟に目覚めちゃって、自分なりに戦いの道を切り開きながら生きていこうという勇気をもらえる。また、その相互作用で逆に猪木さんにも俺たちが力を与えなきゃいけないんじゃないかと思ってしまう。でも、前田日明って凄く文学的ですよね。猪木という病に罹ったら、一生消えないと。前田さんもいろいろあって、反目していたじゃない？　でも、どんなに反目して、この病から自分を切り離して完治させたと思っていても、その病は実は潜伏しているだけで、何かの拍子にまた芽吹いてくる。そして、最後は猪木さんに吸い寄せられて似てきちゃう。そういう感染性のある病だと言っているんですよ。この表現は上手くないですか？　だから、今のファーストクラスにアップグレードなんて話も、こっちが便乗して調子に乗っているだけなんだけど、なんか吸い寄せられているよなって感じがするね。

原　長州力にしても前田日明にしても、かつて反目したような弟子たちも今はみんな「猪木さん、猪木さん！」と吸い寄せられていますよ。

古舘　恩讐を超えたよね。やっぱりある程度の年齢になってきて、その当時の猪木さんの気持ちと過去の自分の反目していた気持ちがシャッフルするんじゃないかな。スムージーみたいにね。

原　若い時は「猪木が何だ！」と向かって行っても、自分がその当時の猪木さんの年齢を遥かに越えた歳になると、「あの時はこう思っていたけど、そういうことだったんだ」ってなるんじゃないんですかね。自分が団体のトップになって、初めて猪木さんの気持ちがわかるというのはあると思いますよ。

古舘　なるんだろうね。あとは離れてみて、自分の中で反芻すると猪木さんの重みがみんなわかるんじゃない？　というのは、これも前田さんの話なんだけど、YouTubeの前田日明チャンネルに出させてもらった時に、アントニオ猪木に本気でハイキックを放ってアゴに食らわせようとした話を聞いたんですよ。

原　旧UWFが潰れて、新日本プロレスと業務提携していた時ですね。1986年2月6日のアントニオ猪木vs藤原喜明戦が終わった後に、リングに上がってきて放ったキック。

古舘　そう。前田さんは本気でアゴを砕こうと思って、ハイキックを放った。でも、本人曰く猪木さんはキックが当たる瞬間、ピョーンとジャンプして首にヒットさせて、アゴからズラして致命傷をかわしてるの。これはもう理屈じゃゃ

UWF

ないし、大脳で意識が運動回路に指令をしてかわしたとか、そういうレベルじゃない。もう脊髄反射じゃないかと。アゴを砕かれると思った瞬間にヒットポイントをズラして、首に当てて危機を回避するというこの芸当を「普通はできない」って前田さんは力説してた。だから、異種格闘技戦にしても、猪木さんの天性の格闘家としての類稀なる反射神経があったからこそできたと言ってたね。

原　私、まさにその瞬間の写真を2階席から撮ってる(笑)。

古舘　前田さんは放つ側の人間ならではだと思うんだけど、猪木さんの動きがスローモーションで見えたらしい。それはまさにシャッターを押す瞬間に通ずるよね。原さんに一度聞いてみたかったのが、こんな表情、こんな動き、こんな筋肉の震え、そういう動いているものの一瞬一瞬をカメラで切り取る。でも、一連のアニメーションみたいなもので、我々はそれをパラパラッと連携で見ているんだけど、一瞬一瞬を分解すると違う世界があるよね。やっぱり、撮っていて楽しいものなの？

原　楽しいですよ。

古舘　後で写真を見てみて、発見することってある？

原　昔のカメラは本当の一枚一枚撮るというか、シャッターを押した時にしか、その写真は撮れない。だから、本当に狙って撮って、その時にいいと思った写真は、後から見てもいいですよ。いいと思ってもダメだったということもあるんだけど、ダメだと感じたものを後から見ていいと思ったことはほとんどないですね。逆に今みたいにカメラが高速になると、ほとんど動画みたいな感覚で撮れるんですよ。だから、全然意識していなかった写真が良かったというパターンは今の方がありますね。そこは昔と今のカメラの作りの違いです。

古舘　なるほどね。俺は一瞬一瞬の静止画の方に真実があるような気がしてならないんですよ。仏教に唯識哲学ってあるんだけど、俺も深いところはよくわかってない。俺は仏教が好きなだけですからね。ただ、大乗仏教の中の唯識哲学体系では、仏教の根本の哲理の一つは諸行無常であると言っている。すべてが移りゆく中で固定されているものなんてないし、自分というものは本当はないんだと。だから、今どきの科学的な言い方に言葉を変換すると、人間は37兆個なら37兆個の細胞が集合しているんだけど、自分とか自我は幻で、人間一個体は構成要素の緩やかな集合体に過ぎないんだと説いています。つまり、「本当の自分なんていないんだ」というのが仏教の根本なんだと。

だから、唯識哲学も当然、そこは貫かれていて、例えば原悦生が動いているのも幻であって、本当は一瞬一瞬の止まった世界があって、それが入れ替わっているというんです。こんな考え方は普通の人は理解できないし、俺も理解できないから面白いと思っているんだけど、プロレスの虚実の皮膜に覆われた世界と似ていて興味深いなと思っているんですよ。当然、答えはグーグル検索しても出てこないんですけど、例えばさっき言ったアニメーションですよね。一枚一枚は止まっていても、パラパラめくると動いているように見えるわけ。これは錯覚じゃないですか？　世の中は、すべてそうやってできていると考えるのが唯識哲学なんですよ。

飛行機の話をすると、例えば原悦生が飛行機で成田からニューヨークに行って、無事に11時間半かかって到着したと。原悦生は1機の飛行機で行ったと思っているんですよ。ところが、唯識哲学はそうじゃなくて、一瞬一瞬、刻一刻、新しい飛行機が登場しているという捉え方をしている。確かに原悦生という人間にしても、11時間半の間に細胞も変わっているし、血も少しづつ入れ替わっている。固定した自分なんか何もないのと同じで、飛行機自体も一瞬にしてエンジンに負担がかかっていたり、一瞬にして軋みが出る箇所がある。つまり、飛行機も一瞬にして違う状況になっているわけでしょ。とにかく一定時間、ずっと固定された飛行機なんて一つもない。パイロットもそうだし、コックピットの中も少しずつ変わっているはずですよ。一瞬一瞬、新しい飛行機が登場して、またその原因、因果になって新たな因果関係を作り出して、その次の飛行機が生まれる。それを繰り返している。1機の飛行機でニューヨークに到着したわけじゃないという捉え方なんです。

これは、もうわからない。俺は凡人だから。アインシュタインとかなら反論したかもしれないけど、俺は唯識哲学のそういう答えが出ないところに魅せられているんですよ。プロレスもアントニオ猪木vsモハメド・アリ戦も含めて、どこまでが実で、どこまでが虚なのか、答えが出ないでしょ？　プロレス好きって、そういうところなのかもしれない。だから、一瞬一瞬を撮っていた原悦生の世界こそ真実を捉えていて、映像で喋っていた俺が虚だったという感じは、どうしてもするんだよね。

原　ちょっとリンクしないかもしれないけど、猪木さんもそうだし、天龍源一郎、武藤敬司、棚橋弘至のようなトップレスラーたちは、試合の中で動いているんだけども、ちゃんと印象に残る一枚の絵になることを考えながらプロレスをしているところがあると思うんですよ。猪木さんだと、この試合はこのカットという印象的な絵があって、それがずっと残っていますからね。

古舘　それは、さっきの話と繋がる部分があるね。俺なんかは一連の動いているものを描写する。実況は後追いなんだけど、たまに先行することもあるんですよ。例えば、後楽園ホールのような小さな会場で試合をやっていて、俺が「さあ、猪木がブレーンバスターに行く！」と喋っていると、つられて猪木さんもブレーンバスターをやっちゃう。

原　実況の声が聞こえちゃうんですよね（笑）。

古舘　そう。だから、こういう物理の悪戯が起きることもあるんだけど、基本的に実況は起きている動作や所作の後追いなんですよ。でも、一生懸命追いかけているから、一瞬の真実、その動作に宿っているディテールの真実とかはわからないわけですよ。だから、プロレスの虚の方を担当している気がするんですよね。それに対して原悦生の世界って、エプロンに肘をついて一瞬の真実を撮っている。こんな表情、こんな仕草、こんな驚き、こんな筋肉の躍動があったんだって、喋っている方は写真にしてもらって後追いで見ないとわからないんですよ。だから、仕事をみんなで分担しているんだね。

原　実況で思い出したけど、１９７７年くらいの頃かな？六本木から古舘さんの家まで車で行ったことがあるんですよ。その間、ずっと実況してましたよね。憶えてます？目に見えるものについて、車の中で全部実況していた。「今、アマンドの前を……」みたいな感じで。

古舘　それは練習だったからね。虚でも実でもいいんだけど、とにかく現象世界で見えることを口に出して描写するのが俺の仕事で、それは舟橋アナウンサーにも鍛えられたし、他の先輩にも練習しろと言われていたから。一コマ一コマを撮る人の横で、一コマ一コマを喋っていると違いがわかるよね。だから、原さんといると自分のやるべきことが見えるし、俺はずっと喋っていたんですよ。

原　あれは凄かった（笑）。車の中でまったく休まないし、言葉にも詰まらない。詰まっちゃいけないという頭で喋っていたんですよね？

古舘　詰まっちゃいけないんですね。後追いはしょうがないにしても、刻一刻喋り続ける。「白山通りが私を迎え入れております。こうして私は一路家に向かっているわけでありますが、どうして助手席にこの男がいるんでありましょうか……」って、ずっと車内で自分の心境とかを実況するんですよ。「助手席にいるこの男は付き合わされているのが嫌々なのか、どうしたものなのか、国道17号をまっしぐらに……」と喋っているけど、実はまっしぐらじゃない。信号で止まってるんですよ（笑）。かなり嘘が入っている。だから、虚実が入り混じっているんですよ。でも、ずっと喋る。若い頃、白山通りを車で走っていてスピード違反で捕まったことがあるんですよ。局アナだから、プロレスだけやってればいいわけじゃなくて、その時は日本武道館に柔道の取材に行かなきゃいけなかった。自分の車を運転して、白山通りを真っ直ぐにお堀端の方に向かって走っていたんですよ。そうしたら、十何キロオーバーで「は～い、止まって、止まって」と言われて、「スピード違反だよ。外に出て」と。お巡りさんは、もう紙を切ろうとしていた。もうダメだと思ったから、「すいません、これから日本武道館に取材に行こうと思ったところで。ちょっとスピードが出てしまって」と潔く言ったんですよ。そうやってペラペラ喋っていたら、お巡りさんが「なんか兄ちゃんの声、聞いたことがあるな」って（笑）。まだそんなに本格的に売れる前だし、顔はあまり割れてない。放送席はカメラで撮らない時代だったからね。これはチャンスだと思って、「実はプロレスの実況をやっているんです」と言ったの。それで「私、顔は映りませんので、まったく面は割れておりませんが、実は実況で喋っておりまして、この並木通りを拡幅して3車線になりました白山通り、ついついスピードが出てしまうところではありますが、日本武道館の柔道に……」とずっと喋ってたら、お巡りさんたちが拍手してくれて、「行っていいよ」って（笑）。１９７０年代後半のことですけど、いい時代ですね。だから、そんな時代に一緒によく車に乗って実況していた。懐かしいなあ。

「ファンって残酷だから、俺にリングで死んでもらいたんだよね」

原　懐かしいといえば、もっと懐かしい話をしたいんですけど、古舘さんって日本プロレス時代は見てました？

古舘　力道山とシャープ兄弟の頃から見てた。

原　じゃあ、私と似てますね。私はシャープ兄弟は見てないんだけど、その後から見てる。

古舘　どのくらい？　フレッド・ブラッシーが出てきた頃？

原　そう。ジェス・オルテガとか。

古舘　メキシコの巨象ね。懐かしいな（笑）。

原　アントニオ猪木というレスラーを認識したのは、いつ頃ですか？

古舘　もちろん、日本プロレスの金曜夜8時、『三菱ダイヤモンドアワー』の時代ですよ。俺たちが小学生の頃は、ディズニーとテレコで放送していたでしょ。

原　日本テレビの『三菱ダイヤモンドアワー』の枠で、「日本プロレス中継」と「ディズニーランド」が1週間ごとに交互に放送されていましたよね。ただ、途中から「ディズニーランド」のある週も夜の10時半くらいから「日本プロレス中継」を別枠でやっていましたけど。

古舘　だから、金曜の夜ということもあって、親に頼んでプロレスの場合は10時以降の放送も特例で寝ないでいいってことになったんですよ。そんな感じでワクワクしていた時代なんだけど、画面で猪木さんを見ていた。画面越しのバーチャルじゃなくて、実際に生で本物を見たのは中学1年生の時の後楽園ホール。

原　東京プロレスが終わって、日本プロレスに復帰した頃ですよね？

古舘　そう、東京プロレスの後。俺の場合、小学生の時に力道山が亡くなって、同じ年の少し前にジョン・F・ケネディ大統領が暗殺されたけど、これが俺がアナウンサーになる、言葉にこだわる原点になるのね。新聞の一面は当然、ケネディ大統領暗殺のニュースなんだけど、朝日新聞も毎日新聞もどの新聞も「ケネディ、暗殺さる」と書いてあったんですよ。俺は子ども心に「暗殺さる」という言い回しがわからなかった。「暗殺される」なら、わかるんだけど。だから、自分の親父に聞いたんですよ。「お父さん、何で〝暗殺さる〟で、〝れ〟が抜けてるの」って。そうしたら、親父が「これは喋り言葉じゃなくて、新聞用語とは言えないけども、堅い言い回しの時には見出しとかで〝暗殺さる〟って使うんだよ」と説明してくれたんだけど、子ども心にまったくわからなかった。大人になってわかるんだけど、そんなこともあってプロレスはずっと見ていた。それで実際に猪木さんを見たのは、後楽園ホールの『第1次サマー・シリーズ』だったね。今でも憶えてる。タッグマッチに出てきて、カードはアントニオ猪木&吉村道明vsアート・マハリック&アントニオ・プグリシー。メインイベントは、ジャイアント馬場vsジェス・オルテガだったの。

原　やっぱり、その頃から特別なレスラーでした？

古舘　黄色いショートタイツが踊ってたね。その日、メインでメキシコの巨象が大暴れしたんで、馬場さんがコーナーで流血するんですよ。そこに猪木さんがおっとり刀で駆けつけて蹴散らして、「明日の川崎に来い！」って言うの。次の日は川崎球場での試合だったんだよね。俺はまだ中学生だったから、興行のチケットを売るための煽りをしているというのがわからなくて、なんか俺に向かってアントニオ猪木が「川崎に来い！」と言っているようでね。いくら夏休みだからって連チャンで行けるわけがないから、川崎には行かなかったんだけど。

これはその翌年の話で、日本プロレスの『第2次サマー・シリーズ』に参戦していたボブ・アームストロングとルーク・グラハムというレスラーが昼下がりに俺が電車通学で使っていた巣鴨の駅前に立っていたんですよ。学校が終わって、巣鴨の改札口に出て家まで帰ろうとしたら、その2人が立っていた。そんなに有名なレスラーじゃないんです。その他大勢レベルで、パンフレットを熟読していたから知っていたんだけど、俺が生きている現実世界に絵巻物の中に出てくる2人の大男が立っているという事実にときめいてね。今のネット社会は何が虚実かわからないんだろうけど、その時の俺はもうウブだから、「何で架空の人物が絵巻物の中から出てきているんだ⁉」という感じだよね。今どきのファンじゃないから、声もかけられない。ただストーカーのようにずっと「何をしているんだろう？」と思って、今で言う社会的距離を取って見ていたの。そうしたら、ブルーとオレンジのラメの入ったドレスを着た巣鴨のキャバレーのホステスさんが2人来てね。中学2年でもホステスだってわかりますよ。雨が降っている日だったから傘を持っていて、相合い傘で2カップルができて、日が高い状態でそのキャバレーかなんかに誘導しているのを見送ったんです。今でも憶えてる。忘れられない、あの光景。その時、虚の世界から実の世界に下ってきたような気がしたんですよ。今の若い人は、その感覚はわからないでしょうね。

原　今はファンと選手の距離が近いですからね。コロナ禍が始まる前は、物販コーナーでレスラー本人からグッズを買って、ツーショット写真を撮ったりするのが普通のことでしたから。

古舘　だから、そういうウブな時代の話をすると、芸人のケンドーコバヤシさんと藤波辰爾さんに俺のYouTubeに出てもらってプロレス談義をしたことがあるんです。ケンコバさんが小学校低学年の時に地元で新日本プロレスの興行があって、当然見に行ったと。ケンコバさんはヒールの上田馬之助が好きで、「悪役の上田馬之助さんの大ファンです。サインしてください」と色紙を出したら手でパーンと払われたらしいんです。ダイナマイト・キッドがビリビリ破くように、悪役の演技をしてパーンと払った。でも、手で払われたのは嬉しかったらしいんですよ、上田馬之助らしいって。その時にケンコバさんが「僕も大きくなったらレスラーになって、上田馬之助さんのような悪役になりたいんです」と言ったら、ふっと顔を見てニヤッと笑って、「そうか、頑張れよ。お前がレスラーになったら俺が殺してやる」って（笑）。半分はビビったけど、もう半分は上田馬之助をちゃんとやってくれているという感覚ね。喜びとビビリが相半ばする感情ですよ。なんかわかるよね、そういうプロレスファンの心理って。

原　わかりますね（笑）。

古舘　だから、お互いに同じ場所で違う仕事をしていたけど、プロレス好きというところでは俺と原さんは共通するし、猪木好きというか猪木さんが仕切る当時の新日本プロレスの有様が好きだというのはあったんだろうね。

原　猪木さんのことでいえば、レスラーの人たちが「猪木さんは24時間、アントニオ猪木をやっている」と言うんだけど、私たちの前で素を見せたことってありましたかね？

古舘　虚実の人だからね。何が虚で、何が実なのかわからなくなっている。だから、『全身アントニオ猪木』なんじゃない？

原　そうなんですよね。寝ている時も素じゃないのかもしれないし。

古舘　まあ、意識がなくて熟睡しているとしたら、その時くらいじゃない？　寝返りを打っても、いい動きをしそうな気がするしね（笑）。虚実一体になっているからさ。ただ、普通に言うところの素はいっぱい見せてくれているよね。さっきのタイガーマスク談義じゃないけど、ああいうのはガンガン本音ですよ。だけど、俺は猪木寛至という塊を外側からしっかりとアントニオ猪木が包んじゃっていると思っているのね。17歳で力道山にスカウトされたところから始まったプロレス人生で、猪木寛至の周りを包んでいる。だから、俺は『全身アントニオ猪木』と呼んでいるわけですよ。今、猪木さんの体調が少し上向いたからこんな話もできるんだけど、ああやってYouTubeとかで老いさらばえて、病に苦しんでいる状況を見せ続けるじゃないですか？　「〝元気ですかーっ！〟って言えないんですよ。今、自分と戦っているんですよ」って。あれこそ『全身アントニオ猪木』で、素の自分はもういないんじゃないかというぐらいの勢いですよね。俺らと喋っている時も素は素なんだろうけど、その素にもちょっとまとわりつく何かを感じますよ。だから、俺らは魅力を感じた。

原　この本にも書いたんですけど、一度電話があって、昔のホテルオークラに呼ばれたことがあるんですよ。何を話すかと思ったら、「死に際を撮ってもらおうと思って」と言われて。

古舘　いつの話？

原　十数年前ですね。「えっ⁉」と思いましたよ。でも、「自殺じゃないよ」って。ただ、その話はすぐに終わって、なんてことのない漠然とした話を2時間くらいしたんですよ。昼間だったから、お茶を飲みながら。何か用事があったから呼ばれたんだろうけど、あれはいまだによくわからない。

古舘　でも、わかる気がするな。猪木さんの中ではこれは非常に普通のペースで、本当に何かで追い詰められていて、「死に際を撮ってよ」と本気で思って原さんを呼んだんだと思うね。ただ、照れ屋だからね、猪木さんは。プロレスの禍々しさの演出をやる同一人物とは思えない爽やかさがある。人間って矛盾に吸い寄せられるというか、凄く悪い男なのに、ある優しい一面に吸い寄せられる女じゃないけど、猪木さんというのはある種禍々しいし、ある種腹黒いし、とんでもないことを考えていたりするんだけど、一方ではさっき言った素の猪木寛至になった瞬間に凄く爽やかな青年っぽい心を持った人だったりするじゃない。だから、「死に際を撮ってくれ」というのは本気で言っていて、そこから照れ屋だから素なのか虚なのか、どっちか反転するけど、いきなり砂漠の話とか雑談をして終わっちゃうというね。いつも「トゥー・ビー・コンティニュー」なの。だって、死に際の話とその後の雑談は関係性がないでしょ？

原 全然ない（笑）。

古舘 「実は今日来てもらったのは、死に際を撮ってもらいたいからなんだ」とシリアスに話をする。でも、いきなり結論を言っちゃった。起承転結が逆になっているんだよね。結を言っちゃったら、「もう、いいや。あとは雑談しよう」となる。そういう風に常にファンを裏切ってみせて、ブーイングやパニックを起こしてみせるんですよ。確か前に原さんも原稿で書いていたけど、1983年の衝撃の6・2蔵前国技館。

原 第1回のIWGP決勝、ハルク・ホーガンとの試合で猪木さんが失神した時ですね。

古舘 そう。その次の年に、同じく蔵前国技館で暴動に

なったでしょ。長州力が乱入してきて、ラリアットを入れて。

原　はいはい、リング下で。そっちは1984年6月14日、第2回IWGP決勝ですね。

古舘　あの時、俺は猪木さんに言われたんですよ、「古舘さんも一緒にリングに上がって」と。意味ないと思ったんだけど、一緒に上がってマイクパフォーマンスをやってるんですよ。猪木さんが「古舘さん、喋りでフォローしてよ」と言うから、俺がファンに向かって喋ってるんです。今、そんなのを思い出したけど、基本は照れ屋だからね。これは原さんと似たようなことの言い合いになってくるんだけど、衝撃の蔵前でアックスボンバーで失神する前くらいだったと思う。定かじゃないけど、猪木さんが「俺が死んだら借金も返せて、周りに迷惑もかけないね」と言ったの。その言葉は憶えてる。「ファンって残酷だから、俺にリングで死んでもらいたいんだよね」と真剣に考えてるの。俺、その言葉は本気だったと思うんですよ。やっぱりどこか『全身アントニオ猪木』なんですよね。こっちは盛り上げる側だから、すぐに猪木さんの周りをビニールコーティングしますけど、ある一人の人間の実存も間違いないわけですよ。その実存で言ったら、気弱な猪木寛至もいるだろうし、繊細で少年の心を持った猪木寛至もいる。あの人は戦う矛盾だから面白いんですよ。

だから、さっきの言葉も素の部分で本気で言っているんです。アントンハイセルの件があり、「死んだら借金も返せて、周りに保険金も下りるから迷惑もかけないよね。ファンも残酷だし、俺が死ぬことを望んでるんだよ。それでいいかな」って。ただ、そんなことを言ったすぐ後に「でも、古舘さん、やっぱりレスラーって保険に入れないんだよ。いつ死ぬかわからないから。俺が死んでもさ、保険金が入らないと意味がないよね」ってゲラゲラ笑って、そこから違う話になるの(笑)。さっきの原さんの話とまったく同じですよ。言うことを言っちゃうと、すぐ何かに戻るんですよ。たぶん素を出した後、すぐ畳んで片付けて、アントニオ猪木像の中に入ってしまってニコニコしている。その時の合図が俺は「笑い」だと思う。あの人、笑うんですよ。自分の言ったこととか、人がツッコんだこととかに対してね。

もう18年くらい前かな？　亡くなられた最後の奥さんのズッコ（田鶴子）さんのお店に、猪木ファミリーが結構集まったことがあるんですよ。その時に別れた奥さんである倍賞美津子さんも来たし、猪木さんのお姉さんも来たし、いろんな人が集まってワイワイやってたの。ちょうど永久電機が良くなるってことで猪木さんもノリノリだったし、みんなで家族談義ですよ。俺は倍賞ファミリーとは東京都の北区で同郷だから、倍賞側も知っていてワイワイ騒いでたの。でも、後に奥さんになるズッコさんのお店に、前の奥さんの美津子さんもいるんだから凄いよね。そこで美津子さんが「ねえ、古舘さん、アントンってこういうところが変な人だから、おかしいのよ」って、みんなの前でツッコミを入れるんだよ。で、聞いていた猪木さんはアゴをしゃくってカカカカッと笑って、「古舘さん、永久電機が……」って話を変えてくるの。どんなに俺がツッコんでも、美津子さんがツッコんでも、猪木さんはかわすんですよ。その時の合図が必ず笑いなの。猪木寛至からアントニオ猪木になる時のスイッチングに笑いがある。あれは不思議な感じがするんだよね。それともう一つ俺が思っているのは、一瞬のカメラの世界では違うのかもしれないけど、猪木さん流のスタイルで右手で左の鼻をこすることがあるんですよ。異種格闘技戦でも普通のプロレスの試合でも緊張がピークにある時って、例えば相手をアームホイップで投げた直後に向かい合った状態になると、左の鼻を右手でこするの。知らない？ 俺はこの時に緊張感を逃しているって発見している。結構、やるんですよ。日本プロレス時代の猪木vsドリー・ファンク・ジュニア戦の時が一番多い。

原　あれは実際に触っているんですかね？ 触っていない時もありますよね？

古舘　触っている時と触っていない時がある。でも、ここで精神統一をしたり、コンセントレーション、集中しているんだなと俺は思った。実質的に汗を拭っている場合もあるし、原さんが言ったようにエアーの場合もある。なんかね、俺は猪木さんの笑いとか、この鼻をこする仕草とかスイッチする瞬間が好きなんだよね。人間物語な感じがする。

「これは全部ね、本当の自然の大麻なんだよ。大麻を吸っちゃいけないんです」

原　自分にはスイッチなのかどうかわからないけど、猪木さんって凄い真面目な話をしている時に急にダジャレを言うじゃないですか？

古舘　ダジャレのオンパレードじゃない。

原　本当にオンパレード。ただ、あれを言われると毎回、一瞬キョトンとしちゃうんですよ（笑）。だから、言われたことをよく憶えていないんですけど、古舘さんは憶えてます？

古舘　いちいち憶えてはいないけど、その場が膠着したりすると、その膠着を破るために言うケースがあるよね。例えば1984年、俺がフリーになりたての時にパキスタンのカラチ・ナショナル・スタジアムとかを2週間くらいいろいろ巡業したんだけど、一緒に行ったの。その時は『水曜スペシャル』枠で子どもも連れて行って、猪木さんが隊長、俺が副隊長で、アントニオ猪木と少年少女で巡るカイバル峠の旅という番組なんだよね。よく小学生の高学年の子どもたちをパキスタンに何十人も連れて行ったと思う。夜はキャンプファイヤーなんかやったんだけど、隊長の猪木さんと俺が進行役をやって、後の獣神サンダー・ライガーである山田恵一さんもいたんですよ。

そこでまず隊長の猪木さんから簡単な挨拶があってね。でも、その挨拶が子どもに語る内容じゃない。パキスタンの地元の子どもたちは、なぜ茶色の民族衣装を着ているのか？ 当時、パキスタンの上空には敵対していた旧ソビエト連邦の軍用ヘリが来ることがあったんだけど、通学している小さな子どもたちはそれに爆撃される恐れがあるんですよ。だから、みんなカイバル峠の赤土や岩の色と同じ保護色となる民族衣装を着ていたんです。その話を猪木さんはしたの。またそれをね、「みんな、あの保護色をどう思った？」って子どもたちに話を振る俺も俺ですよ。みんな、キョトンとしている。会話が弾まない。猪木さんが言っていることもよくわからないし、子どもたちも疲れているしね。そうしたら、また猪木さんが話を始める。田舎だから、周りには野草が群生しているでしょ。それを見て、「これは全部ね、本当の自然の大麻なんだよ」と言うわけ。本当に大麻なの。で、「大麻を吸っちゃいけないんです」と猪木さんが言うわけですよ。そうしたら、当時の俺はまだフリーになりたてだから、ディレクターも局アナ扱いするじゃないですか。「古舘、いい加減にしろ！ 子どもらしい使える話をしろ！」って業を煮やして指示を飛ばしてきましたよ。

このカイバル峠というのも大変で、子どもたちは大丈夫だったんだけど、俺も一緒に行った長州力も、それから村松友視さんもみんな体調を崩してね。アメーバ赤痢みたいになっちゃって。やっぱり水が合わないから。そんなヘロヘロで大変な時に、猪木さんはダジャレばっかり言ってるの。カイバル峠をトボトボと歩きながら、「ここはかつてアレクサンダー大王も通った」とか言っているわけ。それで「古舘さん、苦労するね。みんな、辛いよね」と言い出したんだけど、続けて「やっぱりフランス人は苦労するからね」と言うから、「いや、猪木さん、ここにフランス人はいないですよ」って返したら、「いやあ、クロード・チアリ」って。俺、カイバル峠であんな寒い思いをするとは思わなかった（笑）。俺は行ってないけど、原さんはイラクの人質解放の時は一緒に行ったのかな？

原　行きました。1990年ですね。イラクには2回行ってます。下見も一緒に行っているので。猪木さんのお兄さんの快守さんから「バグダッドに行きますか？」と電話がかかってきて、思わず「行く」と言っちゃったから、猪木さんと数人で下見に行ったんですよ。それから人質解放のプロレス興行の時にも行って。

古舘　あれはよくやった。外務省はバカにしていたけど、喧嘩して、やっぱり猪木イズムだよね。先にダジャレの方にケリをつけておくと、そのイラクの人質解放の時に会った時も「古舘さん、今回は大変でしたよ」と言うんですよ。「まずアンマン経由で行くんだけど、昼なのにヨルダン」とか言ってさ。

原　よくわからない人のために説明すると、アンマンはヨルダンの首都ですね（笑）。

古舘　そういうのがいっぱいあるんだよね。だから、俺も覚えて「猪木さん、いい加減にしてくださいよ」じゃ面白くないから、「この後、どうやって持ってったらいいんですか」ってツッコむと、ゲラゲラ笑うの。だから、そのダジャレに対してツッコむと喜ぶんだよね。変にヨイショしないというのを覚えた。マジな話をすると、イラクの人質解放は本当に猪木イズムだと思う。1967年4月に24歳で東京プロレスから日本プロレスに舞い戻って、後にドリー・ファンク・ジュニアとフルタイムドローの凄い名勝負をやるじゃないですか。猪木さんに「プロレス内の名勝負は何ですか？」って聞くと、「ドリー・ファンク・ジュニア戦」って答えていたからね。それを1969年12月2日に大阪府立体育会館でやるわけですよ。安保闘争の過激な風が吹き荒れていた時に、NWAというアメリカンプロレスの巨大な傘の下でね。猪木さんはある種のその当時の社会模様を一瞬写す形で、リング上でドリー・ファンク・ジュニアと戦うわけだけど、あの名勝負は何回見てもシビれるじゃないですか。

その試合の次の日に大阪から取って返す形で、東京体育館で今度はジャイアント馬場vsドリー・ファンク・ジュニアですよ。俺は馬場さんを悪く言うつもりはないんだけど、その前の日に見せつけるんですね。これだけ俺は凄いんだというのを満天下のファンに示し、日本プロレス内に向かっても何かをアピールする。だって、猪木さんは若手時代に馬場さんに対して16戦全敗ですもんね。やっぱり、猪木さんの中のストレスってあったと思うんですよ。それをドリーにぶつけていく。アリ戦をやったのもそうだけど、常にそこには何かの思いがある。プロレスが八百長だなんだと言われて、市民権を得られないから何とかしてやるという気持ちもそうだしね。だから、仮想敵だったとしても常に敵がいないと猪木さんは闘魂に火がつかない。イラク人質解放の話に戻れば、やっぱり外務省がバカにしている。つまりは日本政府が相手にしないし、やめろと言っている。でも、救わなきゃいけないという時に猪木さんは本気でパフォーマンスをするんですよ。本気が入っているわけじゃないですか。そして、見事に救出した。あんなことをされたら、あの当時の日本政府はたまらないよね。

さっき楽屋に用意していただいていた本を見ていたら、その中に甲本ヒロトさんのインタビューがあって、「何だかわかんねえけど、猪木さんの試合を見た後に、ざまあみやがれって思うんだ、意味もなく」と言ってたの。猪木さんが何かやっちゃいけないようなことをやって、我々が「ざまあみやがれ！」と思う。強大な壁、突き崩せない壁に痛快に風穴を開けてみせるから、ファンは「ざまあみやがれ！」って代理満足をするわけじゃないですか。だから、人質解放の時も、人質を救出するという第一義の後ろに、もう一つへばりついているのは「ざまあみろ！」という感情だったと思うんですよ。そこに我々は魅せられてきたんだなって。これもまた猪木という病の一つじゃないかなと思いますね。

原　今、日本プロレス時代の話が出ましたけど、猪木さんって結構、馬場さんの話をしますよね？

古舘　うん、結構聞いたことある。

原　試合に関しては聞いたことがないけど、周りの人が名前を出さない方がいいとか気を遣っているだけで、猪木さんにとって「ジャイアント馬場」というのはNGワードでも何でもなくて、別に平気なんですよね。

古舘　平気ですよ。猪木さんの中にはいくつも部屋があって、ジャイアント馬場に対しては5LDKくらいの部屋数があったと思う。先輩としてリスペクトしていた部屋があったり、「冗談じゃない！　挑戦から逃げやがって！」という挑発の部屋があったりね。仮にキャピタル東急とかで馬場さんに会っても、ニコッと笑って握手するし。俺が入社2〜3年目くらいの時に、日本武道館でBI砲とタイガー・ジェット・シン&アブドーラ・ザ・ブッチャーが試合をしたでしょ。

原　1979年8月26日に東京スポーツが主催した『プロレス夢のオールスター戦』ですね。私もリングサイドにいました。

古舘　その時にテレビ朝日と日本テレビの紳士協定で、両局とも中継はなし。その代わり、スポーツニュースの枠で3分だけ放送するということになったんですよ。その時、テレ朝の当時のプロデューサーが怒っていた。「スポーツウォッチで計ったら、日テレが3分2秒流してた。こっちは3分で終わったのに」って。さすがに聞いていて、「せこいな」と思いましたよ（笑）。日テレはプロレス中継の先輩なんだし、2秒くらいいいだろうと思ったけど、その時は本当に舌先の異種格闘技でしたよ。俺の隣には、倉持隆夫アナウンサーという大先輩がいたからね。

原　あの時は日テレと並んで実況したんですか？

古舘　並んでた。放送席はピターッとくっ付いていて、お互いの実況が聞こえるから、やり辛いの。〝一人副音声〟みたいな。こっちが喋っているのに、日テレの実況が聞こえるんですよ。

原　あの日は第1試合から実況も収録していたんですか？

古舘　いや、実況を入れたのはメインイベントだけだったと思う。他の試合も収録はしていたと思うけど。だから、話を戻すと、猪木さんは俺とは馬場さんの話はよくしましたよ。俺は猪木流のストロングスタイルのプロレスに憧れ、それに魅せられて喋り続けている側だから、当然猪木さん側に立つじゃないですか。全日本プロレスや馬場さんの試合よりも、猪木さんの試合の方が面白いと思っちゃっているわけだから、普通にそんな話はしていましたよ。でも、その舌がより滑らかになったのは申し訳ないけど、村松友視さんのせいですね。

1980年に『私、プロレスの味方です 金曜午後八時の論理』（情報センター出版局）という本を出されて、猪木プロレスの虚々実々の魅力、魔界、伏魔殿、それらを明快に言葉で解剖してみせた。解剖書、つまり新日本プロレスの解体新書ですよ。猪木さんもいたく喜んでいた。こういうことを言葉で言いたかったんだと。俺も実況の中で、こういうことを自分の言葉に乗せたかったと思ったしね。だから、アメリカ映画で言うところの「訳：戸田奈津子」ですよ。猪木プロレスの戸田奈津子として村松さんは登場してくれて、明快に語ってくれたんです。過激なプロレスとか、過激なセンチメンタリズムという言葉を出してね。あれは1974年3月19日、蔵前国技館。俺はまだ実況していなかったけど、最初のストロング小林戦の時に猪木さんは流血して黄色いタオルを巻いていたじゃないですか？

原　その試合はテレビで見ましたよ。

古舘　お互い、まだテレビだよね。後にアナウンサーになってからもVTRで何回か見たけど、試合後に「こんな試合をしていたら、10年持つ選手生命が1年で終わってしまう」と言った試合ですよ。あの試合は、最後にジャーマン・スープレックス・ホールドで決まったじゃないですか。先に自分の脳天からバーンとブリッジでついて、その直後に小林の巨体がドーンとキャンパスに沈んだ衝撃たるや凄かった。その衝撃とともに猪木さんのカカトがさらに上がって、綺麗なブリッジになる。だから、俺は猪木さんに「あれは芸術品だと思います」と言ったことがあるの。そうしたら、「あれは後で見ると、いいジャーマンじゃない」と自分でダメ出しをしてた。

原　猪木さんって、インタビューとかでも「自分はジャーマンは得意じゃない」と言っているんですよね。

古舘　俺の時も「得意じゃないし、あれは良くない」と言うんですよ。だから、カール・ゴッチ直伝の技といえども、猪木さん自身は不得意意識があって、さらに良くないとも言っている。その後にこれも有名な話だけど、「ファンに申し訳ないジャーマンだった」と。俺が「何でですか？」と聞いたら、「いや、アイム・ソーリー」って。「反りが悪い」という意味なんでしょうけども、面白くないじゃない

ですか？　猪木さんのダジャレって面白くないんですよ。でも、意外なフェイントがかかっているんですよね。

原　そんなことを言われたら一瞬、間が空いちゃいますよね（笑）。

古舘　そう、解釈に時間がかかる。ダジャレって面白くないといけないと思うんですよ。だから、猪木さんのダジャレはダメなんですよ。ところが、アントニオ猪木が言うというブランドと、もう一つは考えさせるダジャレで意外なところが引っかかってくるから笑えないんだけど、印象に残るんだよね。だって、「アイム・ソーリー」で「反りが悪かった」って解説を聞かないとわからないですよ。聞いて納得するダジャレって、あまりないでしょ？　世界広しと言えども、そんなダジャレを言うのは猪木さんだけですよ。そういう意味では、猪木さんは全部が型破りなんだよね。

　そこで話を馬場さんに戻すと、村松さんがまた凄いことを言ったんだよね。「全日本プロレスはプロレス内プロレス」、「一家団欒のプロレス」と言ったんですよ。でも、考えてみれば、全日本のレスラーは体も鍛えていてゴツいし、後にプロレスリング・ノアに行く人たちを見ていても凄いレスラーだということがわかる。どっちかと言うと、あの時代は新日本の方が小粒だったりして、全日本の方が〝王道のプロレス〟だったと思いますよ。特に全日本からノアの流れを見るとね。だから、あれこそがいい意味の「プロレス内プロレス」。一方の猪木さんのプロレスは、プロレスからはみ出している「プロレス外プロレス」。村松さんが言うところの過激な70年代の安保闘争的なね。そのはみ出しが異種格闘技戦に結びついていった。だから、そういう意味で馬場さんについては「こっちは死物狂いでやるしかねえだろう」と猪木さんも言ってた。

それで今にして思えば、馬場さんがいることによる猪木さんの映え方ってあるんですよ。猪木vsアリ戦の後に馬場さんがスポーツ新聞の記者に感想を聞かれて、「プロレスラーがやるリングは、どこまで行ってもプロレスなんですよ」って葉巻をくわえながら言ったという記事がいまだに印象に残ってますよ。それも一面の事実だと思うんですよね。世紀の凡戦と呼ばれているのに、見方によってはあんな凄まじい世紀の一戦はなかった。アリをグラウンドに寝かせて、顔面の急所に肘を乗せてみたりとかね。「こうなっちゃえば、こっちは勝つんだよ」というのをプロレスファンに向けて見せた、あの一瞬ですよ。でも、そういう意味では馬場さんの言ったことはルールの縛りの中にあったのかもしれないし、なんか馬場さんがいたから猪木さんも映えた側面ってあると思うんですよね。

だから、馬場さんという存在で照らしながら猪木さんを見た方が正しいかなと思うんですよ。昔はアントニオ猪木とジャイアント馬場は単純に違うと思っていたんです。実況していた時は猪木側の人間だから、ガンガン客引きするしかないんですよ。俺の仕事は「いらっしゃい！　いらっしゃい！　いらっしゃい！」とやるしかないから。もう必死でしたよ。でも、今67歳という年齢になって思うことは、「ああ、猪木さんも馬場さんがいたから良かったんだ」ってことですね。で、2人ともそうだったんだって。2人で一つだった。2人で戦う社交ダンスを展開していたのかと思ったんですよ。打ち合わせなしでね。猪木さんは常に里帰りをするでしょ？　力道山に対する憧憬とか北朝鮮への関わり方って、猪木さんの師匠への心の里帰りだと思うんです。その一方で馬場さんに対してはずっと対抗意識を持っていて、若い頃は挑戦状を出したりしていたけど、最後の頃はそうでもないようになっていったし、恩讐をどんどん超えていったじゃないですか。そこがいいところなのかもしれないけどね。もっと言えば、猪木さんの原点はお爺ちゃんだよね。ブラジルに行くサントス丸でお爺ちゃんが亡くなって、カリブ海に葬った。その経験は多感な時期の猪木さんにとっての原点だろうし、いろいろな故郷に帰っていくんでしょうね。精神的に、いろいろな故郷への里帰りをやっているんですよ。いやあ、こういう機会があると、いろいろなことを考えますね。

「俺、東京プロレスの板橋の焼き討ち事件の時に現場にいたんだよね」

原　やっぱり猪木さんの意識の中には、力道山という存在が常にいたんでしょうね。

古舘　そうだろうね。付き人をやっていたし、暴力沙汰の毎日を過ごしていたわけだからね。

原　家にも頻繁に行っていたみたいですからね。エレベーターで最上階に上がるリキマンションの自宅に。

古舘　そうそう。俺は『トーキングブルース』というマイク1本で喋る舞台を今やライフワークとしてやらせてもらっているんですけど、猪木さんにエールを送りたいと思いますということで、その一角として実況講談・アントニオ猪木というのをやらせてもらっていたんです。だから、改めて資料を読み直した時に、原さんが言った赤坂のリキマンションが出てきたし、1階が合宿所で上に力道山の部屋があるんですよね。例えば、元横綱・前田山の高砂親方と力道山がジョニ黒を飲んでいる時に猪木さんが部屋に呼ばれた。そこで高砂親方が「リキさん、こいつ、いい顔してるね」と言ったら、力道山が「そうだろう？」って自慢げな表情をしたと。「その言葉がなかったら、今の俺にはつながってないです」と猪木さんは言っていたけど、力道山の家ではそんなエピソードもあったんだよね。

原　『トーキングブルース』といえば、猪木さんがスポーツ平和党の看板を持って国会の前で写真を撮ったポスターがあるんだけど、それを見て古舘さんが「俺も撮りたい！」と言い出したのを憶えてます？　実際に私が撮ったんですけど。

古舘　憶えてる！　俺、さっき楽屋で猪木さんのその写真を見て懐かしいと思ったんだよ。猪木さんが桜吹雪のガウンを着ていた写真でしょ。

原　そう。猪木さんがその写真を撮って、その後で古舘さんが『トーキングブルース』のポスターか何かを作るために「俺も国会の前で撮りたい」と。

古舘　やった、やった！

原　黒人の人も来て、三味線を持ってカツラかなんか被って（笑）。撮り終わったと思ったら、「やっぱり〝ダァーッ！〟をやらなきゃ」ってことになってね。着物姿でカツラをつけて、国会の前で「ダァーッ！」をやったんですよ。

古舘　あの猪木さんの写真はインパクトがあったよね。桜吹雪のガウンはスポンサー筋からの贈呈だったと思うんだけど、一時期気に入って着てたじゃん。でも、スポーツ平和党って書かれた看板があるから違和感がある。あのインパクトと違和感がたまらなくて、俺も『トーキングブルース』のパンフレットを作る時に真似したんだよ。

原　猪木さんのあの写真を撮ったのは初登院する前。古舘

さんのバージョンを撮影したのは登院した後ですよ。

古舘　いやあ、懐かしい（笑）。俺も選挙の時に「古舘さん、選挙カーで流す声の録音をやってくれ」と言われてね。局アナ時代は、新日本プロレスの事務所で宣伝カーの録音をずっとやっていたんですよ。「いよいよ本日、インドの狂える虎、タイガー・ジェット・シンと……」ってね。それもテレビ朝日のアナウンス部の本業務だったから、もう慣れっこだったし、猪木さんの選挙の時も俺が原稿を考えて「国会に卍固め、消費税に延髄斬り！」というのを録音したの。一時期、その選挙カーが東京中を走っていたから、渋谷とかを通るたびに自分の声が聞こえるんですよ（笑）。そうしたら当時、猪木さんとNHKの仲が悪くてね。当時の古舘プロジェクトの社長がNHKに呼ばれましたよ。「いくら報道じゃなくても、古舘さんはNHKでバラエティーのクイズ番組をやっている中で、あまり一人の候補に偏って宣伝するというのは良くないんですよ」って大目玉を食らったというね（笑）。録音した時は猪木さんも気に入ってくれたんですよ。確かにニュースキャスターだったら終わりだけど、ギリギリセーフだった。

原　懐かしい話を続けると、新日本の道場に行った時、猪木さんにブリッジをさせられたこともありましたよね（笑）。道場に猪木さんとヒロ斉藤しかいない時に、ビールとかをみんなで持って行って。

古舘　陣中見舞いかなんかだよね。その話は1970年代だ。上野毛の道場に行ったんだけど、あそこの住所は上野毛じゃないって知ってます？　本当は野毛。でも、みんな上野毛と言ってる。

原　あの時はリングに上がって、ブリッジした上に猪木さんに乗ってもらったり、股割りしたり、みんな歯を食いしばってやっていましたよね。痛かったな（笑）。

古舘　俺もその時の写真が残ってる。俺は猪木さんにからかわれたと思うんだけど、リング内のロープサイドで胡座をかいて座ったら、猪木さんが俺の膝に乗るんだよね。もう苦しいから必死に歯を食いしばって、セカンドロープを掴んで力んでる。完全に股割り。あれで股関節を広げるんだけど、辛かったなあ。

原　あれは猪木さんがいなかったら、頑張らないですよ。

古舘　猪木さんがやってくれるんだから、ありがたいという感覚だよね。神様がやってくれるんだから。しかも、道場には猪木さんの写真が飾ってあるんだからね。北京の天安門広場の毛沢東みたいなものだよね。でも、辛かった。俺、いまだに股関節が痛いもん。あれで壊されたのかもしれない。

原　頑張り過ぎちゃったから（笑）。

古舘　完全に壊されたよ。でも、ありがたいことだよね。猪木さんに壊されたら本望だよ。前に名古屋での仕事の帰りに新幹線の中で携帯に猪木さんから着信が入っていた

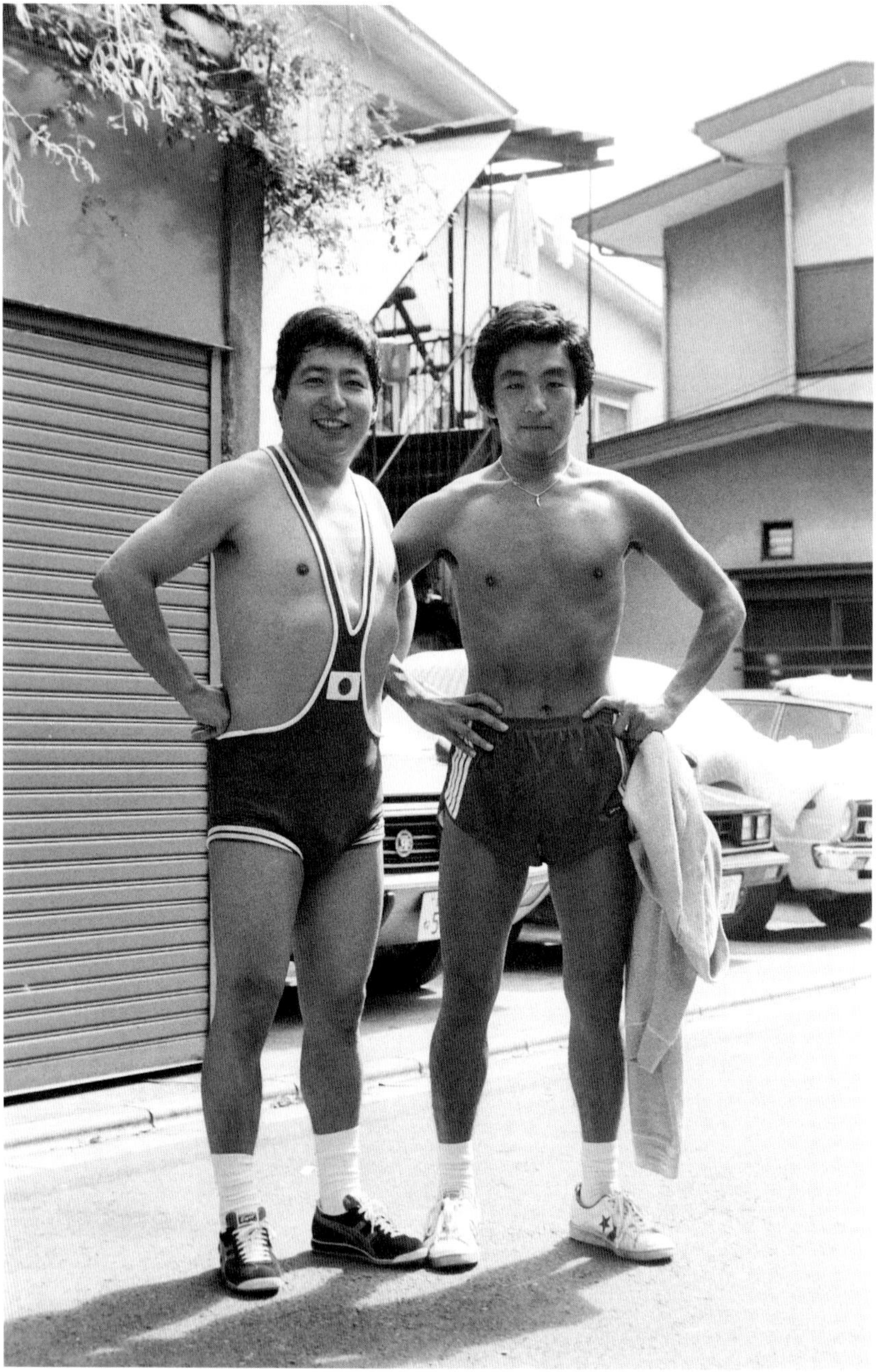

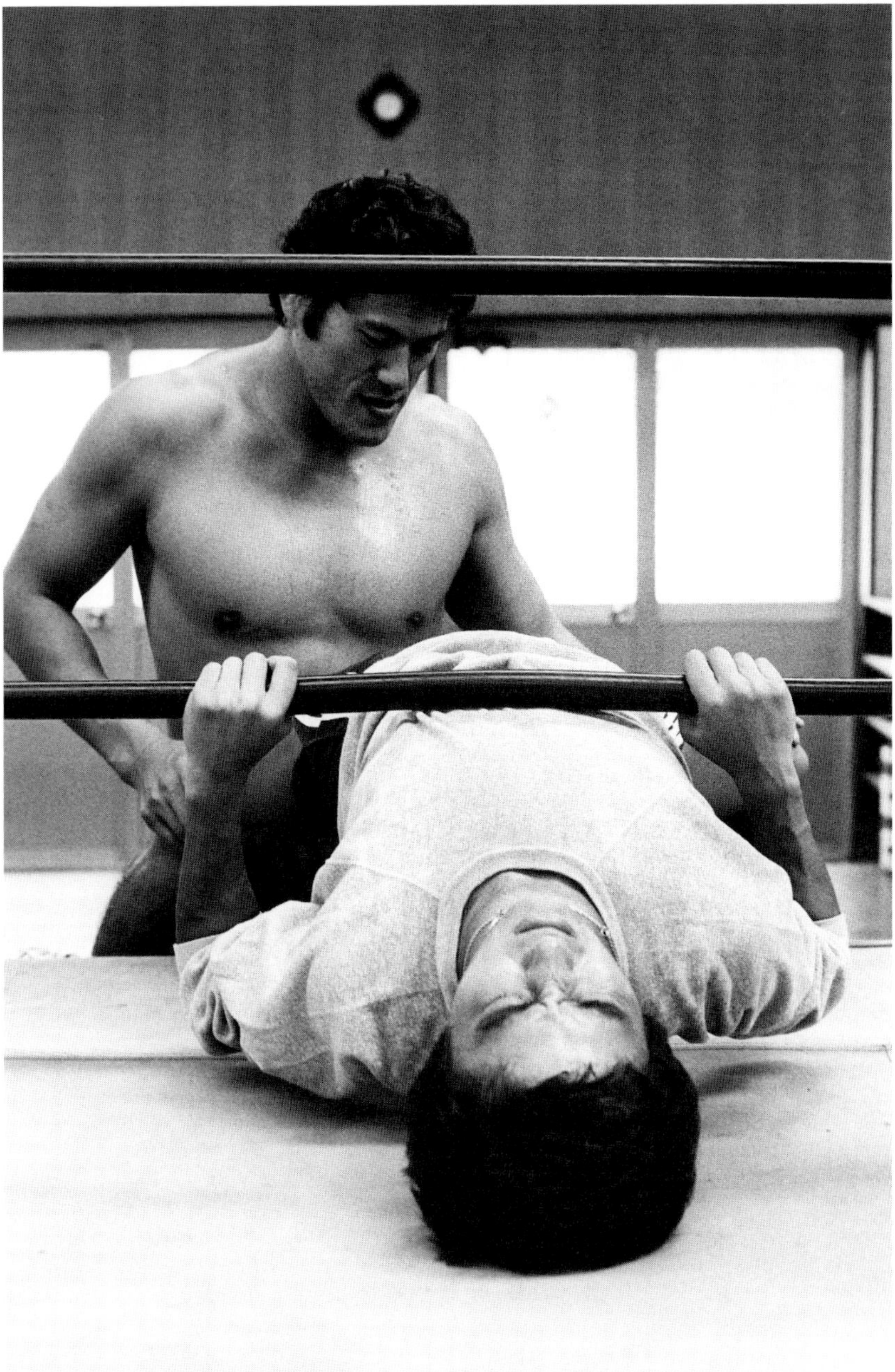

んで、品川駅に着いてから折り返したんですよ。コロナのこともあるから、お見舞いもちょっと遠慮していたの。その前に北海道からメロンを送ってもらった映像が猪木さんのYouTubeでアップされていたんですけど、猪木さんはベッドに寝ながら「デ・メロン、デ・メロンメロン……」ってメロンの歌を口ずさんでいたんですよね。日本でも流行った歌で、日本でのタイトルは『メロンの気持』というらしいんだけど、不思議なもので猪木という病というか猪木磁場というか、メロンだから猪木さんのダジャレだろうと。だから、「メロン、メロン」と歌ったんだと思うんだけど、猪木さんが口ずさんでいるから頭にこびりついているわけ。で、たまたまスマホでググって調べたら、この歌の原曲が入っているアルバムを出したのはローズマリー・クルーニーというアメリカの女優さんとペレス・プラードという〝マンボ王〟と呼ばれていたキューバ出身のミュージシャンだったの。キューバといえば、カストロ議長は亡くなったけど、猪木さんと凄く仲が良かったよね。これ、つながってるじゃないですか？　それでさらに調べたら、この歌が入っているアルバムのタイトルが『タバスコの香り』というんですよ。タバスコといえば、猪木さんが総代理店をやっていたからね。信じられない。

だから、その話を電話越しに猪木さんにしたんですよ。そうしたら、猪木さんは「ええ、ええ」って話を流す時のモードだったから疲れているんだろうと思って話を短くして終わらせたんだけど、今は辛い時期なのに、ちょこっとでも作りで元気な声を出してくれるというのは凄く切ないなと思ってね。俺の甘えだなと。俺はまだ猪木方向からパワーやエネルギーをもらおうとしているんだなと。「もらいっぱなしなんだから返せよ、お前」と自分で思うじゃない？　だから、少しでも返そうと思って『トーキングブルース』に実況講談を忍ばせてみたり、メロンの歌はこうなんですよというエピソードを喋るんだけど、猪木さんの元気な声を聞くと安心するのと、作り元気でやってもらうのが切ないのと、甘えてるなという後悔と反省と、いろんなものが交錯するんだよね。猪木さんは色気のある人だからさ。色気のある戦う男だから、なんか余韻があるんだよね。

原　猪木さんは、ああいう弱っている姿をスタッフが映像で撮ったとしても「これはダメ」と言わない人ですから。私もカメラを向けて、「ダメ」と言われたことが一回もない。それは凄いことですよね。

古舘　ああやって白いベッドというリングの上で発信するのも猪木さんだし、多面体で面白いよね。本当に見られること、自分が被写体になることに徹底している。だから、アントニオ猪木という名の公共物ですよ。ある種の公共物、公共施設ですよね。それでいいと思って身を削ってきたんだろうし、腰を2回、首を1回手術して、今またアミロイドーシスという病気になりながらも公共物であり続けている。しかも、今飲んでいる薬が『ビンダケル』。「ビンタ」と「蹴る」ですよ。

原　高い薬ですよ。

古舘　1日17万円。「ビンタ」と「蹴る」って、なんて因縁めいているんだと思ってね。苦しい闘病をしている人に申し訳ないけど、猪木さんもダジャレを言うから甘えて許してもらうけどさ。しかし、原悦生も好きだね、猪木プロレスが。猪木さん及び猪木プロレスがね。

原　もう年に2~3回しか会わないけど、会うとアントニオ猪木はアントニオ猪木ですよ。

古舘　いつまでもそういう格好を貫く。俺はね、ある種の〝極道〟だと思いますよ。「道を極める」という意味でね。普通じゃない、堅気じゃない、究極の極道だと思う。だから、冒頭の話に戻っちゃうけど、常にアントニオ猪木であり続けるんだよね。

原　78歳(対談収録時)のやんちゃ坊主かもしれない(笑)。

古舘　いや、その通り。そして、人生のホームレスですよね。

原　ホームレスという言葉は、本人も気に入っていましたよね。

古舘　うん、猪木さんは定住しないんだよね。

原　今日、久々に古舘さんに会って猪木さんの話をしたけど、こうして振り返ると、やっぱり猪木さんと出会ったことは大きかったですか?

古舘　大きかったというより、俺の場合は必然としか思ってない。俺は物心がついて、幼稚園、小学校の時は東京の北区滝野川というところで育ったんだけど、23区の外れで赤羽を越えたら埼玉県という地域なの。そこのスーパースターが倍賞ファミリーなんですよ。倍賞千恵子さんが下町の太陽で、妹の美津子さんがいた。その間に明さんという方がいて、もう亡くなられたんだけど、日大三高時代に甲子園に出た高校野球のスーパースターだったんですよ。六本木で倍賞ファミリーのお店をやっていたんですけどね。それから一番下の弟さんに亡くなったリングアナの鉄夫さんがいて、そういう倍賞ファミリーは地元のスターだった。近所の餅菓子屋で美津子さんがお母さんと串団子を買って立ち食いしているのを見て、「倍賞美津子が団子を食ってるのを見た!」と話題になっていた頃から何となく縁を感じていて、その一方で黄色いショートタイツのアントニオ猪木も見ていた。

そして、気が付いたらNETのアナウンサー試験を受けていたんですけどね。入社した1977年の4月1日にテレビ朝日に看板がすげ変わったから、試験を受けた前の年はまだNETだったの。その試験の第3次か4次くらいの音声試験の時ですよ。NETはバレーボールとか水泳、それから『大相撲ダイジェスト』をやっていたから相撲、そしてプロレスとあとは何かあったかな？　とにかく5種類の種目から好きなのを一つ選んで、目の前のテレビモニターに映し出される映像を見ながら実況しろと男のアナウンサーに言われたんですよ。もう迷うことなく、プロレスを選んだ。そこで名前は忘れちゃったんだけど、一時期新日本プロレスに参戦していたレスラーが映像に出たの。そのレスラーと猪木さんのタッグマッチで、俺は一生懸命大声で喚いているだけ。容姿には自信がないから、とにかく目立つしかないと。ワーッと喋って、最後に猪木さんがフォールする体勢の時に興奮と緊張でアントニオ猪木をとちって、「アントニオ猪子」と言っちゃったの。小野妹子なのかアントニオ猪木なのか、古《いにしえ》の人と名前が合体しちゃっている。「アントニオ猪子、ワン！　ツー！　スリー！　勝ったーっ！」と言って。

だから、これは落ちると思ったんですよ。噛んじゃったし、「猪子」だし、しかもフォールの体勢は「フォールの体勢が決まった！」と言わなきゃいけないのに、「ワン！ツー！　スリー！　勝ったーっ！」だったから。でも、受かったんですよ。後日、舟橋さんに「よくあんなんで俺、受からせてもらいましたね」と聞いたら、「声がデカくて、プロレスを選んで、なんか喚いていて、元気でいいじゃねえか。テレビ朝日はモスクワオリンピック独占に走って中堅からベテランのスポーツアナウンサーはみんなオリンピックシフトで準備しなきゃいけないし、レギュラープログラムが手薄になるから男のアナウンサーを多めに入れろというのもあったから、そういう中にお前が入ったんだよ」と言われてね。俺は運がいいなと思って。それは猪木さんへの思いもあるし、もう運命づけられていると自分の中で物語が出来上がっちゃっているんだよね。だから、猪木さんと出会ったことが大きいとか今更言えないけど、不思議な縁を感じる。

原　それは私も感じるんですよ。もしアントニオ猪木が日本プロレスにそのままいたら、私は写真を撮っていなかったかもしれない。1971年の暮れに日本プロレスを除名になるじゃないですか。翌年の新日本の旗揚げ戦の大田区には行かなかったんですけど、そのシリーズの水戸大会を見に行っているんです。その時にインチキして、初めてリングサイドで猪木さんの写真を撮ったの（笑）。メインは猪木&豊登組のタッグマッチだったんですけど、それがプロレスの写真を撮った最初でしたから。旗揚げシリーズには猪木さん以外、名前のある人がいなかったから、豊登が助っ人で出ていたんですよね。

古舘　東京プロレスの因縁もあったのにね。

原　今になって振り返ると、珍しいタッグですよね。その後、アリ戦も見なきゃいけないと思って日本武道館に行きましたし、以降も無理やりみたいな感じで新日本の会場に

行っていたんです。そこで舟橋さんや古舘さんに会って、リングサイドに入れてもらって試合を撮影して、猪木さんが政治家になってからもいろんなところに行くわけですよ。キューバでカストロさんとも会いましたからね。

古舘　うわあ、いいね！

原　至近距離で猪木さんがカストロさんと話をしているわけですよ。片言のスペイン語で。だから、フォトグラファーとしてカストロさんと会えたというのも猪木さんのおかげですしね。

古舘　そのカストロの後ろには、ジャングルに消えていったチェ・ゲバラも見えるわけでしょ？

原　そう、その奥に。

古舘　それは凄い体験だよ。

原　だから、ケネディには会えなかったけど、カストロと会えるとは思わなかったから、猪木さんと一緒に旅をしていて凄いことを体験させてもらいましたよ。イラクにも行けたし、特にカストロさんと会った後は凄い自信にもなりましたね。それから北朝鮮にも行ったし、その時にはモハメド・アリに会えましたから。アリはみんなのいる場所では喋らないけど、猪木さんと2人になると喋っていたみたいですよ。

古舘　その頃はパーキンソン病もだいぶ進行していたでしょ？

原　進行していましたね。でも、そんな状態でも猪木さんに呼ばれると北朝鮮まで来たわけだから、やっぱりアリにとっても猪木さんと試合をしたのは特別なことだったんでしょうね。

古舘　そうなんだろうね。だんだん年月が過ぎるにつれて、だんだんと大きくなっていく。

原　あの試合がボクシングの歴史から消されているとしても。

古舘　あれだけ息詰まる戦いをやった者同士しかわからな

いものがあるんだろうね。

原　そうじゃなかったら、どれだけお金を払おうと猪木さんの引退試合にも来ないでしょうし。あれだけ体の状態が酷かったんですから。

古舘　今はプロレス考古学の中で、あの〝世紀の凡戦〟は〝世紀の一戦〟だったという評価になっているよね。そもそもがナンセンスじゃない？　ボクサーがボクシングルールを強要し、レスラーはできればレスリングルールを強要し、なんてやっていたら噛み合うわけがない。「さて、クイズです。野球選手とテニスプレイヤー、どっちが強いでしょう？」って、答えがないんだから。それを同じリングで相まみえるという奇想天外なプランニングをした猪木さん及び猪木さんサイド。そこに諸般の事情があって乗っかってきたアリ。いろんな見方はあるかもしれないけど、ボクシンググローブを着けたモハメド・アリと、ルールに雁字搦めになりながら素手のレスリングスタイルの状態で相まみえたんだから噛み合うわけがない。でも、その中には虚と実があった。そこにあの試合の奥行きがあるんだよね。

　村松さんが上手いことを言ったなと思うんだけど、あの試合のことを「玄妙な真空状態」だと。本来噛み合うわけがないんだけど、やっぱり天才同士のある種の交わりがあったわけじゃないですか。俺は入社する前だったんだけど、試合の次の日のスポーツ新聞を読みまくっていたら全部、「世紀の茶番」、「世紀の凡戦」ですよ。朝日新聞も「18億円の大興行で、最後は拝金主義の2人が肩を並べて楽屋に帰った」とか書いていた。とんでもないよ、書きっぷりが。確かに常識を持ってすれば、あの試合の解説をしたり解剖したりする作業は、写真ではその瞬間をまざまざと捉えることができても、言葉にしようと思ったらスポーツ新聞の記者も一般紙のスポーツ担当の記者もできなかったと思う。だから、「とんだ茶番劇だった」と滅多打ちしたんですよ。

　でも、猪木さんらしいよね。一時そういう石礫の中に放り出されるのもそうだし、豊登にハワイで口説かれて東京プロレスを23歳で旗揚げした時もそうだけど、いろんな場面で石もて追われたりする。でも、後に評価が変わってくる。いつも新しいことをやってしまう。普通は夢想しても、なかなか行動に移せないんだけどね。あの人は、ある種テロリストだよね。完全にテロリストだよ。だから、人気が絶えないし、凄いことになっちゃっている。いまだに猪木さんはアントニオ猪木という仮面を脱げないじゃない？　素肌と一体化しちゃったからね。凄いよ。俺、東京プロレスの板橋の焼き討ち事件の時に現場にいたんだよね。

原　えっ、そうなんですか？　初耳ですよ（笑）。1966年に起きた暴動事件ですよね。

古舘　そう、寒風吹きすさぶ11月21日。俺は北区滝野川だから、地元なんだよね。その頃に毎日、友達と銭湯に行っていたんだけど、おばちゃんが座っている番台の木の板に東京プロレスの興行のポスターが貼ってあったの。会場は旧都電の板橋駅前広場のロータリー。そして、真ん中に金看板のアントニオ猪木、そのサイドには怪力男・豊登がいるポスターを見て、興行の日を指折り数えていた。屋外だから、チケットがなくても見られたんだよね。でも結果、試合前に突然の大会中止だから、お目当てのアントニオ猪木も出ず、しかも火が放たれた。暴動が起きて、火が放たれているというとんでもない状況なんだけど、友達が一緒にいると不思議と怖くないんだよね。試合が見られなかった落胆が半分なんだけど、もう半分はオロオロしながら現場に臨んでいる自分に興奮している。あるじゃないですか？「上は洪水、下は大火事。これな〜んだ？」、「答えはお風呂」って。だから、興奮と落胆が完全に分裂しているんだよね。プロレスの試合を見た以上に、とんでもない現場に居合わせたということなんだろうね。

原　家が近かったとしても、あそこに居合わせたのは凄くレアですよ。

古舘　だから、そういうのも含めて、猪木さんとは必然なんですよ。テレビ朝日に入社して3ヵ月はアナウンス研修があって、最後の方は野球場で実況練習をさせられたり、大井競馬場に行って1レースから12レースまで全部実況して、カセットに録音した実況を先輩からダメ出ししてもらったりするというのをずっとやるわけ。今でも憶えてるけど、1977年の6月。その当時のテレ朝の系列局のアナウンサーになった男性アナウンサー全員で、舟橋さんの引率で研修として新日本プロレスの川崎市体育館大会に行ったんですよ。そこで初めて猪木さんに口を利いてもらったのを憶えている。舟橋さんに「猪木さんに一人一問ずつインタビューしていい」と言われたんですよ。俺の順番は後ろの方で、ドキドキしながら待っていた。

中1の夏に後楽園ホールで見たおっとり刀で駆けつけてジェス・オルテガを蹴散らし、ジャイアント馬場を救出した黄色いショートタイツのアントニオ猪木。本部席の前で「明日の川崎に来い！」と次の日の興行の売りのための言葉は、リングサイド15列目にいた俺に言ったと思っているわけだからさ。それが月日が流れて、本当は「今、川崎に来ましたよ」と言いたいけど、そんなことを言っても意味不明じゃないですか。だから、順番が来た時には頭が真っ白になって、「今日の朝は何を食べましたか？」って聞いちゃったの。そうしたら、猪木さんは律儀に「スパゲッティ」と答えてくれて。俺は「普通ですね」と言ったのを憶えている。そうしたら、舟橋さんに「もう終わり！」って言われたんだけど、それが出会いだったんですよ。やっぱり忘れられないね。

原　猪木さんとの思い出は一つ一つが忘れられないですよ。しかし、こうして古舘さんと会って、じっくりと猪木さんの話をするのって、それこそ真夜中に猪木さん本人も交えて話をした時以来じゃないかな？

古舘　俺がプロレスを離れてからも、何かの会合とか原さんが写真を撮りに来たイベント会場で、すれ違うように会話はしたけどね。

原　顔は合わせているんですよね。

古舘　お互いに「オオッ！」って。そんな感じだったよね。

原　２００２年に国立競技場で古舘さんが久々に実況した時とか。

古舘　8月28日の『Dynamite!』でしょ？　猪木さんが空からパラシュートで降りてきた時だ。俺が１９８７年にプロレスの実況を上がるまではしょっちゅう会っていたんだけど、そこからはすれ違いだったしね。

原　だって、古舘さんは凄く忙しいんだもん（笑）。

古舘　まったく違うジャンルをやり出しちゃったから。でも、不思議なもので村松さんもそうだし、今日の原さんもそうなんだけど、会った瞬間に「いやあ」ってなるんだよね。これって同じ釜の飯を食った旧友同士という感じで、不思議だよね。猪木さんがまだ入院する前でギリギリ元気だった時に、猪木さんのスポンサーの方が昼食の会を開いてくれたの。そのご夫婦と俺と村松さんで、猪木さんを囲んでね。村松さんとちゃんと会うのも１９８４年のパキスタン以来かもしれないから何十年ぶりですよ。その日、俺は遅れて行ったら、もう猪木さんと村松さんは来ていて、村松さんの隣、猪木さんの斜め前の席を俺のために空けておいてくれた。俺が「遅れて、すいません」と言いながら入っていったら、村松さんが「ここ」と言うから、その席に座ったんだけど、その瞬間に「それでね、あの時にね」って喋り始めるわけ。

原　まるで最近もちょこちょこ会っていたかのように（笑）。

古舘　そう！　何十年ぶりに会っても、「それでね…」って会話が始まるんですよ。その時、村松さんはパキスタンの話を始めたんですよ。パキスタンでずっとサーキットしていて、田舎のモーテルで俺と村松さんが相部屋になったの。またその部屋のベッドが高い。フロアと凄い落差があるんですよ。だから、本当に狭い部屋で男同士だけど、「転落しないように寝ましょうね」と手をつないで寝たの。もう異国の地だと、そういうことがてらいもなくできちゃう。ベッドから転落する方が怖いからね。でも、寝ているうちに手も離れるじゃない？　俺は疲れていて熟睡していたんだけど、案の定転落したの。腰からフロアに落ちたんですよ。そうしたら、「おーっと、転落したのであります」って朦朧としながら実況したんですよ。村松さんは、それがウケたの。だから、この会食で会った時に「それで古舘さんね、パキスタンでベッドから転落したのに…」というところから話を始めたんですよ。何十年ぶりに会ったのに、「それでね…」って。

これが旧友って感じがして、「俺、村松さんと会うのはパキスタン以来かな?」と聞いたら、「古舘さん、違うよ。一度、古舘さんが『報道ステーション』をやり始めた時に六本木の芋洗坂で夜中にすれ違ったでしょ」と言ったから、それで思い出した。その時は俺がテレ朝のテレビ局の仲間、村松さんは編集者の仲間と歩いていて、俺が先に見つけたのね。「村松さん!」と声をかけたら、「あっ、古舘さん!」って通り越しに言って。俺が「会ってますか?」と聞いたら、「この頃、会ってないんですよ」と村松さんが返してくれた。村松さんは俺の言っていることが主語が抜けていてもわかるんですよ。つまり、猪木さんのことなの。これが猪木磁場で、主語がないのに「会ってますか?」と言えば、「この頃、会ってないんですよ」という会話が成立してしまう。やっぱり猪木さんを軸に全部回ってるんだね。原さんの場合は舟橋さんという大先輩のアナウンサーが軸なんだけど、やっぱり猪木さんを軸に回っている気がして、さっきも会った瞬間に「いやあ」ってすぐに喋り始めてしまう。これは普通はできないよね。

原　そういう関係性は、なかなかないと思いますよ。

古舘　だから、プロレスの世界は濃密なんですよ。あのリングの周りは、物凄く濃密。それ故に骨肉相食む戦いも、いろんな諍いも起きる。あの頃はなんか濃密だったね。

原　あの時代は特に濃密でしたよ。

古舘　何かが充満していたよ。猪木さんが「プロレスは強いんだ」と見せていく過程で、いろいろな仕掛けをしたわけじゃない?　その中に虚々実々があって、我々はそこに飲み込まれながらも猪木さんを軸に回っていたんだろうね。だから、今日は猪木さんを軸に回っていた人間たちの同窓会ですよ。本当にありがとうございます。

原　こちらも久しぶりに会えて嬉しかったです。貴重なお話、ありがとうございました!

おわりに——「猪木」という特異な空間

猪木が長い入院生活から戻って来て2ヵ月半が過ぎた頃、私は自宅を訪ねた。会うのは、ちょうど1年ぶりくらいだった。飲んでもらおうと思って送った両国の私の家の近所にある『ポパイ』のクラフトビールがよく冷えていた。比較的軽めのケルッシュで、久しぶりに乾杯した。

「いっぱいは飲めないな」

猪木は、そう言って笑った。もう得意技のビールの早飲みは封印ということだ。

難病アミロイドーシスは猪木の臓器に深刻なダメージを与えていると聞いていたが、思っていたより元気で、私は少し安心した。

猪木はすき焼きをフォークで食べながら、「やっぱり箸というのは便利なものだよな」としみじみ言う。食いしん坊の猪木が少ししか食べない姿は見ていてしっくりこないが、歳を重ねるというのは、そういうことなのだ。

「私もコロナで…」と言いかけたら、「知ってるよ」と返された。私は入院中に握力がほとんどなくなった時、箸が使えるようになるまでフォークを使っていた。当たり前だったことができないもどかしさ、それをその状態になって初めて気付いた。よく父親に言われた言葉を思い出した。

「その歳になってみなければ、わからないんだよ」

私がずっとベッドにいた状態から何歩か歩けるようになった時の気持ちは、這っていた赤ん坊が初めて立ち上がって、「できたよ」と誇らしげに両親を見つめる姿に近かったように思う。私がカメラを再び持てるようになるには、それからさらに2ヵ月近くかかった。

次に猪木を訪ねた時は、前回よりも元気に見えた。食事が終わり、いつものダジャレを飛ばした後、ベッドに横たわって同席していた古舘伊知郎さんの〝独演会ライブ〟を黙って子守歌のように聞いていいた。

「猪木さんが起きるまで喋り続けますよ」

古舘さんは「イノキ・ハイ」なのか、喋りっぱなしだ。猪木がベッドに移ってからもう30分近くになるが、来た時からだと2時間以上もほとんど一人で話し続けている。古舘さんは立ったままだ。いつものことだが、ブレーキの壊れたトーキングマシーンか。

「さあ、猪木、カンガルーキック！」

そんな言葉に反応したのか、猪木が大きく寝返りを打ち、こちらを向いて眼を開けた。おそらく眠っていたわけではない。聞き慣れたリズムに心地良い郷愁のようなものを感じて、心の安らぎを覚えていたのだろう。

猪木は顔を上げてギョロッと古舘さんを見た後、「まだ、みんないたのか」という目をした。古舘さんはやっと満足したように、「じゃあ、猪木さん、また来ます」と言って帰って行った。

アントニオ猪木。またの名を燃える闘魂。

そして、ちょっと、いや、寂しがり屋。

何年、何十年、私はそんな猪木の姿を追い続けてきたのだろうか。多い時は、1年の半分以上も同じ空間にいた。

私と猪木の会話はどちらかというと噛み合わずに、ポツリポツリという感じだったように思う。行間が欠落していて、その行間を読み取らなくてはならないような言葉のやり取り。行間ばかりか、会話が終わった後まで読み取る作業が必要な「空白」があった。

私は、それを至極自然な時間のように思っていた。その時その時の私の勝手な想像が的を射ていたかどうかはわからない。でも、そこには私が感じた猪木がいた。

引退後は、会う回数は減った。年に2、3回、思いついたように、あるいは依頼された取材があれば、猪木の顔を見に行ってカメラを向けた。猪木は扉を開けて部屋の奥から出て来て、「声が聞こえたから、来ているると思ったよ」とニッコリした。

猪木でも歳を重ねると、思うように動けなくなるのだ。入院や新型コロナウィルスの感染拡大という厄介なこともあって、会えなかった期間があった。無尽蔵のエネルギーの塊にも見えた闘魂が、その間に静かになったように思えた。しかし、「この〝静かな闘魂〟もいいのかなあ」と感じた。

1年前、私は猪木の夢を長く見た後、病室のベッドの上で「猪木」を書こうと思った。夢が面白かったので小説の方がいいかなとも思ったが、自分のストーリーと重ね合わせた猪木を書くことにした。

2～3ヵ月で書き上げるつもりだったが、思ったより時間がかかってしまった。「新型コロナウィルスが私から集中力を奪った」などと自分に都合のいい言い訳もした。猪木は「じゃあ、出版の前祝いをしよう」と言って祝ってくれたが、それから約半年遅れてしまった。そうこうしているうちに、猪木は79歳になった。

世の中には、これまでいろいろな猪木本があった。でも、たぶん今回の「猪木」はその中でもちょっと変わっているのではないかと思う。見たことがある写真と、そうでない写真が混在している。定番のように出てくる話は、「それは知っている」と思われるかもしれない。「あれっ、これまで思っていたのと、ちょっと違うな」と感じる話もあるかもしれない。「そんなこともあったのか」という話もあるだろう。いろいろな猪木がいる。

ただし、一つ言えるのは写真は嘘をつかない。あの時、そこに私がいたという事実に間違いはない。猪木を撮ることで、私の中で不思議な自信が増幅していった。

「攻めて来るカメラマンと、待っているカメラマンがいるんだよね」

ある日、猪木が言った。「私は、どっちだろう？」と思った。私は多くの場合は、じっと待っている。だが、時折、攻める時もあった。

「猪木」は、まさに現象だった。私は幸運と多くの人たちに助けられて、「猪木」という現象の中にいた。この本の中にある、そんな「猪木」という特異な空間を読者のみなさんと共有できる機会に恵まれたことを幸せに思っている。

2022年春　原 悦生

原 悦生

（はら・えっせい
本名＝はら・えつお）
写真家

1955年、茨城県つくば市生まれ。早稲田大学卒。スポーツニッポンの写真記者を経て、1986年からフリーランスとして活動。16歳の時に初めてアントニオ猪木を撮影し、それから約50年、プロレスを撮り続けている。猪木と共にソ連、中国、キューバ、イラク、北朝鮮なども訪れた。サッカーではUEFAチャンピオンズリーグに通い続け、ワールドカップは1986年のメキシコ大会から9回連続で取材している。プロレスの著書に『猪木の夢』、『Battle of 21st』、『アントニオ猪木引退公式写真集 INOKI』、『1月4日』、サッカーの著書に『Stars』、『詩集 フットボール・メモリーズ』、『2002ワールドカップ写真集 Thank You』などがある。AIPS国際スポーツ記者協会会員。

G SPIRITS BOOK Vol.17

「猪木」

2022年4月1日　初版第1刷発行

著　者　　原 悦生
発行人　　廣瀬和二
発行所　　辰巳出版株式会社
〒113-0033
東京都文京区本郷 1-33-13 春日町ビル5F
TEL：03-5931-5920（代表）
FAX：03-6386-3087（販売部）

印刷・製本　　図書印刷株式会社

編　集　　佐々木賢之、小松伸太郎
デザイン　　柿沼みさと
撮　影　　菊田義久（対談）

Printed in Japan
ISBN 978-4-7778-2846-3